RECUEIL
DE
LOIS ET DÉCRETS

CONCERNANT L'ADMINISTRATION

du département de la Seine et de la Ville de Paris

PRÉCÉDÉ DES

LOIS CONSTITUTIONNELLES

SOMMAIRE

	PAGES
Lois constitutionnelles.	1
Conseil général de la Seine	17
Conseils d'arrondissement.	89
Conseil municipal de Paris	91
Assistance publique	144
Mont-de-piété.	153
Octroi	180
Enseignement primaire	251

RECUEIL

DE

LOIS ET DÉCRETS

CONCERNANT L'ADMINISTRATION

du département de la Seine et de la Ville de Paris

PRÉCÉDÉ DES

LOIS CONSTITUTIONNELLES

PARIS

IMPRIMERIE ADMINISTRATIVE DE PAUL DUPONT

41, RUE JEAN-JACQUES-ROUSSEAU, 41

—

1876

LOIS
CONSTITUTIONNELLES

Loi qui confie le pouvoir exécutif pour sept ans au maréchal de Mac-Mahon.

Du 20 novembre 1873.

Art. 1ᵉʳ. Le pouvoir exécutif est confié pour sept ans au maréchal de Mac-Mahon, duc de Magenta, à partir de la promulgation de la présente loi ; ce pouvoir continuera à être exercé avec le titre de Président de la République et sous les conditions actuelles jusqu'aux modifications qui pourraient y être apportées par les lois constitutionnelles.

Art. 2. Dans les trois jours qui suivront la promulgation de la présente loi, une commission de trente membres sera nommée en séance publique et au scrutin de liste, pour l'examen des lois constitutionnelles.

Loi relative à l'organisation des pouvoirs publics.

Du 25 février 1875.

Art. 1ᵉʳ. Le pouvoir législatif s'exerce par deux assemblées : la Chambre des députés et le Sénat.

La Chambre des députés est nommée par le suffrage

universel, dans les conditions déterminées par la loi électorale.

La composition, le mode de nomination et les attributions du Sénat seront réglées par une loi spéciale.

Art. 2. Le Président de la République est élu à la majorité absolue des suffrages par le Sénat et par la Chambre des députés réunis en Assemblée nationale.

Il est nommé pour sept ans. Il est rééligible.

Art. 3. Le Président de la République a l'initiative des lois, concurremment avec les membres des deux Chambres. Il promulgue les lois lorsqu'elles ont été votées par les deux Chambres ; il en surveille et en assure l'exécution.

Il a le droit de faire grâce ; les amnisties ne peuvent être accordées que par une loi.

Il dispose de la force armée.

Il nomme à tous les emplois civils et militaires.

Il préside aux solennités nationales ; les envoyés et les ambassadeurs des puissances étrangères sont accrédités auprès de lui.

Chacun des actes du Président de la République doit être contresigné par un ministre.

Art. 4. Au fur et à mesure des vacances qui se produiront à partir de la promulgation de la présente loi, le Président de la République nomme, en conseil des ministres, les conseillers d'État en service ordinaire.

Les conseillers d'État ainsi nommés ne pourront être révoqués que par décret rendu en conseil des ministres.

Les conseillers d'État nommés en vertu de la loi du 24 mai 1872, ne pourront, jusqu'à l'expiration de leurs pouvoirs, être révoqués que dans la forme déterminée par cette loi. Après la séparation de l'Assemblée nationale, la révocation ne pourra être prononcée que par une résolution du Sénat.

Art. 5. Le Président de la République peut, sur l'avis conforme du Sénat, dissoudre la Chambre des députés avant l'expiration légale de son mandat.

En ce cas, les colléges électoraux sont convoqués pour de nouvelles élections dans le délai de trois mois.

Art. 6. Les ministres sont solidairement responsables devant les Chambres de la politique générale du Gouvernement, et individuellement de leurs actes personnels.

Le Président de la République n'est responsable que dans le cas de haute trahison.

Art. 7. En cas de vacance par décès ou pour toute autre cause, les deux Chambres réunies procèdent immédiatement à l'élection d'un nouveau Président.

Dans l'intervalle, le Conseil des ministres est investi du pouvoir exécutif.

Art. 8. Les Chambres auront le droit, par délibérations séparées, prises dans chacune à la majorité absolue des voix, soit spontanément, soit sur la demande du Président de la République, de déclarer qu'il y a lieu de reviser les lois constitutionnelles.

Après que chacune des deux Chambres aura pris cette résolution, elles se réuniront en Assemblée nationale pour procéder à la révision.

Les délibérations portant révision des lois constitutionnelles, en tout ou en partie, devront être prises à la majorité absolue des membres composant l'Assemblée nationale.

Toutefois, pendant la durée des pouvoirs conférés par la loi du 20 novembre 1873 à M. le maréchal de Mac-Mahon, cette révision ne peut avoir lieu que sur la proposition du Président de la République.

Art. 9. Le siége du Pouvoir exécutif et des deux Chambres est à Versailles.

Loi relative à l'organisation du Sénat.

Du 24 février 1875.

Art. 1ᵉʳ. Le Sénat se compose de trois cents membres : Deux cent vingt-cinq élus par les départements et les colonies, et soixante-quinze élus par l'Assemblée nationale.

Art. 2. Les départements de la Seine et du Nord éliront chacun cinq sénateurs.

Les départements de la Seine-Inférieure, Pas-de-Calais, Gironde, Rhône, Finistère, Côtes-du-Nord, chacun quatre sénateurs.

La Loire-Inférieure, Saône-et-Loire, Ille-et-Vilaine, Seine-et-Oise, Isère, Puy-de-Dôme, Somme, Bouches-du-Rhône, Aisne, Loire, Manche, Maine-et-Loire, Morbihan, Dordogne, Haute-Garonne, Charente-Inférieure, Calvados, Sarthe, Hérault, Basses-Pyrénées, Gard, Aveyron, Vendée, Orne, Oise, Vosges, Allier, chacun trois sénateurs.

Tous les autres départements, chacun deux sénateurs.

Le territoire de Belfort, les trois départements de l'Algérie, les quatres colonnies de la Martinique, de la Guadeloupe, de la Réunion et des Indes françaises éliront chacun un sénateur.

Art. 3. Nul ne peut être sénateur s'il n'est Français, âgé de quarante ans au moins, et s'il ne jouit de ses droits civils et politiques.

Art. 4. Les sénateurs des départements et des colonies sont élus à la majorité absolue, et, quand il y a lieu, au scrutin de liste, par un collége réuni au chef-lieu du département ou de la colonie et composé :

1° Des députés ;
2° Des conseillers généraux ;
3° Des conseillers d'arrondissement ;

4° Des délégués élus, un par chaque conseil municipal, parmi les électeurs de la commune.

Dans l'Inde française, les membres du conseil colonial ou des conseils locaux sont substitués aux conseillers généraux, aux conseillers d'arrondissement et aux délégués des conseils municipaux.

Ils votent au chef-lieu de chaque établissement.

Art. 5. Les sénateurs nommés par l'Assemblée sont élus au scrutin de liste, et à la majorité absolue des suffrages.

Art. 6. Les sénateurs des départements et des colonies sont élus pour neuf années et renouvelables par tiers, tous les trois ans.

Au début de la première session, les départements seront divisés en trois séries, contenant chacune un égal nombre de sénateurs. Il sera procédé, par la voie du tirage au sort, à la désignation des séries qui devront être renouvelées à l'expiration de la première et de la deuxième période triennale.

Art. 7. Les sénateurs élus par l'Assemblée sont inamovibles.

En cas de vacance par décès, démission ou autre cause, il sera, dans les deux mois, pourvu au remplacement par le Sénat lui-même.

Art. 8. Le Sénat a, concurremment avec la Chambre des députés, l'initiative et la confection des lois. Toutefois, les lois de finances doivent être, en premier lieu, présentées à la Chambre des députés et votées par elle.

Art. 9. Le Sénat peut être constitué en cours de justice pour juger, soit le Président de la République, soit les ministres, et pour connaître des attentats commis contre la sûreté de l'État.

Art. 10. Il sera procédé à l'élection du Sénat un mois avant l'époque fixée par l'Assemblée nationale pour sa séparation.

Le Sénat entrera en fonctions et se constituera le jour même où l'Assemblée se séparera.

Art. 11. La présente loi ne pourra être promulguée qu'après le vote définitif de la loi sur les pouvoirs publics.

Loi sur les rapports des pouvoirs publics.

Du 16 juillet 1875.

Art. 1er. Le Sénat et la Chambre des députés se réunissent chaque année le second mardi de janvier, à moins d'une convocation antérieure faite par le Président de la République.

Les deux Chambres doivent être réunies en session cinq mois au moins chaque année. La session de l'une commence et finit en même temps que celle de l'autre.

Le dimanche qui suivra la rentrée, des prières publiques seront adressées à Dieu dans les églises et dans les temples pour appeler son secours sur les travaux des Assemblées.

Art. 2. Le Président de la République prononce la clôture de la session. Il a le droit de convoquer extraordinairement les Chambres. Il devra les convoquer si la demande en est faite dans l'intervalle des sessions, par la majorité absolue des membres composant chaque Chambre.

Le Président peut ajourner les Chambres. Toutefois l'ajournement ne peut excéder le terme d'un mois ni avoir lieu plus de deux fois dans la même session.

Art. 3. Un mois au moins avant le terme légal des pouvoirs du Président de la République, les Chambres devront être réunies en Assemblée nationale pour procéder à l'élection du nouveau Président.

A défaut de convocation, cette réunion aurait lieu de

plein droit le quinzième jour avant l'expiration de ces pouvoirs.

En cas de décès ou de démission du Président de la République, les deux Chambres se réunissent immédiatement et de plein droit.

Dans le cas où, par application de l'article 5 de la loi du 25 février 1875, la Chambre des députés se trouverait dissoute au moment où la présidence de la République deviendrait vacante, les colléges électoraux seraient aussitôt convoqués, et le Sénat se réunirait de plein droit.

Art. 4. Toute assemblée de l'une des deux Chambres qui serait tenue hors du temps de la session commune est illicite et nulle de plein droit, sauf le cas prévu par l'article précédent et celui où le Sénat est réuni comme cour de justice ; et, dans ce dernier cas, il ne peut exercer que des fonctions judiciaires.

Art. 5. Les séances du Sénat et celles de la Chambre des députés sont publiques.

Néanmoins, chaque Chambre peut se former en comité secret sur la demande d'un certain nombre de ses membres, fixé par le règlement.

Elle décide ensuite, à la majorité absolue, si la séance doit être reprise en public sur le même sujet.

Art. 6. Le Président de la République communique avec les Chambres par des messages qui sont lus à la tribune par un ministre.

Les ministres ont leur entrée dans les deux Chambres et doivent être entendus quand il le demandent. Ils peuvent se faire assister par des commissaires désignés, pour la discussion d'un projet de loi déterminé, par décret du Président de la République.

Art. 7. Le Président de la République promulgue les lois dans le mois qui suit la transmission au Gouvernement de la loi définitivement adoptée. Il doit promulguer dans les trois jours les lois dont la promulgation, par un vote exprès dans l'une et l'autre Chambre, aura été déclarée urgente.

Dans le délai fixé pour la promulgation, le Président de la République peut, par un message motivé, demander aux deux Chambres une nouvelle délibération qui ne peut être refusée.

Art. 8. Le Président de la République négocie et ratifie les traités. Il en donne connaissance aux Chambres aussitôt que l'intérêt et la sûreté de l'Etat le permettent.

Les traités de paix, de commerce, les traités qui engagent les finances de l'Etat, ceux qui sont relatifs à l'état des personnes et au droit de propriété des Français à l'étranger, ne sont définitifs qu'après avoir été votés par les deux Chambres. Nulle cession, nul échange, nulle adjonction de territoire ne peut avoir lieu qu'en vertu d'une loi.

Art. 9. Le Président de la République ne peut déclarer la guerre sans l'assentiment préalable des deux Chambres.

Art. 10. Chacune des Chambres est juge de l'éligibilité de ses membres et de la régularité de leur élection ; elle peut seule recevoir leur démission.

Art. 11. Le bureau de chacune des deux Chambres est élu chaque année pour la durée de la session et pour toute session extraordinaire qui aurait lieu avant la session ordinaire de l'année suivante.

Lorsque les deux Chambres se réunissent en Assemblée nationale, leur bureau se compose des président, vice-présidents et secrétaires du Sénat.

Art. 12. Le Président de la République ne peut être mis en accusation que par la Chambre des députés et ne peut être jugé que par le Sénat.

Les ministres peuvent être mis en accusation par la Chambre des députés pour crimes commis dans l'exercice de leurs fonctions. En ce cas, ils sont jugés par le Sénat.

Le Sénat peut être constitué en cour de justice par un décret du Président de la République, rendu en conseil des ministres, pour juger toute personne prévenue d'attentat commis contre la sûreté de l'Etat.

Si l'instruction est commencée par la justice ordinaire, le décret de convocation du Sénat peut être rendu jusqu'à l'arrêt de renvoi.

Une loi déterminera le mode de procéder pour l'accusation, l'instruction et le jugement.

Art. 13. Aucun membre de l'une ou de l'autre Chambre ne peut être poursuivi ou recherché à l'occasion des opinions ou votes émis par lui dans l'exercice de ses fonctions.

Art. 14. Aucun membre de l'une ou de l'autre Chambre ne peut, pendant la durée de la session, être poursuivi ou arrêté en matière criminelle ou correctionnelle qu'avec l'autorisation de la Chambre dont il fait partie, sauf le cas de flagrant délit.

La détention ou la poursuite d'un membre de l'une ou de l'autre Chambre est suspendue pendant la session, et pour toute sa durée, si la Chambre le requiert.

Loi organique sur les élections des sénateurs.
Du 2 août 1875.

Art. 1er. Un décret du Président de la République, rendu au moins six semaines à l'avance, fixe le jour où doivent avoir lieu les élections pour le Sénat et en même temps celui où doivent être choisis les délégués des conseils municipaux. Il doit y avoir un intervalle d'un mois au moins entre le choix des délégués et l'élection des sénateurs.

Art. 2. Chaque conseil municipal élit un délégué. L'élection se fait sans débat, au scrutin secret, à la majorité absolue des suffrages. Après deux tours de scrutin, la majorité relative suffit, et, en cas d'égalité de suffrages, le plus âgé est élu. Si le maire ne fait pas partie du conseil municipal, il présidera, mais il ne prendra pas part au vote.

Il est procédé le même jour et dans la même forme à l'élection d'un suppléant qui remplace le délégué en cas de refus ou d'empêchement.

Le choix des conseils municipaux ne peut porter ni sur un député, ni sur un conseiller général, ni sur un conseiller d'arrondissement.

Il peut porter sur tous les électeurs de la commune, y compris les conseillers municipaux, sans distinction entre eux.

Art. 3. Dans les communes où il existe une commission muinicipale, le délégué et le suppléant seront nommés par l'ancien conseil.

Art. 4. Si le délégué n'a pas été présent à l'élection, notification lui en est faite dans les vingt-quatre heures par les soins du maire. Il doit faire parvenir au préfet, dans les cinq jours, l'avis de son acceptation. En cas de refus ou de silence, il est remplacé par le suppléant, qui est alors porté sur la liste comme délégué de la commune.

Art. 5. Le procès-verbal de l'élection du délégué et du suppléant est transmis immédiatement au préfet; il mentionne l'acceptation ou le refus des délégués et suppléants ainsi que les protestations élevées contre la régularité de l'élection par un ou plusieurs membres du conseil municipal. Une copie de ce procès-verbal est affichée à la porte de la mairie.

Art. 6. Un tableau des résultats de l'élection des délégués et suppléants est dressé dans la huitaine par le préfet; ce tableau est communiqué à tout requérant; il peut être copié et publié.

Tout électeur a, de même, la faculté de prendre dans les bureaux de la préfecture communication et copie de la liste par commune des conseillers municipaux du département, et, dans les bureaux des sous-préfectures, de la liste, par commune, des conseillers municipaux de l'arrondissement.

Art. 7. Tout électeur de la commune peut, dans un délai de trois jours, adresser directement au préfet une protestation contre la régularité de l'élection.

Si le préfet estime que les opérations ont été irrégulières, il a le droit d'en demander l'annulation.

Art. 8. Les protestations relatives à l'élection du délégué ou du suppléant sont jugées, sauf recours au conseil d'État, par le conseil de préfecture, et, dans les colonies, par le conseil privé.

Le délégué dont l'élection est annulée parce qu'il ne remplit pas une des conditions exigées par la loi, ou pour vice de forme, est remplacé par le suppléant.

En cas d'annulation de l'élection du délégué et de celle du suppléant, comme au cas de refus ou décès de l'un et de l'autre après leur acceptation, il est procédé à de nouvelles élections par le conseil municipal au jour fixé par un arrêté du préfet.

Art. 9. Huit jours au plus tard avant l'élection des sénateurs, le préfet, et, dans les colonies, le directeur de l'intérieur, dresse la liste des électeurs du département par ordre aphabétique. La liste est communiquée à tout requérant et peut être copiée et publiée. Aucun électeur ne peut avoir plus d'un suffrage.

Art. 10. Les députés, les membres du conseil général ou des conseils d'arrondissement qui auraient été proclamés par les commissions de recensement, mais dont les pouvoirs n'auraient pas été vérifiés, sont inscrits sur la liste des électeurs et peuvent prendre part au vote.

Art. 11. Dans chacun des trois départements de l'Algérie, le collége électoral se compose : 1° des députés ; 2° des membres citoyens français du conseil général ; 3° des délégués élus par les membres citoyens français de chaque conseil municipal parmi les électeurs citoyens français de la commune.

Art. 12. Le collége électoral est présidé par le président du tribunal civil du chef-lieu du département ou de la colonie. Le président est assisté des deux plus âgés et des deux plus jeunes électeurs présents à l'ouverture de la séance. Le bureau ainsi composé choisit un secrétaire parmi les électeurs.

Si le président est empêché, il est remplacé par le vice-président, et, à son défaut, par le juge le plus ancien.

Art. 13. Le bureau répartit les électeurs par ordre alphabétique en sections de vote comprenant au moins cent électeurs. Il nomme les président et scrutateurs de chacune de ces sections. Il statue sur toutes les difficultés et contestations qui peuvent s'élever au cours de l'élection, sans pouvoir toutefois s'écarter des décisions rendues en vertu de l'article 8 de la présente loi.

Art. 14. Le premier scrutin est ouvert à huit heures du matin et fermé à midi. Le second est ouvert à deux heures et fermé à quatre heures. Le troisième, s'il y a lieu, est ouvert à six heures et fermé à huit heures. Les résultats des scrutins sont recensés par le bureau et proclamés le même jour par le président du collége électoral.

Art. 15. Nul n'est élu sénateur à l'un des deux premiers tours de scrutin s'il ne réunit : 1° la majorité absolue des suffrages exprimés ; 2° un nombre de voix égal au quart des électeurs inscrits. Au troisième tour de scrutin, la majorité relative suffit, et, en cas d'égalité de suffrages, le plus âgé est élu.

Art. 16. Les réunions électorales pour la nomination des sénateurs pourront avoir lieu en se conformant aux règles tracées par la loi du 6 juin 1868, sauf les modifications suivantes :

1° Ces réunions pourront être tenues depuis le jour de la nomination des délégués jusqu'au jour du vote inclusivement ;

2° Elles doivent être précédées d'une déclaration faite la veille, au plus tard, par sept électeurs sénatoriaux de l'arrondissement et indiquant le local, le jour et l'heure où la réunion doit avoir lieu, et les noms, profession et domicile des candidats qui s'y présenteront ;

3° L'autorité municipale veillera à ce que nul ne s'introduise dans la réunion s'il n'est député, conseiller général, conseiller d'arrondissement, délégué ou candidat.

Le délégué justifiera de sa qualité par un certificat du maire de sa commune, le candidat par un certificat du fonctionnaire qui aura reçu la déclaration mentionnée au paragraphe précédent.

Art. 17. Les délégués qui auront pris part à tous les scrutins recevront sur les fonds de l'État, s'ils le requièrent, sur la présentation de leur lettre de convocation visée par le président du collège électoral, une indemnité de déplacement qui leur sera payée sur les mêmes bases et de la même manière que celle accordée aux jurés par les articles 35, 90 et suivants du décret du 18 juin 1811.

Un règlement d'administration publique déterminera le mode de taxation et de payement de cette indemnité.

Art. 18. Tout délégué qui, sans cause légitime, n'aura pas pris part à tous les scrutins, ou, étant empêché, n'aura point averti le suppléant en temps utile, sera condamné à une amende de 50 francs par le tribunal civil du chef-lieu, sur les réquisitions du ministère public.

La même peine peut être appliquée au délégué suppléant qui, averti par lettre, dépêche télégraphique ou avis à lui personnellement délivré en temps utile, n'aura pas pris part aux opérations électorales.

Art. 19. Toute tentative de corruption par l'emploi des moyens énoncés dans les articles 177 et suivants du Code pénal, pour influencer le vote d'un électeur ou le déterminer à s'abstenir de voter, sera punie d'un emprisonnement de trois mois à deux ans et d'une amende de 50 à 500 francs ou de l'une de ces deux peines seulement.

L'article 463 du Code pénal est applicable aux peines édictées par le présent article.

Art. 20. Il y a incompatibilité entre les fonctions de sénateur et celles :

De conseiller d'État et maître des requêtes, préfet et sous-préfet, à l'exception du préfet de la Seine et du préfet de police ;

De membre des parquets des cours d'appel et des tribunaux de première instance, à l'exception du procureur général près la Cour de Paris ;

De trésorier-payeur général, de receveur particulier, de fonctionnaire et employé des administrations centrales des ministères.

Art. 21. Ne peuvent être élus par le département ou la colonie compris en tout ou en partie dans leur ressort, pendant l'exercice de leurs fonctions et pendant les six mois qui suivent la cessation de leurs fonctions par démission, destitution, changement de résidence ou de toute autre manière :

1° Les premiers présidents, les présidents et les membres des parquets des Cours d'appel ;

2° Les présidents, les vice-présidents, les juges d'instruction et les membres des parquets des tribunaux de première instance ;

3° Le préfet de police, les préfets et sous-préfets et les secrétaires généraux des préfectures ; les gouverneurs, directeurs de l'intérieur et secrétaires généraux des colonies ;

4° Les ingénieurs en chef et d'arrondissement, et les agents voyers en chef et d'arrondissement ;

5° Les recteurs et inspecteurs d'académie ;

6° Les inspecteurs des écoles primaires ;

7° Les archevêques, évêques et vicaires généraux ;

8° Les officiers de tous grades de l'armée de terre et de mer ;

9° Les intendants divisionnaires et les sous-intendants militaires ;

10° Les trésoriers-payeurs généraux et les receveurs particuliers des finances ;

11° Les directeurs des contributions directes et indirectes, de l'enregistrement et des domaines, et des postes ;

12° Les conservateurs et inspecteurs des forêts.

Art. 22. Le sénateur élu dans plusieurs départements doit faire connaître son option au président du Sénat dans le dix jours qui suivent la déclaration de la validité de ces élections. A défaut d'option dans ce délai, la question est décidée par la voie du sort et en séance publique.

Il est pourvu à la vacance dans le délai d'un mois et par le même corps électoral.

Il en est de même dans le cas d'invalidation d'une élection.

Art. 23. Si, par décès ou démission, le nombre des sénateurs d'un département est réduit de moitié, il est pourvu aux vacances dans le délai de trois mois, à moins que les vacances ne surviennent dans les douze mois qui précèdent le renouvellement triennal.

A l'époque fixée pour le renouvellement triennal, il sera pourvu à toutes les vacances qui se seront produites, quel qu'en soit le nombre et quelle qu'en soit la date.

Art. 24. L'élection des sénateurs nommés par l'Assemblée nationale est faite en séance publique, au scrutin de liste, et à la majorité absolue des votants, quel que soit le nombre des épreuves.

Art. 25. Lorsqu'il y a lieu de pourvoir au remplacement des sénateurs nommés en vertu de l'article 7 de la loi du 24 février 1875, le Sénat procède dans les formes indiquées par l'article précédent.

Art. 26. Les membres du Sénat reçoivent la même indemnité que ceux de la Chambre des députés.

Art. 27. Sont applicables à l'élection du Sénat toutes les dispositions de la loi électorale relatives :

1° Aux cas d'indignité et d'incapacité ;

2° Aux délits, poursuites et pénalités ;

3° Aux formalités de l'élection en tout ce qui ne serait pas contraire aux dispositions de la présente loi.

DISPOSITIONS TRANSITOIRES.

Art. 28. Pour la première élection des membres du Sénat, la loi qui déterminera l'époque de la séparation de l'Assemblée nationale fixera, sans qu'il soit nécessaire d'observer les délais établis par l'article premier, la date à laquelle se réuniront les conseils municipaux pour choisir les délégués et le jour où il sera procédé à l'élection des sénateurs.

Avant la réunion des conseils municipaux, il sera procédé par l'Assemblée nationale à l'élection des sénateurs dont la nomination lui est attribuée.

Art. 29. La disposition de l'article 21, par laquelle un délai de six mois doit s'écouler entre le jour de la cessation des fonctions et celui de l'élection, ne s'appliquera pas aux fonctionnaires, autres que les préfets et les sous-préfets, dont les fonctions auront cessé soit avant la promulgation de la présente loi, soit dans les vingt jours qui la suivront.

DÉPARTEMENT DE LA SEINE

CONSEIL GÉNÉRAL

Loi sur l'organisation des Conseils généraux de département et des Conseils d'arrondissement.

Du 22 juin 1833.

TITRE PREMIER.

FORMATION DES CONSEILS GÉNÉRAUX.

Art. 1er. Il y a dans chaque département un conseil général.

Art. 2. Le conseil général est composé d'autant de membres qu'il y a de cantons dans le département, sans pouvoir toutefois excéder le nombre trente.

Art. 3. Un membre du conseil général est élu, dans chaque canton, par une assemblée électorale composée des électeurs et des citoyens portés sur la liste du jury : si leur nombre est au-dessous de cinquante, le complément sera formé par l'appel des citoyens les plus imposés.

Dans les départements qui ont plus de trente cantons, des réunions de cantons seront opérées conformément au tableau ci-annexé, de telle sorte que le département soit divisé en trente circonscriptions électorales.

Les électeurs, les citoyens inscrits sur la liste du jury

et les plus imposés portés sur la liste complémentaire dans chacun des cantons réunis, formeront une seule assemblée électorale.

Art. 4. Nul ne sera éligible au conseil général de département, s'il ne jouit des droits civils et politiques; si, au jour de son élection, il n'est âgé de vingt-cinq ans, et s'il ne paye, depuis un an au moins, deux cents francs de contributions directes dans le département.

Toutefois, si, dans un arrondissement de sous-préfecture, le nombre des éligibles n'est pas sextuple du nombre des conseillers de département qui doivent être élus par les cantons ou circonscriptions électorales de cet arrondissement, le complément sera formé par les plus imposés.

Art. 5. Ne pourront être nommés membres des conseils généraux,

1° Les préfets, sous-préfets, secrétaires généraux et conseillers de préfecture;

2° Les agents et comptables employés à la recette, à la perception ou au recouvrement des contributions et au payement des dépenses publiques de toute nature;

3° Les ingénieurs des ponts et chaussées et les architectes actuellement employés par l'administration dans le département;

4° Les agents forestiers en fonctions dans le département et les employés des bureaux des préfectures et sous-préfectures.

Art. 6. Nul ne peut être membre de plusieurs conseils généraux.

Art. 7. Lorsqu'un membre du conseil général aura manqué à deux sessions consécutives sans excuses légitimes ou empêchement admis par le conseil, il sera considéré comme démissionnaire, et il sera procédé à une nouvelle élection, conformément à l'article 11.

Art. 8. Les membres des conseils généraux sont nommés

pour *neuf* ans; ils sont renouvelés par *tiers* tous les *trois* ans, et sont indéfiniment rééligibles.

A la session qui suivra la première élection des conseils généraux, le conseil général divisera les cantons ou circonscriptions électorales du département en trois séries, en répartissant, autant qu'il sera possible, dans une proportion égale, les cantons ou circonscriptions électorales de chaque arrondissement dans chacune des séries. Il sera procédé à un tirage au sort pour régler l'ordre de renouvellement entre les séries. Ce tirage se fera par le préfet en conseil de préfecture et en séance publique.

Art. 9. La dissolution d'un conseil général peut être prononcée par le Roi; en ce cas, il est procédé à une nouvelle élection avant la session annuelle, et au plus tard dans le délai de trois mois à dater du jour de la dissolution.

Art. 10. Le conseiller de département élu dans plusieurs cantons ou circonscriptions électorales sera tenu de déclarer son option au préfet dans le mois qui suivra les élections entre lesquelles il doit opter. A défaut d'option dans ce délai, le préfet, en conseil de préfecture et en séance publique, décidera par la voie du sort à quel canton ou circonscription électorale le conseiller appartiendra.

Il sera procédé de la même manière lorsqu'un citoyen aura été élu à la fois membre du conseil général et membre d'un ou plusieurs conseils d'arrondissement.

Art. 11. En cas de vacance par option, décès, démission, perte des droits civils ou politiques, l'assemblée électorale qui doit pourvoir à la vacance sera réunie dans le délai de deux mois.

TITRE II.

RÈGLES DE LA SESSION DES CONSEILS GÉNÉRAUX.

Art. 12. Un conseil général ne peut se réunir s'il n'a été

convoqué par le préfet en vertu d'une ordonnance du Roi qui détermine l'époque et la durée de la session.

Au jour indiqué pour la réunion du conseil général, le préfet donnera lecture de l'ordonnance de convocation, recevra le serment des conseillers nouvellement élus, et déclarera au nom du Roi que la session est ouverte.

Les membres nouvellement élus, qui n'ont pas assisté à l'ouverture de la session, ne prennent séance qu'après avoir prêté serment entre les mains du président du conseil général.

Le conseil, formé sous le présidence du doyen d'âge, le plus jeune faisant les fonctions de secrétaire, nommera au scrutin et à la majorité absolue des voix son président et son secrétaire.

Le préfet a entrée au conseil général; il est entendu quand il le demande, et assiste aux délibérations, excepté lorsqu'il s'agit de l'apurement de ses comptes.

Art. 13. Les séances du conseil général ne sont pas publiques; il ne peut délibérer que si la moitié plus un des conseillers sont présents; les votes sont recueillis au scrutin secret toutes les fois que *quatre* des conseillers présents le réclament.

Art. 14. Tout acte ou toute délibération d'un conseil général, relatifs à des objets qui ne sont pas légalement compris dans ses attributions, sont nuls et de nul effet. La nullité sera prononcée par une ordonnance du Roi.

Art. 15. Toute délibération prise hors de la réunion légale du conseil général est nulle de droit.

Le préfet, par un arrêté pris en conseil de préfecture, déclare la réunion illégale, prononce la nullité des actes, prend toutes les mesures nécessaires pour que l'assemblée se sépare immédiatement, et transmet son arrêté au procureur général du ressort pour l'exécution des lois et l'application, s'il y a lieu, des peines déterminées par l'article 258 du Code pénal. En cas de condamnation, les membres condamnés sont exclus du conseil et inéligibles aux conseils de département et d'arrondissement, pendant les trois années qui suivront la condamnation.

Art. 16. Il est interdit à tout conseil général de se mettre en correspondance avec un ou plusieurs conseils d'arrondissement ou de département.

En cas d'infraction à cette disposition, le conseil général sera suspendu par le préfet en attendant que le Roi ait statué.

Art. 17. Il est interdit à tout conseil général de faire ou de publier aucune proclamation ou adresse.

En cas d'infraction à cette disposition, le préfet déclarera par arrêté que la session du conseil général est suspendue il sera statué définitivement par ordonnance royale.

Art. 18. Dans les cas prévus par les deux articles précédents, le préfet transmettra son arrêté au procureur général du ressort, pour l'exécution des lois et l'application, s'il y a lieu, des peines déterminées par l'article 123 du Code pénal.

Art. 19. Tout éditeur, imprimeur, journaliste ou autre, qui rendra publics les actes interdits au conseil général par les articles 15, 16 et 17, sera passible des peines portées par l'article 123 du Code pénal.

TITRE III.

DES CONSEILS D'ARRONDISSEMENT.

Art. 20. Il y aura dans chaque arrondissement de sous-préfecture un conseil d'arrondissement composé d'autant de membres que l'arrondissement a de cantons, sans que le nombre des conseillers puisse être au-dessous de neuf.

Art. 21. Si le nombre des cantons d'un arrondissement est inférieur à neuf, une ordonnance royale répartira entre les cantons les plus peuplés le nombre de conseillers d'arrondissement à élire pour complément.

Art. 22. Les conseillers d'arrondissement sont élus dans chaque canton par l'assemblée électorale, composée conformément au premier paragraphe de l'article 3.

Dans les départements où, conformément au deuxième paragraphe du même article 3, des cantons ont été réunis, les membres de cette assemblée électorale sont convoqués séparément dans leurs cantons respectifs pour élire les conseillers d'arrondissement.

Art. 23. Les membres des conseils d'arrondissement peuvent être choisis parmi tous les citoyens âgés de vingt-cinq ans accomplis, jouissant des droits civils et politiques, payant dans le département, depuis un an au moins, cent cinquante francs de contributions directes, dont le tiers dans l'arrondissement, et qui ont leur domicile réel ou politique dans le département. Si le nombre des éligibles n'est pas sextuple du nombre des membres du conseil d'arrondissement, le complément sera formé par les plus imposés. Les incompatibilités prononcées par l'article 5 sont applicables aux conseillers d'arrondissement.

Art. 24. Nul ne peut être membre de plusieurs conseils d'arrondissement, ni d'un conseil d'arrondissement et d'un conseil général.

Art. 25. Les membres des conseils d'arrondissement sont élus pour six ans. Ils sont renouvelés par moitié tous les trois ans. A la session qui suivra la première élection, le conseil général divisera en deux séries les cantons de chaque arrondissement. Il sera procédé à un tirage au sort pour régler l'ordre de renouvellement entre les deux séries. Ce tirage se fera par le préfet en conseil de préfecture et en séance publique.

Art. 26. Les articles 7, 9, 10, 11 de la présente loi sont applicables aux conseils d'arrondissement.

TITRE IV.

RÈGLES POUR LA SESSION DES CONSEILS D'ARRONDISSEMENT.

Art. 27. Les conseils d'arrondissement ne pourront se réunir s'ils n'ont été convoqués par le préfet en vertu d'une ordonnance du Roi, qui détermine l'époque et la durée de la session.

Au jour indiqué pour la réunion d'un conseil d'arrondissement, le sous-préfet donne lecture de l'ordonnance du Roi, reçoit le serment des conseillers nouvellement élus, et déclare, au nom du Roi, que la session est ouverte.

Les membres nouvellement élus, qui n'ont point assisté à l'ouverture de la session, ne prennent séance qu'après avoir prêté serment entre les mains du président du conseil d'arrondissement.

Le conseil, formé sous la présidence du doyen d'âge, le plus jeune faisant les fonctions de secrétaire, nommera, au scrutin et à la majorité absolue des voix, son président et son secrétaire.

Le sous-préfet a entrée dans le conseil d'arrondissement ; il est entendu quand il le demande, et assiste aux délibérations.

Art. 28. Les articles 13, 14, 15, 16, 17, 18 et 19 sont applicables à la session des conseils d'arrondissement.

TITRE V.

DES LISTES D'ÉLECTEURS.

Art. 29. Si un électeur qui, aux termes de l'article 10 de la loi du 19 avril 1831, a choisi son domicile politique hors de son domicile réel, veut néanmoins coopérer à l'élection des conseillers de département ou d'arrondissement dans le canton de son domicile réel, il sera tenu d'en faire, trois mois d'avance, une déclaration expresse aux greffes des justices de paix du canton de son domicile politique et de son domicile réel.

Art. 30. Les citoyens qui n'ont pas été portés sur la liste départementale du jury, à cause de l'incompatibilité résultant de l'article 383 du Code d'instruction criminelle, seront d'office, ou sur leur réclamation, inscrits comme ayant droit de coopérer à l'élection des conseillers de département ou d'arrondissement dans le canton de leur domicile réel.

Art. 31. La liste supplémentaire, qui comprendra les citoyens désignés aux deux articles précédents, sera dressée par canton dans les mêmes formes, dans les mêmes délais et de la même manière que les listes électorales prescrites par la loi du 19 avril 1831.

Art. 32. S'il y a moins de cinquante citoyens inscrits sur lesdites listes, le préfet dressera une troisième liste comprenant les citoyens ayant domicile dans le canton, qui devront compléter le nombre de cinquante, conformément à l'article 3 de la présente loi. Cette liste sera affichée dans toutes les communes du canton.

Toutes les fois que le nombre des citoyens portés sur la liste électorale d'un canton et sur la liste supplémentaire mentionnée à l'article 31 ne s'élèvera pas au delà de cinquante, le préfet fera publier dans les communes du canton une liste dressée dans la même forme et contenant les noms des dix citoyens susceptibles d'être appelés à compléter le nombre de cinquante par suite des changements qui surviendraient ultérieurement dans les listes électorales ou du jury.

Art. 33. Tout citoyen payant dans un canton une somme de contributions qui le placerait sur la susdite liste des plus imposés pourra se faire inscrire, bien qu'il n'y ait point son domicile réel, en faisant la déclaration prescrite par l'article 29.

TITRE VI.

DE LA TENUE DES ASSEMBLÉES ÉLECTORALES.

Art. 34. Les assemblées électorales sont convoquées par le préfet au chef-lieu de canton, et, lorsque l'assemblée comprend plus d'un canton, au chef-lieu d'un des cantons réunis.

Toutefois, le préfet pourra désigner, pour la tenue de l'assemblée, le chef-lieu d'une commune plus centrale ou de communications plus faciles.

Art. 35. Il n'y aura qu'une seule assemblée lorsque le nombre des citoyens appelés à voter ne sera pas supérieur à trois cents. Au delà de ce nombre, le préfet prendra un arrêté pour diviser l'assemblée en sections; aucune section ne pourra comprendre moins de cent ni plus de trois cents.

Art. 36. Si l'assemblée n'est pas fractionnée en sections, la présidence appartient au maire du chef-lieu de canton.

Dans le cas contraire, le maire préside la première section. Les adjoints, et, à défaut des adjoints, les membres du conseil municipal de cette commune, selon l'ordre du tableau, président les autres sections.

Le droit de suffrage est exercé par le président de l'assemblée et par les présidents de section, même lorsqu'ils ne sont pas inscrits sur les listes.

Art. 37. Le président a seul la police de l'assemblée ou de la section où il siège; les assemblées ne peuvent s'occuper d'aucun autre objet que des élections qui leur sont attribuées. Toutes discussions, toutes délibérations leur sont interdites.

Art. 38. Nul électeur ne peut se présenter armé dans l'assemblée.

Art. 39. Le président appelle au bureau, pour remplir les fonctions de scrutateurs, les deux plus âgés et les deux plus jeunes des électeurs présents à la séance, sachant lire et écrire. Le bureau ainsi constitué désigne le secrétaire.

Art. 40. Nul ne pourra être admis à voter, s'il n'est inscrit, soit sur la liste des électeurs et du jury, soit sur la liste supplémentaire mentionnée à l'article 31, soit enfin sur la liste des plus imposés mentionnée à l'article 32.

Ces listes seront affichées dans la salle et déposées sur le bureau du président; toutefois, le bureau sera tenu d'admettre à voter ceux qui se présenteraient munis d'un arrêt de cour royale déclarant qu'ils font partie d'une des listes susdites, et ceux qui sont en instance, soit devant le tribunal, soit devant le conseil de préfecture, au sujet d'une décision qui aurait ordonné que leurs noms seraient rayés de la liste.

Cette admission n'entraînera aucun retranchement sur la liste complémentaire des plus imposés.

Art. 41. Avant de voter pour la première fois, chaque membre de l'assemblée prête le serment prescrit par la loi du 31 août 1830.

Art. 42. Chaque électeur, après avoir été appelé, reçoit du président un bulletin ouvert, où il écrit ou fait écrire secrètement son vote par un électeur de son choix, sur une table disposée à cet effet, et séparée du bureau; puis il remet son bulletin écrit et fermé au président, qui le dépose dans la boîte destinée à cet usage.

Art. 43. La table placée devant le président et les scrutateurs sera disposée de telle sorte que les électeurs puissent circuler à l'entour pendant le dépouillement du scrutin.

Art. 44. Les votants sont successivement inscrits sur une liste, qui est ensuite annexée au procès-verbal des opérations, après avoir été certifiée et signée par les membres du bureau.

Art. 45. La présence du *tiers* plus un des électeurs inscrits sur les listes et la majorité absolue des votes exprimés sont nécessaires, au premier tour de scrutin, pour qu'il y ait élection.

Au deuxième tour de scrutin, la majorité relative suffit, quel que soit le nombre des électeurs présents.

En cas d'égalité du nombre de suffrages, l'élection est acquise au plus âgé.

Art. 46. Lorsque la boîte du scrutin aura été ouverte et le nombre des bulletins vérifié, un des scrutateurs prendra successivement chaque bulletin, le dépliera, le remettra au président, qui en fera la lecture à haute voix et le passera à un autre scrutateur.

Immédiatement après le dépouillement, les bulletins seront brûlés en présence de l'assemblée.

Dans les assemblées divisées en plusieurs sections, le dépouillement du scrutin se fait dans chaque section; le résultat en est arrêté et signé par les membres du bureau; il est immédiatement porté par le président de chaque section au bureau de la première section, qui fait, en présence des présidents de toutes les sections, le recensement général des votes.

Art. 47. Les deux tours de scrutin prévus par l'article 45 ci-dessus peuvent avoir lieu le même jour; mais chaque scrutin doit rester ouvert pendant trois heures au moins.

Trois membres au moins du bureau, y compris le secrétaire, doivent toujours être présents.

Art. 48. Le bureau statue provisoirement sur les difficultés qui s'élèvent au sujet des opérations de l'assemblée.

Art. 49. En aucun cas, les opérations de l'assemblée électorale ne pourront durer plus de deux jours.

Art. 50. Les procès-verbaux des opérations des assemblées remis par les présidents sont, par l'intermédiaire du sous-préfet, transmis au préfet, qui, s'il croit que les conditions et formalités légalement prescrites n'ont pas été observées, doit, dans le délai de quinze jours, à dater de la réception du procès-verbal, déférer le jugement de la nullité au conseil de préfecture, lequel prononcera dans le mois.

Art. 51. Tout membre de l'assemblée électorale a le droit d'arguer les opérations de nullité. Si sa réclamation n'a pas été consignée au procès-verbal, elle est déposée dans le délai de cinq jours, à partir du jour de l'élection, au secrétariat de la sous-préfecture, et jugée, sauf recours, par le conseil de préfecture dans le délai d'un mois, à compter de sa réception à la préfecture.

Art. 52. Si la réclamation est fondée sur l'incapacité légale d'un ou de plusieurs membres élus, la question est portée devant le tribunal de l'arrondissement, qui statue, sauf l'appel. L'acte d'appel devra, sous peine de nullité, être notifié dans les dix jours à la partie, quelle que soit la distance des lieux. La cause sera jugée sommairement et conformément au paragraphe 4 de l'article 33 de la loi du 19 avril 1831.

Art. 53. Le recours au Conseil d'état sera exercé par la voie contentieuse, jugé publiquement et sans frais.

Art. 54. Le recours devant le Conseil d'état sera suspensif lorsqu'il sera exercé par le conseiller élu.

L'appel des jugements des tribunaux ne sera pas suspensif lorsqu'il sera interjeté par le préfet.

TITRE VII.

DISPOSITIONS TRANSITOIRES.

Art. 55. L'élection des conseils généraux et des conseils d'arrondissement sera faite dans le délai de six mois, à dater de la promulgation de la présente loi.

Art. 56. Le tableau des réunions de cantons prescrites par l'article 3 de la présente loi dans les départements qui ont plus de trente cantons, sera communiqué aux conseils généraux et aux conseils d'arrondissement institués en vertu de la présente loi, dans leur plus prochaine session.

Les observations que pourraient faire ces conseils sur les réunions de cantons seront imprimées et distribuées aux Chambres.

Art. 57. La présente loi n'est pas applicable au déparpartement de la Seine ; il sera statué à son égard par une loi spéciale.

Loi sur les attributions des Conseils généraux et des Conseils d'arrondissement.

Du 10 mai 1838.

TITRE PREMIER.

DES ATTRIBUTIONS DES CONSEILS GÉNÉRAUX.

Art. 1ᵉʳ. Le conseil général du département répartit, chaque année, les contributions directes entre les arrondissements, conformément aux règles établies par les lois.

Avant d'effectuer cette répartition, il statue sur les demandes délibérées par les conseils d'arrondissement en réduction du contingent assigné à l'arrondissement.

Art. 2. Le conseil général prononce définitivement sur les demandes en réduction de contingent formées par les communes, et préalablement soumises au conseil d'arrondissement.

Art. 3. Le conseil géréral vote les centimes additionnels dont la perception est autorisée par les lois.

Art. 4. Le conseil général délibère,

1° Sur les contributions extraordinaires à établir et les emprunts à contracter dans l'intérêt du département ;

2° Sur les acquisitions, aliénations et échanges des propriétés départementales ;

3° Sur le changement de destination ou d'affectation des édifices départementaux ;

4° Sur le mode de gestion des propriétés départementales ;

5° Sur les actions à intenter ou à soutenir au nom du département, sauf les cas d'urgence prévus par l'article 36 ci-après ;

6° Sur les transactions qui concernent les droits du département ;

7° Sur l'acceptation des dons et legs faits au département ;

8° Sur le classement et la direction des routes départementales ;

9° Sur les projets, plans et devis de tous les autres travaux exécutés sur les fonds du département ;

10° Sur les offres faites par des communes, par des associations ou des particuliers, pour concourir à la dépense des routes départementales ou d'autres travaux à la charge du département ;

11° Sur la concession des associations, à des compagnies ou à des particuliers, de travaux d'intérêt départemental ;

12° Sur la part contributive à imposer au département dans la dépense des travaux exécutés par l'État, et qui intéressent le département ;

13° Sur la part contributive du département aux dépenses des travaux qui intéressent à la fois le département et les communes ;

14° Sur l'établissement et l'organisation des caisses de retraite ou autre mode de rémunération en faveur des employés des préfectures et des sous-préfectures ;

15° Sur la part de la dépense des aliénés et des enfants trouvés et abandonnés qui sera mise à la charge des communes, et sur les bases de la répartition à faire entre elles ;

16° Sur tous les autres objets sur lesquels il est appelé à délibérer par les lois et règlements.

Art. 5. Les délibérations du conseil général sont soumises à l'approbation du Roi, du ministre compétent ou du préfet, selon les cas déterminés par les lois ou par les règlements d'administration publique.

Art. 6. Le conseil général donne son avis,

1° Sur les changements proposés à la circonscription du territoire du département, des arrondissements, des cantons et des communes, et à la désignation des chefs-lieux ;

2° Sur les difficultés élevées relativement à la répartition de la dépense des travaux qui intéressent plusieurs communes ;

3° Sur l'établissement, la suppression ou le changement des foires et marchés ;

4° Et généralement sur tous les objets sur lesquels il est appelé à donner son avis en vertu des lois et règlements, ou sur lesquels il est consulté par l'administration.

Art. 7. Le conseil général peut adresser directement au ministre chargé de l'administration départementale, par l'intermédiaire de son président, les réclamations qu'il aurait à présenter dans l'intérêt spécial du département, ainsi que son opinion sur l'état et les besoins des différents services publics, en ce qui touche le département.

Art. 8. Le conseil général vérifie l'état des archives et celui du mobilier appartenant au département.

Art. 9. Les dépenses à inscrire au budget du département sont,

1° Les dépenses ordinaires pour lesquelles il est créé des ressources annuelles au budget de l'État ;

2° Les dépenses facultatives d'utilité départementale ;

3° Les dépenses extraordinaires autorisées par des lois spéciales ;

4° Les dépenses mises à la charge des départements ou autorisées par des lois spéciales.

Art. 10. Les recettes du département se composent,

1° Du produit des centimes additionnels aux contributions directes affectés par la loi de finances aux dépenses ordinaires des départements, et de la part allouée au département dans le fonds commun établi par la même loi ;

2° Du produit des centimes additionnels facultatifs votés annuellement par le conseil général, dans les limites déterminées par loi de finances ;

3° Du produit des centimes additionnels extraordinaires imposés en vertu de lois spéciales ;

4° Du produit des centimes additionnels affectés par les lois générales à diverses branches du service public ;

5° Du revenu et du produit des propriétés du département non affectées à un service départemental ;

6° Du revenu et du produit des autres propriétés du département, tant mobilières qu'immobilières ;

7° Du produit des expéditions d'anciennes pièces ou d'actes de la préfecture déposés aux archives ;

8° Du produit des droits de péage autorisés par le Gouvernement au profit du département, ainsi que des autres droits et perceptions concédés au département par les lois.

Art. 11. Le budget du département est présenté par le préfet, délibéré par le conseil général, et réglé définitivement par ordonnance royale.

Il est divisé en sections.

Art. 12. La première section comprend les dépenses ordinaires suivantes :

1° Les grosses réparations et l'entretien des édifices et bâtiments départementaux ;

2° Les contributions dues par les propriétés du département ;

3° Le loyer, s'il y a lieu, des hôtels de préfecture et de sous-préfecture ;

4° L'ameublement et l'entretien du mobilier de l'hôtel de préfecture, et des bureaux de sous-préfecture ;

5° Le casernement ordinaire de la gendarmerie ;

6° Les dépenses ordinaires des prisons départementales ;

7° Les frais de translation des détenus, des vagabonds et des forçats libérés ;

8° Les loyer, mobilier et menues dépenses des cours et tribunaux, et les menues dépenses des justices de paix ;

9° Le chauffage et l'éclairage des corps de garde des établissements départementaux ;

10° Les travaux d'entretien des routes départementales et des ouvrages d'art qui en font partie ;

11° Les dépenses des enfants trouvés et abandonnés,

ainsi que celles des aliénés, pour la part afférente au département, conformément aux lois ;

12° Les frais de route accordés aux voyageurs indigents ;

13° Les frais d'impression et de publication des listes électorales et du jury ;

14° Les frais de tenue des colléges et des assemblées convoqués pour nommer les membres de la Chambre des Députés, des conseils généraux et des conseils d'arrondissement ;

15° Les frais d'impression des budgets et des comptes des recettes et dépenses du département ;

16° La portion à la charge des départements dans les frais des tables décennales de l'état civil ;

17° Les frais relatifs aux mesures qui ont pour objet d'arrêter le cours des épidémies et des épizooties ;

18° Les primes fixées par les règlements d'administration publique pour la destruction des animaux nuisibles ;

19° Les dépenses de garde et conservation des archives du département.

Art. 13. Il est pourvu à ces dépenses au moyen,

1° Des centimes affectés à cet emploi par la loi de finances ;

2° De la part allouée au département dans le fonds commun ;

3° Des produits éventuels énoncés aux n°ˢ 6, 7 et 8 de l'article 10.

Art. 14. Les dépenses ordinaires qui doivent être portées dans la première section, aux termes de l'article 12, peuvent y être inscrites, ou être augmentées d'office, jusqu'à concurrence du montant des recettes destinées à y pourvoir, par l'ordonnance royale qui règle le budget.

Art. 15. Aucune dépense facultative ne peut être inscrite dans la première section du budget.

Art. 16. La seconde section comprend les dépenses facultatives d'utilité départementale.

Le conseil général peut aussi y porter les autres dépenses énoncées en l'article 12.

Art. 17. Il est pourvu aux dépenses portées dans la seconde section du budget, au moyen des centimes additionnels facultatifs et des produits énoncés au n° 5 de l'article 10.

Toutefois, après épuisement du maximum des centimes facultatifs, employés à des dépenses autres que les dépenses spéciales, et des ressources énoncées au paragraphe précédent, une portion du fonds commun dont la quotité sera déterminée chaque année par la loi de finances pourra être distribuée aux départements, à titre de secours, pour complément de la dépense des travaux de construction des édifices départementaux d'intérêt général et des ouvrages d'art dépendant des routes départementales.

La répartition du fonds commun sera réglée annuellement par ordonnance royale insérée au *Bulletin des lois*.

Art. 18. Aucune dépense ne peut être inscrite d'office dans cette seconde section, et les allocations qui y sont portées par le conseil général ne peuvent être ni changées ni modifiées par l'ordonnance royale qui règle le budget.

Art. 19. Des sections particulières comprennent les dépenses imputées sur des centimes spéciaux ou extaordinaires. Aucune dépense ne peut y être imputée que sur les centimes destinés par la loi à y pourvoir.

Art. 20. Les dettes départementales contractées pour des dépenses ordinaires seront portées à la première section du budget, et soumises à toutes les règles applicables à ces dépenses.

Les dettes contractées pour pourvoir à d'autres dépenses seront inscrites par le conseil général dans la seconde section ; et dans le cas où il aurait omis ou refusé de faire cette inscription, il y sera pourvu au moyen d'une contribution extraordinaire établie par une loi spéciale.

Art. 21. Les fonds qui n'auront pu recevoir leur emploi dans le cours de l'exercice seront reportés, après clôture, sur l'exercice en cours d'exécution, avec l'affectation qu'ils avaient au budget voté par le conseil général, et les fonds restés libres seront cumulés avec les ressources du budget nouveau, suivant la nature de leur origine.

Art. 22. Le comptable chargé du recouvrement des ressources éventuelles est tenu de faire, sous sa responsabilité, toutes les diligences nécessaires pour la rentrée de ces produits.

Les rôles et états de produits sont rendus exécutoires par le préfet, et par lui remis au comptable.

Les oppositions, lorsque la matière est de la compétence des tribunaux ordinaires, sont jugées comme affaires sommaires.

Art. 23. Le comptable chargé du service des dépenses départementales ne peut payer que sur des mandats délivrés par le préfet dans la limite des crédits ouverts par les budgets du département.

Art. 24. Le conseil général entend et débat les comptes d'administration qui lui sont présentés par le préfet,

1° Des recettes et dépenses, conformément aux budgets du département ;

2° Du fonds de non-valeurs ;

3° Du produit des centimes additionnels spécialement affectés, par les lois générales, à diverses branches du service public.

Les observations du conseil général sur les comptes présentés à son examen sont adressées directement, par son président, au ministre chargé de l'administration départementale.

Ces comptes, provisoirement arrêtés par le conseil général, sont définitivement réglés par ordonnances royales.

Art. 25. Les budgets et les comptes du département définitivement réglés sont rendus publics par la voie de l'impression.

Art. 26. Le conseil général peut ordonner la publication de tout ou partie de ses délibérations ou procès-verbaux.

Les procès-verbaux, rédigés par le secrétaire et arrêtés au commencement de chaque séance, contiendront l'analyse de la discussion : les noms des membres qui ont pris part à cette discussion n'y seront pas insérés.

Art. 27. Si le conseil général ne se réunissait pas, ou s'il se séparait sans avoir arrêté la répartition des contributions directes, les mandements des contingents assignés à chaque arrondissement seraient délivrés par le préfet, d'après les bases de la répartition précédente, sauf les modifications à porter dans le contingent en exécution des lois.

Art. 28. Si le conseil ne se réunissait pas, ou s'il se séparait sans avoir arrêté le budget des dépenses ordinaires du département, le préfet, en conseil de préfecture, établirait d'office ce budget, qui serait réglé par une ordonnance royale.

Art. 29. Les délibérations du conseil général relatives à des acquisitions, aliénations et échanges de propriétés départementales, ainsi qu'aux changements de destination des édifices et bâtiments départementaux, doivent être approuvées par une ordonnance royale, le Conseil d'état entendu.

Toutefois, l'autorisation du préfet, en conseil de préfecture, est suffisante pour les acquisitions, aliénations et échanges, lorsqu'il ne s'agit que d'une valeur n'excédant pas vingt mille francs.

Art. 30. Les délibérations du conseil général relatives au mode de gestion des propriétés départementales sont soumises à l'approbation du ministre compétent.

En cas d'urgence, le préfet pourvoit provisoirement à la gestion.

Art. 31. L'acceptation ou le refus des legs et donations faits au département ne peuvent être autorisés que par une ordonnance royale, le Conseil d'état entendu.

Le préfet peut toujours, à titre conservatoire, accepter les legs et dons faits au département : l'ordonnance d'autorisation qui intervient ensuite a effet du jour de cette acceptation.

Art. 32. Lorsque les dépenses de constructions, de reconstructions ou réparations des édifices départementaux sont évaluées à plus de cinquante mille francs, les projets et les devis doivent être préalablement soumis au ministre chargé de l'administration des communes.

Art. 33. Les contributions extraordinaires que le conseil général voterait pour subvenir aux dépenses du département ne peuvent être autorisées que par une loi.

Art. 34. Dans le cas où le conseil général voterait un emprunt pour subvenir à des dépenses du département, cet emprunt ne peut être contracté qu'en vertu d'une loi.

Art. 35. En cas de désaccord sur la répartition de la dépense de travaux intéressant à la fois le département et les communes, il est statué par ordonnance du Roi, les conseils municipaux, les conseils d'arrondissement et le conseil général entendus.

Art. 36. Les actions du département sont exercées par le préfet, en vertu des délibérations du conseil général et avec l'autorisation du Roi en son Conseil d'état.

Le département ne peut se pourvoir devant un autre degré de juridiction qu'en vertu d'une nouvelle autorisation.

Le préfet peut, en vertu des délibérations du conseil général, et sans autre autorisation, défendre à toute action.

En cas d'urgence, le préfet peut intenter toute action ou y défendre, sans délibération du conseil général, ni autorisation préalable.

Il fait tous actes conservatoires ou interruptifs de la déchéance.

En cas de litige entre l'État et le département, l'action est intentée ou soutenue au nom du département par le membre du conseil de préfecture le plus ancien en fonctions.

Art. 37. Aucune action judiciaire, autre que les actions possessoires, ne peut, à peine de nullité, être intentée contre un département qu'autant que le demandeur a préalablement adressé au préfet un mémoire exposant l'objet et les motifs de sa réclamation.

Il lui en est donné récépissé.

L'action ne peut être portée devant les tribunaux que deux mois après la date du récépissé, sans préjudice des actes conservatoires.

Durant cet intervalle, le cours de toute prescription demeurera suspendu.

Art. 38. Les transactions délibérées par le conseil général ne peuvent être autorisées que par ordonnance du Roi, le Conseil d'état entendu.

TITRE II.

DES ATTRIBUTIONS DES CONSEILS D'ARRONDISSEMENT.

Art. 39. La session ordinaire du conseil d'arrondissement se divise en deux parties : la première précède et la seconde suit la session du conseil général.

Art. 40. Dans la première partie de sa session, le conseil d'arrondissement délibère sur les réclamations auxquelles donneraient lieu la fixation du contingent de l'arrondissement dans les contributions directes.

Il délibère également sur les demandes en réduction de contributions formées par les communes.

Art. 41. Le conseil d'arrondissement donne son avis,

1° Sur les changements proposés à la circonscription du territoire de l'arrondissement, des cantons et des communes, et à la désignation de leurs chefs-lieux ;

2° Sur le classement et la direction des chemins vicinaux de grande communication ;

3° Sur l'établissement et la suppression, ou le changement des foires et des marchés ;

4° Sur les réclamations élevées au sujet de la part contributive des communes respectives dans les travaux intéressant à la fois plusieurs communes, ou les communes et le département ;

5° Et généralement sur tous les objets sur lesquels il est appelé à donner son avis en vertu des lois et règlements, ou sur lesquels il serait consulté par l'administration.

Art. 42. Le conseil d'arrondissement peut donner son avis,

1° Sur les travaux de routes, de navigation et autres objets d'utilité publique qui intéressent l'arrondissement;

2° Sur le classement et la direction des routes départementales qui intéressent l'arrondissement ;

3° Sur les acquisitions, aliénations, échanges, constructions et reconstructions des édifices et bâtiments destinés à la sous-préfecture, au tribunal de première instance, à la maison d'arrêt ou à d'autres services publics spéciaux à l'arrondissement, ainsi que sur les changements de destination de ces édifices;

4° Et généralement sur tous les objets sur lesquels le

conseil général est appelé à délibérer, en tant qu'ils intéressent l'arrondissement.

Art. 43. Le préfet communique au conseil d'arrondissement le compte de l'emploi des fonds de non-valeurs, en ce qui concerne l'arrondissement.

Art. 44. Le conseil d'arrondissement peut adresser directement au préfet, par l'intermédiaire de son président, son opinion sur l'état et les besoins des différents services publics, en ce qui touche l'arrondissement.

Art. 45. Dans la seconde partie de sa session, le conseil d'arrondissement répartit entre les communes les contributions directes.

Art. 46. Le conseil d'arrondissement est tenu de se conformer, dans la répartition de l'impôt, aux décisions rendues par le conseil général sur les réclamations des communes.

Faute par le conseil d'arrondissement de s'y être conformé, le préfet, en conseil de préfecture, établit la répartition d'après lesdites décisions.

En ce cas, la somme dont la contribution de la commune déchargée se trouve réduite est répartie, au centime le franc, sur toutes les autres communes de l'arrondissement.

Art. 47. Si le conseil d'arrondissement ne se réunissait pas, ou s'il se séparait sans avoir arrêté la répartition des contribution directes, les mandements des contingents assignés à chaque commune seraient délivrés par le préfet, d'après les bases de la répartition précédente, sauf les modifications à apporter dans le contingent en exécution des lois.

Décret relatif au renouvellement des Conseils municipaux et des Conseils d'arrondissement et de département.

Du 3 juillet 1848.

Art. 1er. Il sera procédé au renouvellement intégral des conseils municipaux de toutes les communes de la République et des conseils d'arrondissement et du département.

Les élections municipales auront lieu avant le 1er août prochain. Les élections des conseils d'arrondissement et de département auront lieu avant le 1er septembre suivant, et, dans tous les cas, avant la session ordinaire de ces conseils.

Il sera élu un membre du conseil général dans chaque canton.

La ville de Paris et le département de la Seine seront l'objet d'un décret spécial. Toutefois, une commission provisoire, municipale et départementale, instituée dans le plus bref délai par le Pouvoir exécutif, remplacera, jusqu'à la promulgation prochaine de ce décret, le conseil dissout par le Gouvernement provisoire.

Art. 2. Jusqu'à ce que la constitution de la République ou des lois organiques aient réglé la composition et les formes d'élection des administrations municipales et départementales, les lois des 21 mars 1831 et 22 juin 1833 sont maintenues, sauf les modifications suivantes.

Art. 3. Sont abrogés les articles 11 à 16, 32 à 42, l'article 47 et les paragraphes 2, 4, 5 et 6 de l'article 44 de la loi du 21 mars 1831.

Art. 4. Sont abrogés les paragraphes 1 et 3 de l'article 3, et les articles 4, 22, 23, 29 à 33, 36, 39 à 42, 45, 46, paragraphe 1er, 47 et 49 de la loi du 22 juin 1833.

Art. 5. Les élections des conseillers municipaux seront faites par les citoyens ayant leur domicile réel, depuis six mois, dans la commune, et appelés à nommer les représentants du peuple, selon le décret du 5 mars dernier et l'acte du Gouvernement du 8 de ce mois.

Art. 6. A cet effet, la liste électorale, revisée par le maire en conseil municipal, sera publiée six jours avant l'époque de la réunion de l'assemblée électorale. Les réclamations seront admises pendant cinq jours et jugées par le conseil municipal. La clôture des listes aura lieu le sixième jour.

Art. 7. Les sections établies dans les communes, en vertu de l'article 44 de la loi du 21 mars 1831, procèderont, par scrutin de liste, à l'élection des conseillers municipaux pour toute la commune. Les votes seront recensés au bureau de la première section.

Dans les communes où il est établi des sections en vertu de l'article 45 de la loi du 21 mars 1831, et dans les communes régies par l'article 44 de ladite loi, où le Gouvernement croira devoir maintenir les dispositions des paragraphes 2, 4 et 5 de l'article 44, les élections se feront séparément par les électeurs des sections. Les sections pourront être convoquées simultanément.

Art. 8. Sont déclarés applicables à l'élection des conseillers municipaux, les articles 20, 21, 22, 24, 27 et 29 de l'instruction du 8 mars dernier, sur les élections à l'Assemblée nationale.

Art. 9. Sont éligibles au conseil municipal les citoyens inscrits sur les listes électorales de la commune et âgés de vingt-cinq ans, et les citoyens ayant atteint le même âge qui, sans y être domiciliés, y paient une contribution directe.

Néanmoins, suivant la proportion établie par l'article 15 de la loi du 21 mars 1831, le nombre de ces derniers ne pourra dépasser le quart des membres du conseil.

Art. 10. Le maire et les adjoints seront choisis par le conseil municipal et pris dans son sein.

Les maires et adjoints peuvent être suspendus par un arrêté du préfet ; mais ils ne seront révocables que par une décision du Pouvoir exécutif.

La suspension ne pourra excéder trois mois. Les maires et adjoints révoqués ne pourront être réélus pendant un an.

Dans les chefs-lieux d'arrondissement et de département et dans les communes au-dessus de six mille âmes, les maires et adjoints seront choisis par le Pouvoir exécutif parmi les membres élus du conseil municipal.

Art. 11. L'élection des maires et adjoints sera faite par les membres du conseil municipal, au scrutin secret et individuel.

La majorité absolue sera nécessaire aux deux premiers tours de scrutin.

Art. 12. Les élections des conseillers généraux et des conseillers d'arrondissement seront faites par les citoyens du canton ou de la circonscription appelés à nommer les conseils municipaux, conformément à ce qui a été dit en l'article 5 ci-dessus; ils seront réunis en une seule assemblée ou en plusieurs sections. Les sections pourront être convoquées dans des communes différentes.

Art. 13. Les dispositions de l'article 6 ci-dessus sont applicables à la révision des listes d'électeurs appelés à élire les conseillers de département et d'arrondissement, si ce n'est que l'intervalle entre les publications des listes et le jour de l'élection sera de sept jours, et que les listes, closes le sixième jour dans chaque commune, seront transmises le septième jour au maire de la commune dans laquelle se réunira l'assemblée ou la section électorale.

Art. 14. Sont éligibles aux conseils d'arrondissement les électeurs âgés de vingt-cinq ans au moins, domiciliés dans l'arrondissement, et les citoyens, ayant atteint le même âge, qui, sans y être domiciliés, y payent une contribution directe.

Sont éligibles aux conseils généraux les électeurs, âgés de vingt-cinq ans au moins, domiciliés dans le département, et les citoyens, ayant atteint le même âge, qui, sans y être domiciliés, y payent une contribution directe. Néanmoins, le nombre de ces derniers ne pourra dépasser le quart desdits conseils. Les incompatibilités prononcées par l'article 5 de la loi du 22 juin 1833 sont applicables aux conseillers d'arrondissement.

Art. 15. Les opérations des assemblées appelées à élire les conseillers de département ou d'arrondissement auront lieu selon les dispositions des articles 34, 37, 38, 46, paragraphes 2 et 3 de l'article 48 de la loi du 22 juin 1833, et des articles 20 et 33 de l'instruction du Gouvernement du 8 mars 1848.

Le bureau de chaque assemblée ou section sera présidé par le maire de la commune, ou, à défaut, par les adjoints ou conseillers municipaux, selon l'ordre du tableau. Les scrutateurs, au nombre de six, seront pris parmi les plus âgés des maires, adjoints et conseillers municipaux des communes du canton ou de la circonscription sectionnaires, appelés au défaut les uns des autres, selon l'ordre de ces diverses fonctions. Les président et scrutateurs choisiront le secrétaire. Les votes seront recensés au bureau de la première section.

Art. 16. Il suffira, pour être élu membre d'un conseil d'arrondissement, ou d'un conseil de département, d'avoir obtenu la majorité relative. Néanmoins, nul ne peut être élu membre desdits conseils, s'il n'a obtenu le cinquième des suffrages exprimés. En cas d'égalité du nombre des suffrages, l'élection est acquise au plus âgé.

Art. 17. S'il n'y a pas d'élection lors d'une première

convocation, il sera procédé à de nouvelles élections huit jours après, et dans les formes indiquées ci-dessus.

Art. 18. Les séances des conseils de département seront publiques, à moins que la majorité des membres du conseil ne demande le comité secret.

Loi sur le renouvellement des Conseils généraux, des Conseils d'arrondissement et des Conseils municipaux, et sur la nomination des Maires et Adjoints.

Du 7 juillet 1852.

Art. 1er. Dans les quatre mois qui suivront la promulgation de la présente loi, il sera procédé au renouvellement intégral des conseils généraux, des conseils d'arrondissement et des conseils municipaux, ainsi qu'à la nomination des maires et des adjoints.

Art. 2. Jusqu'à la loi définitive qui doit régler l'organisation départementale et municipale, les élections auront lieu conformément aux lois existantes, sauf les modifications portées en la présente loi.

Art. 3. L'élection des membres des conseils généraux, des conseils d'arrondissement et des conseils municipaux aura lieu par commune, sur les listes dressées pour l'élection des députés au Corps législatif, conformément aux dispositions des décrets du 2 février 1852.

Le préfet pourra, par un arrêté, diviser en sections électorales les communes, quelle que soit leur population.

Pour l'élection des membres des conseils municipaux, il aura la faculté de fixer, par le même arrêté, le nombre des conseillers qui devront être nommés par chacune des sections.

Dans les communes qui comptent deux mille cinq cents âmes et plus, le scrutin durera deux jours ; il sera ouvert le samedi et clos le dimanche.

Dans les communes d'une population moindre, le scrutin ne durera qu'un jour; il sera ouvert et clos le dimanche.

Le recensement des votes pour l'élection des membres des conseils généraux et des conseils d'arrondissement sera fait au chef-lieu de canton.

Art. 4. Nul n'est élu membre desdits conseils au premier tour de scrutin, s'il n'a réuni :

1° La majorité absolue des suffrages exprimés ;

2° Un nombre de suffrages égal au quart de celui des électeurs inscrits.

Au second tour de scrutin, l'élection a lieu à la majorité relative, quel que soit le nombre des votants. Si plusieurs candidats obtiennent le même nombre de suffrages, l'élection est acquise au plus âgé.

Art. 5. Les président, vice-président et secrétaires sont nommés pour chaque session, et choisis, parmi les membres du conseil par le Président de la République pour les conseils généraux, et par le préfet pour les conseils d'arrondissement.

Les séances des conseils généraux ne sont pas publiques.

Art. 6. La dissolution des conseils généraux et des conseils d'arrondissement peut être prononcée par le Président de la République. En ce cas, il est procédé à une nouvelle élection avant la session annuelle, et, au plus tard, dans le délai de trois mois à dater du jour de la dissolution.

Art. 7. Les maires et adjoints sont nommés par le Président de la République dans les chefs-lieux de département et d'arrondissement et dans les communes de trois mille habitants et au-dessus.

Ils sont nommés par le préfet dans les autres communes.

Ils peuvent être suspendus par arrêté du préfet.

Ils ne peuvent être révoqués que par un décret du Président de la République.

Art. 8. Les adjoints peuvent être pris, comme les maires, en dehors du conseil municipal.

Le maire préside le conseil municipal; il a voix prépondérante en cas de partage. Les mêmes droits appartiennent à l'adjoint qui le remplace.

Dans tout autre cas, les adjoints pris en dehors du conseil ont seulement droit d'y siéger avec voix consultative.

Art. 9. Les conseils municipaux peuvent être suspendus par le préfet; leur dissolution ne peut être prononcée que par le Président de la République.

En cas de dissolution, l'élection du nouveau conseil municipal a lieu dans le délai d'une année.

Art. 10. En cas de dissolution ou de suspension du conseil municipal, le préfet peut désigner, soit une commission qui remplira les fonctions du conseil municipal, soit des citoyens pour assister le maire dans les actes administratifs, spéciaux et déterminés, pour lesquels la loi ou les règlements exigent le concours d'un ou de plusieurs conseillers municipaux.

Art. 11. Les membres des conseils généraux, des conseils d'arrondissement et des conseils municipaux, ainsi que les maires et les adjoints actuellement en exercice, conserveront leurs fonctions jusqu'à l'installation de leurs successeurs élus ou nommés en exécution de la présente loi.

Art. 12. Il n'est pas dérogé aux dispositions des lois et décrets qui régissent spécialement le département de la Seine et la ville de Lyon.

Loi sur les Conseils généraux.
Du 18 juillet 1866.

Art. 1ᵉʳ. Les conseils généraux statuent définitivement sur les affaires ci-après désignées, savoir :

1° Acquisitions, aliénation et échange de propriétés départementales mobilières ou immobilières, quand ces propriétés ne sont pas affectées à l'un des services énumérés au n° 4 ;

2° Mode de gestion des propriétés départementales ;

3° Baux de biens donnés ou pris à ferme ou à loyer, quelle qu'en soit la durée ;

4° Changement de destination des propriétés et des édifices départementaux autres que les hôtels de préfecture et de sous-préfecture et les locaux affectés aux cours et tribunaux, au casernement de la gendarmerie et aux prisons ;

5° Acceptation ou refus de dons et legs faits au département sans charges ni affectation immobilière, quand ces dons et legs ne donnent pas lieu à réclamation ;

6° Classement et direction des routes départementales, lorsque le tracé desdites routes ne se prolonge pas sur le territoire d'un autre département ; projets, plans et devis des travaux à exécuter pour la construction, la rectification ou l'entretien des routes départementales ; le tout sauf l'exécution des lois et règlements sur l'expropriation pour cause d'utilité publique ;

Projets, plans et devis de tous autres travaux à exécuter sur les fonds départementaux ;

7° Classement et direction des chemins vicinaux de grande communication ; désignation des chemins vicinaux d'intérêt commun ; désignation des communes qui doivent concourir à la construction et à l'entretien desdits chemins ; le tout sur l'avis des conseils municipaux et d'arrondissement ;

Répartition des subventions accordées sur les fonds départementaux aux chemins vicinaux de grande communication ou d'intérêt commun ;

8° Offres faites par des communes, par des associations ou des particuliers pour concourir à la dépense des routes départementales ou d'autres travaux à la charge des départements ;

9° Déclassement des routes départementales, des chemins vicinaux de grande communication et d'intérêt commun, lorsque leur tracé ne se prolonge pas sur le territoire d'un ou de plusieurs départements ;

10° Désignation des services auxquels sera confiée l'exécution des travaux sur les chemins vicinaux de grande communication et d'intérêt commun, et mode d'exécution des travaux à la charge du département autres que ceux des routes départementales ;

11° Emploi de fonds libres provenant d'emprunts ou de centimes extraordinaires recouvrés ou à recouvrer dans le cours de l'exercice ;

12° Assurances des bâtiments départementaux ;

13° Actions à intenter ou à soutenir au nom du département, sauf les cas d'urgence, dans lesquels le préfet pourra agir conformément à l'article 36 de la loi du 10 mai 1838 ;

14° Transactions concernant les droits des départements ;

15° Recettes et dépenses des établissements d'aliénés appartenant au département ; approbation des traités passés avec des établissements privés ou publics pour le traitement des aliénés du département ;

16° Service des enfants assistés.

Les délibérations prises par les conseils généraux sur les matières énoncées aux n°^{s} 6, 7, 15 et 16 ci-dessus sont exécutoires si, dans le délai de deux mois, à partir de la clôture de la session, un décret impérial n'en a pas suspendu l'exécution.

Art. 2. Les conseils généraux peuvent voter, dans la limite d'un maximum qui sera annuellement fixé par la loi de finances, des centimes extraordinaires affectés à des dépenses extraordinaires d'utilité départementale.

Ils peuvent voter également les emprunts départementaux remboursables dans un délai qui ne pourra excéder douze années, sur ces centimes extraordinaires ou sur les ressources ordinaires.

Art. 3. Les délibérations par lesquelles les conseils généraux statuent définitivement sont exécutoires, si, dans un délai de deux mois, à partir de la clôture de la session, elles n'ont pas été annulées pour excès de pouvoir ou pour violation d'une disposition de la loi ou d'un règlement d'administration publique.

Cette annulation ne peut être prononcée que par un décret rendu dans la forme des règlements d'administration publique.

Art. 4. Le conseil général fixe, chaque année, le maximum du nombre des centimes extraordinaires que les conseils municipaux sont autorisés à voter, pour en affecter le produit à des dépenses extraordinaires d'utilité communale. Si le conseil général se sépare sans l'avoir fixé, le maximum arrêté pour l'année précédente est maintenu jusqu'à la session suivante.

Le maximum ne peut dépasser vingt centimes.

Art. 5. Chaque année, le préfet présente au conseil général le relevé de tous les emprunts communaux et de toutes les contributions extraordinaires communales qui ont été votés depuis sa session précédente, avec indication du chiffre total des centimes extraordinaires et des dettes dont chaque commune est grevée.

Le préfet soumet également au conseil général le compte annuel de l'emploi des ressources municipales affectées aux chemins vicinaux de grande communication et d'intérêt commun.

Art. 6. Le budget départemental est divisé en budget ordinaire et budget extraordinaire.

Les dépenses comprises aujourd'hui dans les première,

deuxième, quatrième et cinquième sections des budgets départementaux forment le budget ordinaire.

Les recettes du budget ordinaire se composent :

1° Du produit des centimes additionnels portant sur les contributions foncière et personnelle-mobilière, votés annuellement par le conseil général dans les limites déterminées par la loi de finances.

Ces centimes comprendront à l'avenir les sept centimes qui forment aujourd'hui le fonds commun ;

2° Des produits éventuels énoncés aux n°s 5, 6, 7 et 8 de l'article 10 de la loi du 10 mai 1838 ;

3° Du produit des centimes autorisés pour les dépenses des chemins vicinaux et de l'instruction primaire, dont l'affectation spéciale est maintenue.

Les recettes du budget extraordinaire se composent :

1° Du produit des centimes extraordinaires votés annuellement par le conseil général dans les limites déterminées par la loi de finances, ou autorisés par des lois spéciales ;

2° Du produit des biens aliénés ;

3° Des dons et legs ;

4° Du remboursement des capitaux exigibles et des rentes rachetées ;

5° Du produit des emprunts ;

6° De toutes autres recettes accidentelles.

A l'avenir, les forêts et les bois de l'État acquitteront les centimes additionnels ordinaires et extraordinaires affectés aux dépenses des départements dans la proportion de la moitié de leur valeur imposable, le tout sans préjudice des dispositions de l'article 13 de la loi du 21 mai 1836 et de l'article 3 de la loi du 12 juillet 1865.

Tout centime additionnel, soit ordinaire, soit extraordinaire, qui serait ultérieurement établi en sus de ceux actuellement autorisés, portera sur toutes les contributions directes.

Art. 7. Il est créé, sur les ressources générales du budget, un fonds sur lequel les départements dont la situation financière l'exige reçoivent une allocation.

Le fonds est fixé à la somme de quatre millions de francs (4,000,000f). Il est inscrit au budget du ministère de l'intérieur ; la répartition en est réglée annuellement par un décret impérial, rendu en Conseil d'État.

Art. 8. Les départements qui, pour assurer le service des chemins vicinaux et de l'instruction primaire, n'auront pas besoin de faire emploi de la totalité des centimes spéciaux établis en exécution des lois des 21 mai 1836 et 15 mars 1850, pourront en appliquer le surplus aux autres dépenses de leur budget ordinaire.

Les départements qui seraient en situation d'user de la faculté autorisée par le paragraphe précédent, et n'en feraient pas usage, ne pourront recevoir aucune allocation.

Art. 9. Les fonds qui n'auront pu recevoir leur emploi dans le cours de l'exercice seront reportés, après clôture, sur l'exercice en cours d'exécution, avec l'affectation qu'ils avaient au budget voté par le conseil général.

Les fonds libres seront cumulés, suivant la nature de leur origine, avec les ressources de l'exercice en cours d'exécution, pour recevoir l'affectation nouvelle qui pourra leur être donnée par le conseil général dans le budget rectificatif de l'exercice courant.

Les conseils généraux peuvent porter au budget un crédit pour dépenses imprévues.

Art. 10. Si un conseil général omet d'inscrire au budget un crédit suffisant pour l'acquittement des dépenses suivantes :

1° Loyer et entretien des hôtels de préfecture et de sous-préfecture ;

2° Casernement ordinaire des brigades de gendarmerie ;

3° Loyer, mobilier et menues dépenses des cours et tribunaux, et menues dépenses des justices de paix.

Il y est pourvu au moyen d'une contribution spéciale portant sur les quatre contributions directes et établie par un décret impérial dans les limites du maximum fixé annuellement par la loi de finances, ou par une loi, si la contribution doit excéder ce maximum.

Le décret est rendu dans la forme des règlements d'administration publique. Il est inséré au *Bulletin des lois*.

Art. 11. Aucune dépense autre que celles énoncées en l'article précédent ne peut être inscrite d'office dans le budget ordinaire, et les allocations qui y sont portées par le conseil général ne peuvent être ni changées ni modifiées par le décret impérial qui règle le budget.

Art. 12. Les dispositions financières de la présente loi ne seront applicables qu'à partir de l'exercice 1868.

Art. 13. Sont applicables à l'administration du département de la Seine les dispositions de la présente loi, celles de la loi du 10 mai 1838 et celles du décret du 25 mars 1852.

Art. 14. Nonobstant les dispositions de l'article précédent, le département de la Seine ne pourra établir aucune imposition extraordinaire ni contracter aucun emprunt sans y être autorisé par une loi.

Art. 15. Toutes les dispositions de lois antérieures demeurent abrogées en ce qu'elles ont de contraire à la présente loi.

Loi relative aux Conseils généraux.

Du 10 août 1871.

TITRE PREMIER.

DISPOSITIONS GÉNÉRALES.

Art. 1er. Il y a dans chaque département un conseil général.

Art. 2. Le conseil général élit dans son sein une commission départementale.

Art. 3. Le préfet est le représentant du Pouvoir exécutif dans le département.

Il est, en outre, chargé de l'instruction préalable des affaires qui intéressent le département, ainsi que de l'exécution des décisions du conseil général et de la commission départementale, conformément aux dispositions de la présente loi.

TITRE II.

DE LA FORMATION DES CONSEILS GÉNÉRAUX.

Art. 4. Chaque canton du département élit un membre du conseil général.

Art. 5. L'élection se fait au suffrage universel, dans chaque commune, sur les listes dressées pour les élections municipales.

Art. 6. Sont éligibles au conseil général tous les citoyens inscrits sur une liste d'électeurs ou justifiant qu'ils devaient y être inscrits avant le jour de l'élection, âgés de vingt-cinq ans accomplis, qui sont domiciliés dans le département, et ceux qui, sans y être domiciliés, y sont inscrits au rôle d'une des contributions directes au 1ᵉʳ janvier de l'année dans laquelle se fait l'élection, ou justifient qu'ils devaient y être inscrits à ce jour ou ont hérité depuis la même époque d'une propriété foncière dans le département.

Toutefois, le nombre des conseillers généraux non domiciliés ne pourra dépasser le quart du nombre total dont le conseil doit être composé.

Art. 7. Ne peuvent être élus au conseil général les citoyens qui sont pourvus d'un conseil judiciaire.

Art. 8. Ne peuvent être élus membres du conseil général :

1° Les préfets, sous-préfets, secrétaires généraux et conseillers de préfecture, dans le département où ils exercent leurs fonctions ;

2° Les procureurs généraux, avocats généraux et substituts du procureur général près les cours d'appel, dans l'étendue du ressort de la cour ;

3° Les présidents, vice-présidents, juges titulaires, juges d'instruction et membres du parquet des tribunaux de première instance, dans l'arrondissement du tribunal ;

4° Les juges de paix, dans leurs cantons ;

5° Les généraux commandant les divisions ou les subdivisions territoriales, dans l'étendue de leurs commandements ;

6° Les préfets maritimes, majors généraux de la marine et commissaires de l'inscription maritime, dans les départements où ils résident ;

7° Les commissaires et agents de police, dans les cantons de leur ressort ;

8° Les ingénieurs en chef de département et les ingénieurs ordinaires d'arrondissement, dans le département où ils exercent leurs fonctions ;

9° Les ingénieurs du service ordinaire des mines, dans les cantons de leur ressort ;

10° Les recteurs d'académie, dans le ressort de l'académie;

11° Les inspecteurs d'académie et les inspecteurs des écoles primaires, dans le département où ils exercent leurs fonctions;

12° Les ministres des différents cultes, dans les cantons de leur ressort;

13° Les agents et comptables de tout ordre, employés à l'assiette, à la perception et au recouvrement des contributions directes ou indirectes, et au payement des dépenses publiques de toute nature, dans le département où ils exercent leurs fonctions;

14° Les directeurs et inspecteurs des postes, des télégraphes et des manufactures de tabac, dans le département où ils exercent leurs fonctions;

15° Les conservateurs, inspecteurs et autres agents des eaux et forêts, dans les cantons de leur ressort;

16° Les vérificateurs des poids et mesures, dans les cantons de leur ressort.

Art. 9. Le mandat de conseiller général est incompatible, dans toute la France, avec les fonctions énumérées aux n°s 1 et 7 de l'article 8.

Art. 10. Le mandat de conseiller général est incompatible, dans le département, avec les fonctions d'architecte départemental, d'agent voyer, d'employé des bureaux de la préfecture ou d'une sous-préfecture, et généralement de tous les agents salariés ou subventionnés sur les fonds départementaux.

La même incompatibilité existe à l'égard des entrepreneurs des services départementaux.

Art. 11. Nul ne peut être membre de plusieurs conseils généraux.

Art. 12. Les collèges électoraux sont convoqués par le Pouvoir exécutif.

— 58 —

Il doit y avoir un intervalle de quinze jours francs, au moins, entre la date du décret de convocation et le jour de l'élection, qui sera toujours un dimanche. Le scrutin est ouvert à sept heures du matin et clos le même jour à six heures. Le dépouillement a lieu immédiatement.

Lorsqu'un second tour de scrutin est nécessaire, il y est procédé le dimanche suivant.

Art. 13. Immédiatement après le dépouillement du scrutin, les procès-verbaux de chaque commune, arrêtés et signés, sont portés au chef-lieu du canton par deux membres du bureau. Le recensement général des votes est fait par le bureau du chef-lieu, et le résultat est proclamé par son président, qui adresse tous les procès-verbaux et les pièces au préfet.

Art. 14. Nul n'est élu membre du conseil général au premier tour de scrutin, s'il n'a réuni :

1° La majorité absolue des suffrages exprimés;

2° Un nombre de suffrages égal au quart de celui des électeurs inscrits.

Au second tour de scrutin, l'élection a lieu à la majorité relative, quel que soit le nombre des votants. Si plusieurs candidats obtiennent le même nombre de suffrages, l'élection est acquise au plus âgé.

Art. 15. Les élections peuvent être arguées de nullité par tout électeur du canton.

Si la réclamation n'a pas été consignée au procès-verbal, elle doit être déposée au secrétariat général de la préfecture. Il en est donné récépissé.

Art. 16. Le conseil général vérifie les pouvoirs de ses membres. Il n'y a pas de recours contre ses décisions.

Art. 17. Le conseiller général élu dans plusieurs cantons est tenu de déclarer son option au président du conseil général dans les trois jours qui suivront la vérification de ses pouvoirs. A défaut d'option dans ce délai, le conseil général détermine, en séance publique et par la voie du sort, à quel canton le conseiller appartiendra.

Lorsque le nombre des conseillers non domiciliés dans le département dépasse le quart du conseil, le conseil général procède de la même façon pour désigner celui ou ceux dont l'élection doit être annulée.

Art. 18. Tout conseiller général qui, par une cause survenue postérieurement à son élection, se trouve dans un des cas prévus par les articles 7, 8, 9 et 10, ou se trouve frappé d'une des incapacités qui font perdre la qualité d'électeur, est déclaré démissionnaire par le conseil général, soit d'office, soit sur les déclarations de tout électeur.

Art. 19. Lorsqu'un conseiller général aura manqué à une session ordinaire sans excuse légitime admise par le conseil, il sera déclaré démissionnaire par le conseil général, dans la dernière séance de la session.

Art. 20. Lorsqu'un conseiller général donne sa démission, il l'adresse au président du conseil général ou au président de la commission départementale, qui en donne immédiatement avis au préfet.

Art. 21. Les conseillers généraux sont nommés pour six ans; ils sont renouvelés par moitié tous les trois ans, et indéfiniment rééligibles. En cas de renouvellement intégral, à la session qui suit ce renouvellement, le conseil général divise les cantons du département en deux séries, en répartissant, autant que possible dans une proportion égale, les cantons de chaque arrondissement dans chacune des séries, et il procède ensuite à un tirage au sort pour régler l'ordre du renouvellement des séries.

Art. 22. En cas de vacance par décès, option, démission, par une des causes énumérées aux articles 17, 18 et 19, ou par toute autre cause, les électeurs devront être réunis dans le délai de trois mois.

Toutefois, si le renouvellement légal de la série à laquelle appartient le siége vacant doit avoir lieu avant la prochaine session ordinaire du conseil général, l'élection partielle se fera à la même époque.

La commission départementale est chargée de veiller à l'exécution du présent article. Elle adresse ses réquisitions au préfet et, s'il y a lieu, au ministre de l'intérieur.

TITRE III.

DES SESSIONS DES CONSEILS GÉNÉRAUX.

Art. 23. Les conseils généraux ont chaque année deux sessions ordinaires.

La session dans laquelle sont délibérés le budget et les comptes commence de plein droit le premier lundi qui suit le 15 août et ne pourra être retardée que par une loi.

L'ouverture de l'autre session a eu lieu au jour fixé par le conseil général dans la session du mois d'août précédent. Dans le cas où le conseil général se serait séparé sans avoir pris aucune décision à cet égard, le jour sera fixé et la convocation sera faite par la commission départementale, qui en donnera avis au préfet.

La durée de la session d'août ne pourra excéder un mois ; celle de l'autre session ordinaire ne pourra excéder quinze jours.

Art. 24. Les conseils généraux peuvent être réunis extraordinairement :

1° Par décret du Chef du pouvoir exécutif ;

2° Si les deux tiers des membres en adressent la demande écrite au président.

Dans ce cas, le président est tenu d'en donner avis immédiatement au préfet, qui devra convoquer d'urgence.

La durée des sessions extraordinaires ne pourra excéder huit jours.

Art. 25. A l'ouverture de la session d'août, le conseil

général, réuni sous la présidence du doyen d'âge, le plus jeune membre faisant fonctions de secrétaire, nomme au scrutin secret et à la majorité absolue son président, un ou plusieurs vice-présidents et ses secrétaires.

Leurs fonctions durent jusqu'à la session d'août de l'année suivante.

Art. 26. Le conseil général fait son règlement intérieur.

Art. 27. Le préfet a entrée au conseil général ; il est entendu quand il le demande, et assiste au délibérations, excepté lorsqu'il s'agit de l'apurement de ses comptes.

Art. 28. Les séances des conseils généraux sont publiques.

Néanmoins, sur la demande de cinq membres, du président ou du préfet, le conseil général, par assis et levé, sans débats, décide s'il se formera en comité secret.

Art. 29. Le président seul a la police de l'assemblée.

Il peut faire expulser de l'auditoire ou arrêter tout individu qui trouble l'ordre.

En cas de crime ou de délit, il en dresse procès-verbal, et le procureur de la République en est immédiatement saisi.

Art. 30. Le conseil général ne peut délibérer si la moitié plus un des membres dont il doit être composé n'est présente.

Les votes sont recueillis au scrutin public, toutes les fois que le sixième des membres présents le demande. En cas de partage, la voix du président est prépondérante.

Néanmoins, les votes sur les nominations et sur les validations d'élections contestées ont toujours lieu au scrutin secret.

Le résultat des scrutin publics, énonçant les noms des votants, est reproduit au procès-verbal.

Art. 31. Les conseils généraux devront établir jour par jour un compte rendu sommaire et officiel de leurs séances, qui sera tenu à la disposition de tous les journaux du département, dans les quarante-huit heures qui suivront la séance.

Les journaux ne pourront apprécier une discussion du conseil général sans reproduire en même temps la portion du compte rendu afférente à cette discussion.

Toute contravention à cette disposition sera punie d'une amende de cinquante à cinq cents francs.

Art. 32. Les procès-verbaux des séances, rédigés par un des secrétaires, sont arrêtés au commencement de chaque séance, et signés par le président et le secrétaire.

Ils contiennent les rapports, les noms des membres qui ont pris part à la discussion et l'analyse de leurs opinions.

Tout électeur ou contribuable du département a le droit de demander la communication sans déplacement et de prendre copie de toutes les délibérations du conseil général, ainsi que des procès-verbaux des séances publiques, et de les reproduire par la voie de la presse.

Art. 33. Tout acte et toute délibération d'un conseil général relatifs à des objets qui ne sont pas légalement compris dans ses attributions sont nuls et de nul effet.

La nullité est prononcée par un décret rendu dans la forme des règlements d'administration publique.

Art. 34. Toute délibération prise hors des réunions du conseil, prévues ou autorisées par la loi, est nulle et de nul effet.

Le préfet, par un arrêté motivé, déclare la réunion

illégale, prononce la nullité des actes, prend toutes les mesures nécessaires pour que l'assemblée se sépare immédiatement et transmet son arrêté au procureur général du ressort pour l'exécution des lois et l'application, s'il y a lieu, des peines déterminées par l'article 258 du Code pénal. En cas de condamnation, les membres condamnés sont déclarés par le jugement exclus du conseil et inéligibles pendant les trois années qui suivront la condamnation.

Art. 35. Pendant les sessions de l'Assemblée nationale, la dissolution d'un conseil général ne peut être prononcée par le Chef du pouvoir exécutif, que sous l'obligation expresse d'en rendre compte à l'Assemblée, dans le plus bref délai possible. En ce cas, une loi fixe la date de la nouvelle élection, et décide si la commission départementale doit conserver son mandat jusqu'à la réunion du nouveau conseil général, ou autorise le Pouvoir exécutif à en nommer provisoirement une autre.

Art. 36. Dans l'intervalle des sessions de l'Assemblée nationale, le Chef du pouvoir exécutif peut prononcer la dissolution d'un conseil général pour des causes spéciales à ce conseil.

Le décret de dissolution doit être motivé.

Il ne peut jamais être rendu par voie de mesure générale. Il convoque en même temps les électeurs du département pour le quatrième dimanche qui suivra sa date. Le nouveau conseil général se réunit de plein droit le deuxième lundi après l'élection et nomme sa commission départementale.

TITRE IV.

DES ATTRIBUTIONS DES CONSEILS GÉNÉRAUX.

Art. 37. Le conseil général répartit chaque année, à sa session d'août, les contributions directes, conformément aux règles établies par les lois.

Avant d'effectuer cette répartition, il statue sur les demandes délibérées par les conseils compétents en réduction de contingent.

Art. 38. Le conseil général prononce définitivement sur les demandes en réduction de contingent formées par les communes et préalablement soumises au conseil compétent.

Art. 39. Si le conseil général ne se réunissait pas, ou s'il se séparait sans avoir arrêté la répartition des contributions directes, les mandements des contingents seront délivrés par le préfet, d'après les bases de la répartition précédente, sauf les modifications à porter dans le contingent en exécution des lois.

Art. 40. Le conseil général vote les centimes additionnels dont la perception est autorisée par les lois.

Il peut voter des centimes extraordinaires dans la limite du maximum fixé annuellement par la loi de finances.

Il peut voter également les emprunts départementaux remboursables dans un délai qui ne pourra excéder quinze années, sur les ressources ordinaires et extraordinaires.

Art. 41. Dans le cas où le conseil général voterait une contribution extraordinaire ou un emprunt au delà des limites déterminées dans l'article précédent, cette contribution ou cet emprunt ne pourrait être autorisé que par une loi.

Art. 42. Le conseil général arrête, chaque année, à sa session d'août, dans les limites fixées annuellement par la loi de finances, le maximum du nombre des centimes extraordinaires que les conseils municipaux sont autorisés à voter, pour en affecter le produit à des dépenses extraordinaires d'utilité communale.

Si le conseil général se sépare sans l'avoir arrêté, le

maximum fixé pour l'année précédente est maintenu jusqu'à la session d'août de l'année suivante.

Art. 43. Chaque année, dans sa session d'août, le conseil général, par un travail d'ensemble comprenant toutes les communes du département, procède à la révision des sections électorales et en dresse le tableau.

Art. 44. Le conseil général opère la reconnaissance, détermine la largeur et prescrit l'ouverture et le redressement des chemins vicinaux de grande communication et d'intérêt commun.

Les délibérations qu'il prend à cet égard produisent les effets spécifiés aux articles 15 et 16 de la loi du 21 mai 1836.

Art. 45. Le conseil général, sur l'avis motivé du directeur et de la commission de surveillance, pour les écoles normales, du proviseur ou du principal et du bureau d'administration, pour les lycées ou colléges, du chef d'institution, pour les institutions d'enseignement libre, nomme et révoque les titulaires des bourses entretenues sur les fonds départementaux.

L'autorité universitaire, ou le chef d'institution libre, peut prononcer la révocation dans les cas d'urgence; ils en donnent avis immédiatement au président de la commission départementale et en font connaître les motifs.

Le conseil général détermine les conditions auxquelles seront tenus de satisfaire les candidats aux fonctions rétribuées exclusivement sur les fonds départementaux et les règles des concours d'après lesquels les nominations devront être faites.

Néanmoins, sont maintenus les droits des archivistes paléographes, tels qu'ils sont réglés par l'ordonnance de 1833.

Art. 46. Le conseil général statue définitivement sur les objets ci-après désignés, savoir:

1° Acquisition, aliénation et échange des propriétés départementales, mobilières ou immobilières, quand ces propriétés ne sont pas affectées à l'un des services énumérés au n° 4 ;

2° Mode de gestion des propriétés départementales ;

3° Baux de biens donnés ou pris à ferme ou à loyer, quelle qu'en soit la durée ;

4° Changement de destination des propriétés et des édifices départementaux autres que les hôtels de préfecture et de sous-préfecture, et des locaux affectés aux cours d'assises, aux tribunaux, aux écoles normales, au casernement de la gendarmerie et aux prisons ;

5° Acceptation ou refus de dons et legs faits au département, quand ils ne donnent pas lieu à réclamation ;

6° Classement et direction des routes départementales ;

Projets, plans et devis des travaux à exécuter pour la construction ou l'entretien desdites routes ;

Désignation des services qui seront chargés de leur construction et de leur entretien ;

7° Classement et direction des chemins vicinaux de grande communication et d'intérêt commun ; désignation des communes qui doivent concourir à la construction et à l'entretien desdits chemins, et fixation du contingent annuel de chaque commune ; le tout sur l'avis des conseils compétents ;

Répartition des subventions accordées, sur les fonds de l'État ou du département, aux chemins vicinaux de toute catégorie ;

Désignation des services auxquels sera confiée l'exécution des travaux sur les chemins vicinaux de grande communication et d'intérêt commun, et mode d'exécution des travaux à la charge du département ;

Taux de la conversion en argent des journées de prestation ;

8° Déclassement des routes départementales, des chemins vicinaux de grande communication et d'intérêt commun ;

9° Projets, plans et devis de tous autres travaux à exécuter sur les fonds départementaux et désignation des services auxquels ces travaux seront confiés ;

10° Offres faites par les communes, les associations ou les particuliers pour concourir à des dépenses quelconques d'intérêt départemental ;

11° Concessions à des associations, à des compagnies ou à des particuliers de travaux d'intérêt départemental ;

12° Direction des chemins de fer d'intérêt local, mode et conditions de leur construction, traités et dispositions nécessaires pour en assurer l'exploitation ;

13° Établissement et entretien des bacs et passages d'eau sur les routes et les chemins à la charge du département ; fixation des tarifs de péage ;

14° Assurances des bâtiments départementaux ;

15° Actions à intenter ou à soutenir au nom du département, sauf les cas d'urgence, dans lesquels la commission départementale pourra statuer ;

16° Transactions concernant les droits des départements ;

17° Recettes de toute nature et dépenses des établissements d'aliénés appartenant au département ; approbation des traités passés avec des établissements privés ou publics pour le traitement des aliénés du département ;

18° Service des enfants assistés ;

19° Part de la dépense des aliénés et des enfants assistés qui sera mise à la charge des communes, et bases de la répartition à faire entre elles ;

20° Créations d'institutions départementales d'assistance publique, et service de l'assistance publique dans les établissements départementaux ;

21° Etablissement et organisation des caisses de retraite ou tout autre mode de rémunération en faveur des employés des préfectures et des sous-préfectures et des agents salariés sur les fonds départementaux ;

22° Part contributive du département aux dépenses des travaux qui intéressent à la fois le département et les communes ;

23° Difficultés élevées relativement à la répartition de la dépense des travaux qui intéressent plusieurs communes du département ;

24° Délibérations des conseils municipaux ayant pour but l'établissement, la suppression ou les changements de foires et marchés ;

25° Délibérations des conseils municipaux ayant pour but la prorogation des taxes additionnelles d'octroi actuellement existantes, ou l'augmentation des taxes principales au delà d'un décime, le tout dans les limites du maximum des droits et de la nomenclature des objets fixés par le tarif général, établi conformément à la loi du 24 juillet 1867 ;

26° Changements à la circonscription des communes d'un même canton et à la désignation de leurs chefs-lieux, lorsqu'il y a accord entre les conseils municipaux.

Art. 47. Les délibérations par lesquelles les conseils généraux statuent définitivement sont exécutoires si, dans le délai de vingt jours, à partir de la clôture de la session, le préfet n'en a pas demandé l'annulation pour excès de pouvoir ou pour violation d'une disposition de la loi ou d'un règlement d'administration publique.

Le recours formé par le préfet doit être notifié au président du conseil général et au président de la commission départementale. Si, dans le délai de deux mois, à partir de la notification, l'annulation n'a pas été prononcée, la délibération est exécutoire.

Cette annulation ne peut être prononcée que par un décret rendu dans la forme des règlements d'administration publique.

Art. 48. Le conseil général délibère :

1° Sur l'acquisition, l'aliénation et l'échange des propriétés départementales affectées aux hôtels de préfecture et de sous-préfectures, aux écoles normales, aux cours d'assises et tribunaux, au casernement de la gendarmerie et aux prisons ;

2° Sur le changement de destination des propriétés départementales affectées à l'un des services ci-dessus énumérés ;

3° Sur la part contributive à imposer au département dans les travaux exécutés par l'État qui intéressent le département ;

4° Sur les demandes des conseils municipaux : 1° pour l'établissement ou le renouvellement d'une taxe d'octroi sur des matières non comprises dans le tarif général indiqué à l'article 46 ; 2° pour l'établissement ou le renouvellement d'une taxe excédant le maximum fixé par ledit tarif ; 3° pour l'assujettissement à la taxe d'objets non encore imposés dans le tarif local ; 4° pour les modifications aux règlements ou aux périmètres existants ;

5° Sur tous les autres objets sur lesquels il est appelé à délibérer par les lois et règlements, et généralement sur tous les objets d'intérêt départemental dont il est saisi, soit par une proposition du préfet, soit sur l'initiative d'un de ses membres.

Art. 49. Les délibérations prises par le conseil général, sur les matières énumérées à l'article précédent, sont exécutoires si, dans le délai de trois mois, à partir de la clôture de la session, un décret motivé n'en a pas suspendu l'exécution.

Art. 50. Le conseil général donne son avis :

1° Sur les changements proposés à la circonscription du territoire du département, des arrondissements, des cantons et des communes, et la désignation des chefs-lieux, sauf le cas où il statue définitivement, conformément à l'article 46, n° 26 ;

2° Sur l'application des dispositions de l'article 90 du Code forestier, relatives à la soumission au régime forestier des bois, taillis ou futaies appartenant aux communes, et à la conversion en bois de terrains en pâturages ;

3° Sur les délibérations des conseils municipaux relatives à l'aménagement, au mode d'exploitation, à l'aliénation et au défrichement des bois communaux ;

Et généralement sur tous les objets sur lesquels il est appelé à donner son avis en vertu des lois et règlements, ou sur lesquels il est consulté par les ministres.

Art. 51. Le conseil général peut adresser directement au ministre compétent, par l'intermédiaire de son président, les réclamations qu'il aurait à présenter dans l'intérêt spécial du département, ainsi que son opinion sur l'état et les besoins des différents services publics, en ce qui touche le département.

Il peut charger un ou plusieurs de ses membres de recueillir sur les lieux les renseignements qui lui sont nécessaires pour statuer sur les affaires qui sont placées dans ses attributions.

Tous vœux politiques lui sont interdits. Néanmoins, il peut émettre des vœux sur toutes les questions économiques et d'administration générale.

Art. 52. Les chefs de service des administrations publiques dans le département sont tenus de fournir verbalement ou par écrit tous les renseignements qui leur seraient réclamés par le conseil général, sur les questions qui intéressent le département.

Art. 53. Le préfet accepte ou refuse les dons et legs faits au département, en vertu soit de la décision du conseil général, quand il n'y a pas de réclamations des familles, soit de la décision du Gouvernement, quand il y a réclamation.

Le préfet peut toujours, à titre conservatoire, accepter les dons et legs. La décision du conseil général ou du Gouvernement, qui intervient ensuite, a effet du jour de cette acceptation.

Art. 54. Le préfet intente les actions en vertu de la décision du conseil général, et il peut, sur l'avis conforme de la commission départementale, défendre à toute action intentée contre le département.

Il fait tous actes conservatoires et interruptifs de déchéance.

En cas de litige entre l'État et le département, l'action est intentée ou soutenue, au nom du département, par un membre de la commission départementale désigné par elle.

Le préfet, sur l'avis conforme de la commission départementale, passe les contrats au nom du département.

Art. 55. Aucune action judiciaire, autre que les actions possessoires, ne peut, à peine de nullité, être intentée contre un département, qu'autant que le demandeur a préalablement adressé au préfet un mémoire exposant l'objet et les motifs de sa réclamation.

Il lui en est donné récépissé.

L'action ne peut être portée devant les tribunaux que deux mois après la date du récépissé, sans préjudice des actes conservatoires.

La remise du mémoire interrompra la prescription, si elle est suivie d'une demande en justice dans le délai de trois mois.

Art. 56. A la session d'août, le préfet rend compte au conseil général, par un rapport spécial et détaillé, de la situation du département et de l'état des différents services publics.

A l'autre session ordinaire, il présente au conseil général un rapport sur les affaires qui doivent lui être soumises pendant cette session.

Ces rapports sont imprimés et distribués à tous les membres du conseil général huit jours au moins avant l'ouverture de la session.

TITRE V.

DU BUDGET ET DES COMPTES DU DÉPARTEMENT.

Art. 57. Le projet de budget du département est préparé et présenté par le préfet, qui est tenu de le communiquer à la commission départementale, avec les pièces à l'appui, dix jours au moins avant l'ouverture de la session d'août.

Le budget, délibéré par le conseil général, est définitivement réglé par décret.

Il se divise en budget ordinaire et budget extraordinaire.

Art. 58. Les recettes du budget ordinaire se composent :

1° Du produit des centimes ordinaires additionnels, dont le nombre est fixé annuellement par la loi de finances ;

2° Du produit des centimes autorisés pour les dépenses des chemins vicinaux et de l'instruction primaire par les lois des 21 mai 1836, 15 mars 1850 et 10 avril 1867, dont l'affectation spéciale est maintenue ;

3° Du produit des centimes spéciaux affectés à la confection du cadastre par la loi du 2 août 1829 ;

4° Du revenu et du produit des propriétés départementales ;

5° Du produit des expéditions d'anciennes pièces ou d'actes de la préfecture déposés aux archives ;

6° Du produit des droits de péage des bacs et passages d'eau sur les routes et chemins à la charge du département, des autres droits de péage et de tous autres droits concédés au département par les lois ;

7° De la part allouée au département sur le fonds inscrit annuellement au budget du ministère de l'intérieur et réparti, conformément à un tableau annexé à la loi de finances, entre les départements qui, en raison de leur situation financière, doivent recevoir une allocation sur les fonds généraux du budget ;

8° Des contingents de l'État et des communes pour le service des aliénés et des enfants assistés, et de toute autre subvention applicable au budget ordinaire ;

9° Du contingent des communes et autres ressources éventuelles pour le service vicinal et pour les chemins de fer d'intérêt local.

Art. 59. Les recettes du budget extraordinaire se composent :

1° Du produit des centimes extraordinaires votés annuellement par le conseil général, dans les limites déterminées par la loi de finances, ou autorisés par des lois spéciales ;

2° Du produit des emprunts ;

3° Des dons et legs ;

4° Du produit des biens aliénés ;

5° Du remboursement des capitaux exigibles et des rentes rachetées ;

6° De toutes autres recettes accidentelles.

Sont comprises définitivement parmi les propriétés départementales les anciennes routes impériales de troisième classe, dont l'entretien a été mis à la charge des départements par le décret du 16 décembre 1811 ou postérieurement.

Art. 60. Le budget ordinaire comprend les dépenses suivantes :

1° Loyer, mobilier et entretien des hôtels de préfecture et de sous-préfecture, du local nécessaire à la réunion du conseil départemental d'instruction publique et du bureau de l'inspecteur d'académie ;

2° Casernement ordinaire des brigades de gendarmerie ;

3° Loyer, entretien, mobilier et menues dépenses des

cours d'assises, tribunaux civils et tribunaux de commerce, et menues dépenses des justices de paix ;

4° Frais d'impression et de publication des listes pour les élections consulaires, frais d'impression des cadres pour la formation des listes électorales et des listes du jury ;

5° Dépenses ordinaires d'utilité départementale ;

6° Dépenses imputées sur les centimes spéciaux établis en vertu des lois des 2 août 1829, 21 mai 1836, 15 mars 1850 et 10 avril 1867.

Néanmoins les départements qui, pour assurer le service des chemins vicinaux et de l'instruction primaire, n'auront pas besoin de faire emploi de la totalité des centimes spéciaux, pourront en appliquer le surplus aux autres dépenses de leur budget ordinaire. L'affectation de l'excédant du produit des trois centimes spéciaux de l'instruction primaire à des dépenses étrangères à ce service ne pourra avoir lieu qu'à l'une des sessions de l'année suivante, et lorsque cet excédant aura été constaté en fin d'exercice.

Les départements qui seraient en situation d'user de la faculté autorisée par le paragraphe précédent, et qui n'en feraient pas usage ne pourront recevoir aucune allocation sur le fonds mentionné au n° 7 de l'article 58.

Art. 61. Si un conseil général omet d'inscrire au budget un crédit suffisant pour l'acquittement des dépenses énoncées aux n°^{s} 1, 2, 3 et 4 de l'article précédent, ou pour l'acquittement de dettes exigibles, il y est pourvu au moyen d'une contribution spéciale, portant sur les quatre contributions directes, et établie par un décret, si elle est dans les limites du maximun fixé annuellement par la loi de finances, ou par une loi, si elle doit excéder ce maximum.

Le décret est rendu dans la forme des règlements d'administration publique et inséré au *Bulletin des lois*.

Aucune autre dépense ne peut être inscrite d'office dans le budget ordinaire, et les allocations qui y sont portées par le conseil général ne peuvent être ni changées ni modifiées par le décret qui règle le budget.

Art. 62. Le budget extraordinaire comprend les dépenses qui sont imputées sur les recettes énumérées à l'article 59.

Art. 63. Les fonds qui n'auront pu recevoir leur emploi dans le cours de l'exercice seront reportés, après clôture, sur l'exercice en cours d'exécution, avec l'affectation qu'ils avaient au budget voté par le conseil général.

Les fonds libres provenant d'emprunts, de centimes ordinaires et extraordinaires recouvrés ou à recouvrer dans le cours de l'exercice, ou de toute autre recette, seront cumulés, suivant la nature de leur origine, avec les ressources de l'exercice en cours d'exécution, pour recevoir l'affectation nouvelle qui pourra leur être donnée par le conseil général dans le budget rectificatif de l'exercice courant.

Les conseils généraux peuvent porter au budget un crédit pour dépenses imprévues.

Art. 64. Le comptable chargé du recouvrement des ressources éventuelles est tenu de faire, sous sa responsabilité, toutes les diligences nécessaires pour la rentrée de ces produits.

Les rôles et états des produits sont rendus exécutoires par le préfet, et par lui remis au comptable.

Les oppositions, lorsque la matière est de la compétence des tribunaux ordinaires, sont jugées comme affaires sommaires.

Art. 65. Le comptable chargé du service des dépenses départementales ne peut payer que sur les mandats délivrés par le préfet, dans la limite des crédits ouverts par les budgets du département.

Art. 66. Le conseil général entend et débat les comptes d'administration qui lui sont présentés par le préfet, concernant les recettes et les dépenses du budget départemental.

Les comptes doivent être communiqués à la commission départementale, avec les pièces à l'appui, dix jours au moins avant l'ouverture de la session d'août.

Les observations du conseil général sur les comptes présentés à son examen sont adressées directement par son président au ministre de l'intérieur.

Ces comptes, provisoirement arrêtés par le conseil général, sont définitivement réglés par décret.

A la session d'août, le préfet soumet au conseil général le compte annuel de l'emploi des ressources municipales affectées aux chemins de grande communication et d'intérêt commun.

Art. 67. Les budgets et les comptes du département définitivement réglés sont rendus publics par la voie de l'impression.

Art. 68. Les secours pour travaux concernant les églises et presbytères ;

Les secours généraux à des établissements et institutions de bienfaisance ;

Les subventions aux communes pour acquisition, construction et réparation de maisons d'école et de salles d'asile ;

Les subventions aux comices et associations agricoles, ne pourront être alloués par le ministre compétent que sur la proposition du conseil général du département.

A cet effet, le conseil général dressera un tableau collectif des propositions en les classant par ordre d'urgence.

TITRE VI.

DE LA COMMISSION DÉPARTEMENTALE.

Art. 69. La commission départementale est élue chaque année, à la fin de la session d'août.

Elle se compose de quatre membres au moins et de sept au plus, et elle comprend un membre choisi, autant que possible, parmi les conseillers élus ou domiciliés dans chaque arrondissement.

Les membres de la commission sont indéfiniment rééligibles.

Art. 70. Les fonctions de membre de la commission départementale sont incompatibles avec celles de maire du chef-lieu du département et avec le mandat de député.

Art. 71. La commission départementale est présidée par le plus âgé de ses membres. Elle élit elle-même son secrétaire. Elle siége à la préfecture, et prend, sous l'approbation du conseil général et avec le concours du préfet, toutes les mesures nécessaires pour assurer son service.

Art. 72. La commission départementale ne peut délibérer si la majorité de ses membres n'est présente.

Les décisions sont prises à la majorité absolue des voix.

En cas de partage, la voix du président est prépondérante.

Il est tenu procès-verbal des délibérations. Les procès-verbaux font mention du nom des membres présents.

Art. 73. La commission départementale se réunit au moins une fois par mois, aux époques et pour le nombre de jours qu'elle détermine elle-même, sans préjudice du droit qui appartient à son président et au préfet de la convoquer extraordinairement.

Art. 74. Tout membre de la commission départementale qui s'absente des séances pendant deux mois consécutifs, sans excuse légitime admise par la commission, est réputé démissionnaire.

Il est pourvu à son remplacement à la plus prochaine session du conseil général.

Art. 75. Les membres de la commission départementale ne reçoivent pas de traitement.

Art. 76. Le préfet ou son représentant assiste aux séances de la commission; ils sont entendus quand ils le demandent.

Les chefs de service des administrations publiques dans le département sont tenus de fournir, verbalement ou par écrit, tous les renseignements qui leur seraient réclamés par la commission départementale, sur les affaires placées dans ses attributions.

Art. 77. La commission départementale règle les affaires qui lui sont renvoyées par le conseil général, dans les limites de la délégation qui lui est faite.

Elle délibère sur toutes les questions qui lui sont déférées par la loi, et elle donne son avis au préfet sur toutes les questions qu'il lui soumet ou sur lesquelles elle croit devoir appeler son attention dans l'intérêt du département.

Art. 78. Le préfet est tenu d'adresser à la commission départementale, au commencement de chaque mois, l'état détaillé des ordonnances de délégation qu'il a reçues et des mandats de payement qu'il a délivrés pendant le mois précédent, concernant le budget départemental.

La même obligation existe pour les ingénieurs en chef, sous-ordonnateurs délégués.

Art. 79. A l'ouverture de chaque session ordinaire du conseil général, la commission départementale lui fait un rapport sur l'ensemble de ses travaux et lui soumet toutes les propositions qu'elle croit utiles.

A l'ouverture de la session d'août, elle lui présente dans un rapport sommaire ses observations sur le budget proposé par le préfet.

Ces rapports sont imprimés et distribués, à moins que la commission n'en décide autrement.

Art. 80. Chaque année, à la session d'août, la commission départementale présente au conseil général le relevé de tous les emprunts communaux et de toutes les contributions extraordinaires communales qui ont été votées depuis la précédente session d'août, avec indication du chiffre total des centimes extraordinaires et des dettes dont chaque commune est grevée.

Art. 81. La commission départementale, après avoir entendu l'avis ou les propositions du préfet :

1° Répartit les subventions diverses portées au budget départemental, et dont le conseil général ne s'est pas réservé la distribution, les fonds provenant des amendes de police correctionnelle et les fonds provenant du rachat des prestations en nature sur les lignes que ces prestations concernent ;

2° Détermine l'ordre de priorité des travaux à la charge du département, lorsque cet ordre n'a pas été fixé par le conseil général ;

3° Fixe l'époque et le mode d'adjudication ou de réalisation des emprunts départementaux, lorsqu'ils n'ont pas été fixés par le conseil général ;

4° Fixe l'époque de l'adjudication des travaux d'utilité départementale.

Art. 82. La commission départementale assigne à chaque membre du conseil général et aux membres des autres conseils électifs le canton pour lequel ils devront siéger dans le conseil de révision.

Art. 83. La commission départementale vérifie l'état des archives et celui du mobilier appartenant au département.

Art. 84. La commission départementale peut charger un ou plusieurs de ses membres d'une mission relative à des objets compris dans ses attributions.

Art. 85. En cas de désaccord entre la commission départementale et le préfet, l'affaire peut être renvoyée à la plus prochaine session du conseil général qui statuera définitivement.

En cas de conflit entre la commission départementale et le préfet, comme aussi dans le cas où la commission aurait outrepassé ses attributions, le conseil général sera immédiatement convoqué, conformément aux dispositions de l'article 24 de la présente loi, et statuera sur les faits qui lui auront été soumis.

Le conseil général pourra, s'il le juge convenable, procéder dès lors à la nomination d'une nouvelle commission départementale.

Art. 86. La commission départementale prononce, sur l'avis des conseils municipaux, la déclaration de vicinalité, le classement, l'ouverture et le redressement des chemins vicinaux ordinaires, la fixation de la largeur et de la limite desdits chemins.

Elle exerce à cet égard les pouvoirs conférés au préfet par les articles 15 et 16 de la loi du 21 mai 1836.

Elle approuve les abonnements relatifs aux subventions spéciales pour la dégradation des chemins vicinaux, conformément au dernier paragraphe de l'article 14 de la même loi.

Art. 87. La commission départementale approuve le tarif des évaluations cadastrales, et elle exerce à cet égard les pouvoirs attribués au préfet en conseil de préfecture par la loi du 15 septembre 1807 et le règlement du 15 mars 1827.

Elle nomme les membres des commissions syndicales, dans le cas où il s'agit d'entreprises subventionnées par le département, conformément à l'article 23 de la loi du 21 juin 1865.

Art. 88. Les décisions prises par la commission départementale, sur les matières énumérées aux articles 86 et 87 de la présente loi, seront communiquées aux préfets en même temps qu'aux conseils municipaux et aux autres parties intéressées.

Elles pourront être frappées d'appel devant le conseil général, pour cause d'inopportunité ou de fausse appréciation des faits, soit par le préfet, soit par les conseils municipaux ou par toute autre partie intéressée. L'appel doit être notifié au président de la commission, dans le délai d'un mois, à partir de la communication de la décision. Le conseil général statuera définitivement à sa plus prochaine session.

Elles pourront aussi être déférées au Conseil d'État, statuant au contentieux, pour cause d'excès de pouvoir ou de violation de la loi ou d'un règlement d'administration publique.

Le recours au Conseil d'État doit avoir lieu dans le délai de deux mois, à partir de la communication de la décision attaquée. Il peut être formé sans frais, et il est suspensif dans tous les cas.

TITRE VII.

DES INTÉRÊTS COMMUNS A PLUSIEURS DÉPARTEMENTS.

Art. 89. Deux ou plusieurs conseils généraux peuvent provoquer entre eux, par l'entremise de leurs présidents, et après en avoir averti les préfets, une entente sur les objets d'utilité départementale compris dans leurs attributions et qui intéressent à la fois leurs départements respectifs.

Ils peuvent faire des conventions, à l'effet d'entreprendre ou de conserver à frais communs des ouvrages ou des institutions d'utilité commune.

Art. 90. Les questions d'intérêt commun seront débattues dans des conférences, où chaque conseil général sera représenté, soit par sa commission départementale, soit par une commission spéciale nommée à cet effet.

Les préfets des départements intéressés pourront toujours assister à ces conférences.

Les décisions qui y seront prises ne seront exécutoires qu'après avoir été ratifiées par tous les conseils généraux intéressés, et sous les réserves énoncées aux articles 47 et 49 de la présente loi.

Art. 91. Si des questions autres que celles que prévoit l'article 89 étaient mises en discussion, le préfet du département où la conférence a lieu déclarerait la réunion dissoute.

Toute délibération prise après cette déclaration donnerait lieu à l'application des dispositions et pénalités énoncées à l'article 34 de la présente loi.

DISPOSITIONS SPÉCIALES ET TRANSITOIRES.

Art. 92. Sont et demeurent abrogés les titres Ier et II de la loi du 22 juin 1833, le titre Ier de la loi du 10 mai 1838, la loi du 18 juillet 1866, et généralement toutes les dispositions de lois ou de règlements contraires à la présente loi.

Art. 93. Les articles 86 et 87 et le deuxième paragraphe de l'article 23 de la présente loi ne seront exécutoires qu'à partir du 1er janvier 1872.

Art. 94. La présente loi n'est pas applicable au département de la Seine. Il sera statué à son égard par une loi spéciale.

Loi qui fixe la composition du Conseil général de la Seine.

Du 16 septembre 1871.

Art. 1er. Provisoirement, et, au plus tard, jusqu'au 31 décembre 1872, le conseil général du département de la Seine sera composé :

Des quatre-vingts membres du conseil municipal de Paris, plus de huit membres élus dans les arrondissements de Sceaux et de Saint-Denis, à raison d'un membre par canton, conformément à la loi du 20 avril 1834.

Art. 2. Les lois des 22 juin 1833, 10 mai 1838 et 18 juillet 1866 sont applicables au département de la Seine, en ce qu'elles n'ont rien de contraire à la présente loi.

La loi du 15 avril 1871 et le titre II de celle du 10 août 1871 sont applicables au conseil général de la Seine, concernant les conditions de l'électorat et de l'éligibilité.

Le titre II de la loi du 22 juin 1833 est applicable à la tenue des sessions du conseil général de la Seine.

Sont maintenues les dispositions des lois des 10 mai 1838 et 18 juillet 1866, en ce qui regarde les attributions du conseil général de la Seine.

Loi relative au rôle éventuel des Conseils généraux dans des circonstances exceptionnelles.

Du 15 février 1872.

Art. 1er. Si l'Assemblée nationale ou celles qui lui succéderont viennent à être illégalement dissoutes ou empêchées de se réunir, les conseils généraux s'assemblent immédiatement, de plein droit, et sans qu'il soit besoin de convocation spéciale, au chef-lieu de chaque département.

Ils peuvent s'assembler partout ailleurs dans le département, si le lieu habituel de leurs séances ne leur paraît pas offrir des garanties suffisantes pour la liberté de leurs délibérations.

Les conseils ne sont valablement constitués que par la présence de la majorité de leurs membres.

Art. 2. Jusqu'au jour où l'assemblée dont il sera parlé à l'article 3 aura fait connaître qu'elle est régulièrement constituée, le conseil général pourvoira d'urgence au maintien de la tranquillité publique et de l'ordre légal.

Art. 3. Une assemblée composée de deux délégués élus par chaque conseil général, en comité secret, se réunit dans le lieu où se seront rendus les membres du Gouvernement légal et les députés qui auront pu se soustraire à la violence.

L'assemblée des délégués n'est valablement constituée qu'autant que la moitié des départements, au moins, s'y trouve représentée.

Art. 4. Cette assemblée est chargée de prendre, pour toute la France, les mesures urgentes que nécessite le maintien de l'ordre et spécialement celles qui ont pour objet de rendre à l'Assemblée nationale la plénitude de son indépendance et l'exercice de ses droits.

Elle pourvoit provisoirement à l'administration générale du pays.

Art. 5. Elle doit se dissoudre aussitôt que l'Assemblée nationale se sera reconstituée par la réunion de la majorité de ses membres sur un point quelconque du territoire.

Si cette reconstitution ne peut se réaliser dans le mois qui suit les événements, l'assemblée des délégués doit décréter un appel à la nation pour les élections générales.

Ses pouvoirs cessent le jour où la nouvelle Assemblée nationale est constituée.

Art. 6. Les décisions de l'assemblée des délégués

doivent être exécutées, à peine de forfaiture, par tous les fonctionnaires, agents de l'autorité et commandants de la force publique.

Loi relative aux membres des Conseils généraux, des Conseils d'arrondissement et des Conseils municipaux qui se refusent à remplir certaines de leurs fonctions.

Du 7 juin 1873.

Art. 1er. Tout membre d'un conseil général de département, d'un conseil d'arrondissement ou d'un conseil municipal qui, sans excuse valable, aura refusé de remplir une des fonctions qui lui sont dévolues par les lois sera déclaré démissionnaire.

Art. 2. Le refus résultera soit d'une déclaration expresse adressée à qui de droit ou rendue publique par son auteur, soit de l'abstention persistante après avertissement de l'autorité chargée de la convocation.

Art. 3. Le membre ainsi démissionnaire ne pourra être réélu avant le délai d'un an.

Art. 4. Les dispositions qui précèdent seront appliquées par le Conseil d'État.

Sur avis transmis au préfet par l'autorité qui aura donné l'avertissement suivi de refus, le ministre de l'intérieur saisira le Conseil d'État dans le délai de trois mois, à peine de déchéance.

La contestation sera instruite et jugée sans frais, dans le délai de trois mois.

Loi qui proroge la loi du 16 septembre 1871, sur le Conseil général du département de la Seine.

Du 19 mars 1875.

Art. 1ᵉʳ. L'organisation et les attributions du conseil général du département de la Seine continueront à être régies par la loi du 16 septembre 1871.

Art. 2. Les représentants au conseil général des huit cantons des arrondissements de Sceaux et de Saint-Denis seront nommés pour une période de trois ans.

Toutefois, le mandat des conseillers généraux premiers élus en vertu de la présente loi expirera le 30 novembre 1877.

Loi relative à la vérification des pouvoirs des membres des Conseils généraux.

Du 31 juillet 1875.

Art. 1ᵉʳ. Les articles 15, 16 et 17 de la loi du 10 août 1871 sont modifiés ainsi qu'il suit :

Art. 15. Les élections pourront être arguées de nullité par tout électeur du canton, par les candidats et par les membres du conseil général. — Si la réclamation n'a pas été consignée dans le procès-verbal, elle doit être déposée dans les dix jours qui suivent l'élection, soit au secrétariat de la section du contentieux du Conseil d'Etat, soit au secrétariat général de la préfecture du département où l'élection a eu lieu. — Il en sera donné récépissé. — La réclamation sera, dans tous les cas, notifiée à la partie intéressée dans le délai d'un mois, à compter du jour de l'élection. — Le préfet transmettra au Conseil d'Etat, dans les dix jours qui suivront leur réception, les réclamations consignées au procès-verbal ou déposées au secrétariat général de la Préfecture. — Le Préfet aura, pour réclamer contre les élections, un délai de vingt jours, à partir du jour où il aura reçu les procès-verbaux des opérations électorales. Il enverra sa réclamation au Conseil d'Etat ; elle ne pourra être fondée que sur l'inobservation des conditions et formalités prescrites par les lois.

Art. 16. Les réclamations seront examinées au Conseil d'Etat, suivant les formes adoptées par le jugement des affaires contentieuses. Elles seront jugées sans frais, dispensées du timbre et du ministère des avocats au Conseil d'Etat ; elles seront jugées dans le délai de trois mois, à partir de l'arrivée des pièces au secrétariat du Conseil d'Etat. — Lorsqu'il y aura lieu à renvoi devant les tribunaux, le délai de trois mois ne courra que du jour où la décision judiciaire sera devenue définitive. — Le débat ne pourra porter que sur les griefs relevés dans les réclamations, à l'exception des moyens d'ordre public, qui pourront être produits en tout état de cause. — Lorque la réclamation est fondée sur l'incapacité légale de l'élu, le Conseil d'Etat sursoit à statuer jusqu'à ce que la question préjudicielle ait été jugée par les tribunaux compétents, et fixe un bref délai dans lequel la partie qui aura élevé la question préjudicielle doit justifier de ses diligences. — S'il y a appel, l'acte d'appel doit, sous peine de nullité, être notifié à la partie dans les dix jours du jugement, quelle que soit la distance des lieux. Les questions préjudicielles seront jugées sommairement par les tribunaux et conformément au paragraphe 4 de l'article 33 de la loi du 19 avril 1831.

Art. 17. Le conseiller général élu dans plusieurs cantons est tenu de déclarer son option au président du conseil général dans les trois jours qui suivront l'ouverture de la session, et en cas de contestation, à partir de la notification de la décision du Conseil d'Etat. — A défaut d'option dans ce délai, le conseil général déterminera, en séance publique et par la voie du sort, à quel canton le conseiller appartiendra. — Lorsque le nombre des conseillers non domiciliés dans le département dépasse le quart du conseil, le conseil général procède de la même façon pour désigner celui ou ceux dont l'élection doit être annulée. Si une question préjudicielle s'élève sur le domicile, le conseil général sursoit et le tirage au sort est fait par la commission départementale pendant l'intervalle des sessions.

Art. 2. Pour les élections qui ont eu lieu avant la présente loi, les réclamations pourront être faites par les électeurs du canton, les candidats, les membres du conseil général et le préfet, dans les vingt jours, à partir de la promulgation.

Art. 3. Les conseils généraux sont dessaisis des réclamations qui ont été portées devant eux dans les sessions précédentes. — Les ayants droit pourront se pourvoir au Conseil d'Etat, dans les délais de l'article précédent.

Art. 4. Par dérogation à l'article 23 de la loi du 10 août 1871, la session ordinaire qui doit suivre le 15 août commencera de plein droit, dans le département de la Corse, le deuxième lundi de septembre.

CONSEILS D'ARRONDISSEMENT (1)

Loi sur l'organisation du Conseil général et des Conseils d'arrondissement de la Seine, et l'organisation municipale de la ville de Paris. (*Extrait.*)

Du 20 avril 1834.

TITRE II.

DES CONSEILS D'ARRONDISSEMENT DU DÉPARTEMENT DE LA SEINE.

Art. 8. Les conseillers d'arrondissement sont élus dans chacun des cantons des arrondissements de Sceaux et de Saint-Denis, par des assemblées électorales composées des électeurs appartenant à chaque canton, et portés sur les listes, conformément aux dispositions des articles 3 et 4 de la présente loi.

Art. 9. Il n'y aura point de conseil d'arrondissement pour la ville de Paris.

Art. 10. Toutes les dispositions de la loi du 22 juin 1833, sur l'organisation départementale, qui ne sont pas contraires aux dispositions précédentes, sont applicables au conseil général du département de la Seine et aux conseils des arrondissements de Sceaux et de Saint-Denis.

---

(1) Voyez la loi du 22 juin 1833, titre III, p. 21 ; — la loi du 10 mai 1838, titre II, p. 39 ; — le décret du 3 juillet 1848, p. 42 ; — la loi du 7 juillet 1852, p. 46.

VILLE DE PARIS

CONSEIL MUNICIPAL

Loi sur l'Administration municipale.

Du 18 juillet 1837.

TITRE PREMIER.

DES RÉUNIONS, DIVISIONS ET FORMATIONS DE COMMUNES.

Art. 1er. Aucune réunion, division ou formation de commune ne pourra avoir lieu que conformément aux règles ci-après.

Art. 2. Toutes les fois qu'il s'agira de réunir plusieurs communes en une seule, ou de distraire une section d'une commune, soit pour la réunir à une autre, soit pour l'ériger en commune séparée, le préfet prescrira préalablement, dans les communes intéressées, une enquête, tant sur le projet en lui-même que sur ses conditions.

Les conseils municipaux, assistés des plus imposés en nombre égal à celui de leurs membres, les conseils d'arrondissement et le conseil général, donneront leur avis.

Art. 3. Si le projet concerne une section de commune, il sera créé, pour cette section, une commission syndicale. Un arrêté du préfet déterminera le nombre des membres de la commission.

Ils seront élus par les électeurs municipaux domiciliés dans la section ; et si le nombre des électeurs n'est pas double de celui des membres à élire, la commission sera composée des plus imposés de la section.

La commission nommera son président. Elle sera chargée de donner son avis sur le projet.

Art. 4. Les réunions et distractions de communes qu modifieront la composition d'un département, d'un arrondissement ou d'un canton, ne pourront être prononcées que par une loi.

Toutes autres réunions et distractions de communes pourront être prononcées par ordonnance du Roi, en cas de consentement des conseils municipaux, délibérant avec les plus imposés, conformément à l'article 2 ci-dessus, et, à défaut de ce consentement, pour les communes qui n'ont pas trois cents habitants, sur l'avis affirmatif du conseil général du département.

Dans tous les autres cas, il ne pourra être statué que par une loi.

Art. 5. Les habitants de la commune réunie à une autre commune conserveront la jouissance exclusive des biens dont les fruits étaient perçus en nature.

Les édifices et autres immeubles servant à usage public deviendront propriété de la commune à laquelle sera faite la réunion.

Art. 6. La section de commune érigée en commune séparée on réunie à une autre commune emportera la propriété des biens qui lui appartenaient exclusivement.

Les édifices et autres immeubles servant à usage public, et situés sur son territoire, deviendront propriété de la nouvelle commune ou de la commune à laquelle sera faite la réunion.

Art. 7. Les autres conditions de la réunion ou de la distraction seront fixées par l'acte qui la prononcera.

Lorsqu'elle sera prononcée par la loi, cette fixation pourra être renvoyée à une ordonnance royale ultérieure, sauf réserve, dans tous les cas, de toutes les questions de propriété.

Art. 8. Dans tous les cas de réunion ou fractionnement de communes, les conseils municipaux seront dissous. Il sera procédé immédiatement à des élections nouvelles.

TITRE II.

DES ATTRIBUTIONS DES MAIRES ET DES CONSEILS MUNICIPAUX.

CHAPITRE PREMIER.

DES ATTRIBUTIONS DES MAIRES.

Art. 9. Le maire est chargé, sous l'autorité de l'administration supérieure,

1° De la publication et de l'exécution des lois et règlements ;

2° Des fonctions spéciales qui lui sont attribuées par les lois ;

3° De l'exécution des mesures de sûreté générale.

Art. 10. Le maire est chargé, sous la surveillance de l'administration supérieure,

1° De la police municipale, de la police rurale et de la voirie municipale, et de pourvoir à l'exécution des actes de l'autorité supérieure qui y sont relatifs ;

2° De la conservation et de l'administration des propriétés de la commune, et de faire en conséquence tous actes conservatoires de ses droits ;

3° De la gestion des revenus, de la surveillance des établissements communaux et de la comptabilité communale ;

4° De la proposition du budget, et de l'ordonnancement des dépenses ;

5° De la direction des travaux communaux ;

6° De souscrire les marchés, de passer les baux des biens et les adjudications des travaux communaux, dans les formes établies par les lois et règlements ;

7° De souscrire, dans les mêmes formes, les actes de vente, échange, partage, acceptation de dons ou legs, acquisition, transaction, lorsque ces actes ont été autorisés conformément à la présente loi ;

8° De représenter la commune en justice, soit en demandant, soit en défendant.

Art. 11. Le maire prend des arrêtés à l'effet,

1° D'ordonner les mesures locales sur les objets confiés par les lois à sa vigilance et à son autorité ;

2° De publier de nouveau les lois et règlements de police, et de rapeler les citoyens à leur observation.

Les arrêtés pris par le maire sont immédiatement adressés au sous-préfet. Le Préfet peut les annuler ou en suspendre l'exécution.

Ceux de ces arrêtés qui portent règlement permanent ne seront exécutoires qu'un mois après la remise de l'ampliation constatée par les récépissés donnés par le sous-préfet.

Art. 12. Le maire nomme à tous les emplois communaux pour lesquels la loi ne prescrit pas un mode spécial de nomination. Il suspend et révoque les titulaires de ces emplois.

Art. 13. Le maire nomme les gardes champêtres, sauf l'approbation du conseil municipal. Ils doivent être agréés et commissionnés par le sous-préfet; ils peuvent être suspendus par le maire, mais le préfet peut seul les révoquer.

Le maire nomme également les pâtres communs, sauf

l'approbation du conseil municipal. Il peut prononcer leur révocation.

Art. 14. Le maire est chargé seul de l'administration ; mais il peut déléguer une partie de ses fonctions à un ou plusieurs de ses adjoints, et, en l'absence des adjoints, à ceux des conseillers municipaux qui sont appelés à en faire les fonctions.

Art. 15. Dans le cas où le maire refuserait ou négligerait de faire un des actes qui lui sont prescrits par la loi, le préfet, après l'en avoir requis, pourra y procéder d'office par lui-même ou par un délégué spécial.

Art. 16. Lorsque le maire procède à une adjudication publique pour le compte de la commune, il est assisté de deux membres du conseil municipal, désignés d'avance par le conseil, ou, à défaut, appelés dans l'ordre du tableau.

Le receveur municipal est appelé à toutes les adjudications.

Toutes les difficultés qui peuvent s'élever sur les opérations préparatoires de l'adjudication sont résolues, séance tenante, par le maire et les deux conseillers assistants, à la majorité des voix, sauf le recours de droit.

CHAPITRE II.

DES ATTRIBUTIONS DES CONSEILS MUNICIPAUX.

Art. 17. Les conseils municipaux règlent par leurs délibérations les objets suivants :

1° Le mode d'administration des biens communaux ;

2° Les conditions des baux à ferme ou à loyer dont la durée n'excède pas dix-huit ans pour les biens ruraux, et neuf ans pour les autres biens ;

3° Le mode de jouissance et la répartition des pâturages et fruits communaux, autres que les bois, ainsi que les conditions à imposer aux parties prenantes ;

4° Les affouages, en se conformant aux lois forestières.

Art. 18. Expédition de toute délibération sur un des objets énoncés en l'article précédent est immédiatement adressée par le maire au sous-préfet, qui en délivre ou fait délivrer récépissé. La délibération est exécutoire si, dans les trente jours qui suivent la date du récépissé, le préfet ne l'a pas annulée, soit d'office, pour violation d'une disposition de loi ou d'un règlement d'administration publique, soit sur la réclamation de toute partie intéressée.

Toutefois, le préfet peut suspendre l'exécution de la délibération pendant un autre délai de trente jours.

Art. 19. Le conseil municipal délibère sur les objets suivants :

1° Le budget de la commune, et, en général, toutes les recettes et dépenses, soit ordinaires, soit extraordinaires ;

2° Les tarifs et règlements de perception de tous les revenus communaux ;

3° Les acquisitions, aliénations et échanges des propriétés communales, leur affectation aux différents services publics, et, en général, tout ce qui intéresse leur conservation et leur amélioration ;

4° La délimitation ou le partage des biens indivis entre deux ou plusieurs communes ou sections de commune ;

5° Les conditions des baux à ferme ou à loyer dont la durée excède dix-huit ans pour les biens ruraux, et neuf ans pour les autres biens, ainsi que celles des baux des biens pris à loyer par la commune, quelle qu'en soit la durée ;

6° Les projets de constructions, de grosses réparations et de démolitions, et, en général, tous les travaux à entreprendre ;

7° L'ouverture des rues et places publiques et les projets d'alignement de voirie municipale ;

8° Le parcours et la vaine pâture ;

9° L'acceptation des dons et legs faits à la commune et aux établissements communaux ;

10° Les actions judiciaires et transactions ;

Et tous les autres objets sur lesquels les lois et règlements appellent les conseils municipaux à délibérer.

Art. 20. Les délibérations des conseils municipaux sur les objets énoncés à l'article précédent sont adressées au sous-préfet.

Elles sont exécutoires sur l'approbation du préfet, sauf les cas où l'approbation par le ministre compétent, ou par ordonnance royale, est prescrite par les lois ou par les règlements d'administration publique.

Art. 21. Le conseil municipal est toujours appelé à donner son avis sur les objets suivants :

1° Les circonscriptions relatives au culte ;

2° Les circonscriptions relatives à la distribution des secours publics ;

3° Les projets d'alignement de grande voirie dans l'intérieur des villes, bourgs et villages ;

4° L'acceptation des dons et legs faits aux établissements de charité et de bienfaisance ;

5° Les autorisations d'emprunter, d'acquérir, d'échanger, d'aliéner, de plaider ou de transiger, demandées par les mêmes établissements, et par les fabriques des églises et autres administrations préposées à l'entretien des cultes dont les ministres sont salariés par l'État ;

6° Les budgets et les comptes des établissements de charité et de bienfaisance ;

7° Les budgets et les comptes des fabriques et autres administrations préposées à l'entretien des cultes dont les ministres sont salariés par l'État, lorsqu'elles reçoivent des secours sur les fonds communaux ;

8° Enfin tous les objets sur lesquels les conseils municipaux sont appelés par les lois et règlements à donner leur avis ou seront consultés par le préfet.

Art. 22. Le conseil municipal réclame, s'il y a lieu, contre le contingent assigné à la commune dans l'établissement des impôts de répartition.

Art. 23. Le conseil municipal délibère sur les comptes présentés annuellement par le maire.

Il entend, débat et arrête les comptes de deniers des receveurs, sauf règlement définitif, conformément à l'article 66 de la présente loi.

Art. 24. Le conseil municipal peut exprimer son vœu sur tous les objets d'intérêt local.

Il ne peut faire ni publier aucune protestation, proclamation ou adresse.

Art. 25. Dans les séances où les comptes d'administration du maire sont débattus, le conseil municipal désigne au scrutin celui de ses membres qui exerce la présidence.

Le maire peut assister à la délibération; il doit se retirer au moment où le conseil municipal va émettre son vote. Le président adresse directement la délibération au sous-préfet.

Art. 26. Lorsque, après deux convocations successives faites par le maire, à huit jours d'intervalle et dûment constatées, les membres du conseil municipal ne se sont pas réunis en nombre suffisant, la délibération prise après la troisième convocation est valable, quel que soit le nombre des membres présents.

Art. 27. Les délibérations des conseils municipaux se prennent à la majorité des voix. En cas de partage, la voix du président est prépondérante.

Art. 28. Les délibérations seront inscrites, par ordre de date, sur un registre coté et paraphé par le sous-préfet. Elles seront signées par tous les membres présents à la séance, ou mention sera faite de la cause qui les aura empêchés de signer.

Art. 29. Les séances des conseils municipaux ne sont pas publiques, leurs débats ne peuvent être publiés officiellement qu'avec l'approbation de l'autorité supérieure.

Il est voté au scrutin secret toutes les fois que trois des membres présents le réclament.

TITRE III.

DES DÉPENSES ET RECETTES, ET DES BUDGETS DES COMMUNES.

Art. 30. Les dépenses des communes sont obligatoires ou facultatives.

Sont obligatoires les dépenses suivantes :

1° L'entretien, s'il y a lieu, de l'hôtel de ville ou du local affecté à la mairie ;

2° Les frais de bureau et d'impression pour le service de la commune ;

3° L'abonnement au *Bulletin des lois ;*

4° Les frais de recensement de la population ;

5° Les frais des registres de l'état civil, et la portion des tables décennales à la charge des communes ;

6° Le traitement du receveur municipal, du préposé en chef de l'octroi, et les frais de perception ;

7° Le traitement des gardes des bois de la commune et des gardes champêtres ;

8° Le traitement et les frais de bureau des commissaires de police, tels qu'ils sont déterminés par les lois ;

9° Les pensions des employés municipaux et des commissaires de police, régulièrement liquidées et approuvées ;

10° Les frais de loyer et de réparation du local de la justice de paix, ainsi que ceux d'achat et d'entretien de son mobilier, dans les communes chefs-lieux de canton ;

11° Les dépenses de la garde nationale, telles qu'elles sont déterminées par les lois ;

12° Les dépenses relatives à l'instruction publique, conformément aux lois ;

13° L'indemnité de logement aux curés et desservants, et autres ministres des cultes salariés par l'État, lorsqu'il n'existe pas de bâtiment affecté à leur logement;

14° Les secours aux fabriques des églises et autres administrations préposées aux cultes dont les ministres sont salariés par l'État, en cas d'insuffisance de leurs revenus, justifiée par leurs comptes et budgets;

15° Le contingent assigné à la commune, conformément aux lois, dans la dépense des enfants trouvés et abandonnés;

16° Les grosses réparations aux édifices communaux, sauf l'exécution des lois spéciales concernant les bâtiments militaires et les édifices consacrés au culte;

17° La clôture des cimetières, leur entretien et leur translation dans les cas déterminés par les lois et règlements d'administration publique;

18° Les frais des plans d'alignements;

19° Les frais et dépenses des conseils de prud'hommes, pour les communes où ils siègent; les menus frais des chambres consultatives des arts et manufactures, pour les communes où elles existent;

20° Les contributions et prélèvements établis par les lois sur les biens et revenus communaux;

21° L'acquittement des dettes exigibles,

Et généralement toutes les autres dépenses mises à la charge des communes par une disposition des lois.

Toutes dépenses autres que les précédentes sont facultatives.

Art. 31. Les recettes des communes sont ordinaires ou extraordinaires.

Les recettes ordinaires des communes se composent:

1° Des revenus de tous les biens dont les habitants n'ont pas la jouissance en nature;

2° Des cotisations imposées annuellement sur les ayants droit aux fruits qui se perçoivent en nature;

3° Du produit des centimes ordinaires affectés aux communes par les lois de finances ;

4° Du produit de la portion accordée aux communes dans l'impôt des patentes ;

5° Du produit des octrois municipaux ;

6° Du produit des droits de place perçus dans les halles, foires, marchés, abattoirs, d'après les tarifs dûment autorisés ;

7° Du produit des permis de stationnement et des locations sur la voie publique, sur les ports et rivières et autres lieux publics ;

8° Du produit des péages communaux, des droits de pesage, mesurage et jaugeage, des droits de voirie et autres droits légalement établis ;

9° Du prix des concessions dans les cimetières ;

10° Du produit des concessions d'eau, de l'enlèvement des boues et immondices de la voie publique, et autres concessions autorisées pour les services communaux ;

11° Du produit des expéditions des actes administratifs, et des actes de l'état civil ;

12° De la portion que les lois accordent aux communes dans le produit des amendes prononcées par les tribunaux de simple police, par ceux de police correctionnelle et par les conseils de discipline de la garde nationale,

Et généralement du produit de toutes les taxes de ville et de police dont la perception est autorisée par la loi.

Art. 32. Les recettes extraordinaires se composent.

1° Des contributions extraordinaires dûment autorisées ;

2° Du prix des biens aliénés ;

3° Des dons et legs,

4° Du remboursement des capitaux exigibles et des rentes rachetées ;

5° Du produit des coupes extraordinaires de bois ;

6° Du produit des emprunts,

Et de toutes autres recettes accidentelles.

Art. 33. Le budget de chaque commune, proposé par le maire, et voté par le conseil municipal, est définitivement réglé par arrêté du préfet.

Toutefois, le budget des villes dont le revenu est de cent mille francs, ou plus, est réglé par une ordonnance du Roi.

Le revenu d'une commune est réputé atteindre cent mille francs lorsque les recettes ordinaires, constatées dans les comptes, se sont élevées à cette somme pendant les trois dernières années.

Il n'est réputé être descendu au-dessous de cent mille francs que lorsque, pendant les trois dernières années, les recettes ordinaires sont restées inférieures à cette somme.

Art. 34. Les crédits qui pourraient être reconnus nécessaires après le règlement du budget sont délibérés conformément aux articles précédents, et autorisés par le préfet, dans les communes dont il est appelé à régler le budget, et par le ministre, dans les autres communes.

Toutefois, dans ces dernières communes, les crédits supplémentaires pour dépenses urgentes pourront être approuvés par le préfet.

Art. 35. Dans le cas où, par une cause quelconque, le budget d'une commune n'aurait pas été approuvé avant le commencement de l'exercice, les recettes et dépenses ordinaires continueront, jusqu'à l'approbation de ce budget, à être faites conformément à celui de l'année précédente.

Art. 36. Les dépenses proposées au budget d'une commune peuvent être rejetées ou réduites par l'ordonnance du Roi, ou par l'arrêté du préfet, qui règle ce budget.

Art. 37. Les conseils municipaux peuvent porter au budget un crédit pour dépenses imprévues.

La somme inscrite pour ce crédit ne pourra être réduite ou rejetée qu'autant que les revenus ordinaires, après avoir satisfait à toutes les dépenses obligatoires, ne permettraient pas d'y faire face, ou qu'elle excéderait le dixième des recettes ordinaires.

Le crédit pour dépenses imprévues sera employé par le maire, avec l'approbation du préfet et du sous-préfet.

Dans les communes autres que les chefs-lieux de département ou d'arrondissement, le maire pourra employer le montant de ce crédit aux dépenses urgentes, sans approbation préalable, à la charge d'en informer immédiatement le sous-préfet, et d'en rendre compte au conseil municipal dans la première session ordinaire qui suivra la dépense effectuée.

Art. 38. Les dépenses proposées au budget ne peuvent être augmentées, et il ne peut y en être introduit de nouvelles par l'arrêté du préfet, ou l'ordonnance du Roi, qu'autant qu'elles sont obligatoires.

Art. 39. Si un conseil municipal n'allouait pas les fonds exigés pour une dépense obligatoire, ou n'allouait qu'une somme insuffisante, l'allocation nécessaire serait inscrite au budget par ordonnance du Roi, pour les communes dont le revenu est de cent mille francs et au-dessus, et par arrêté du préfet, en conseil de préfecture, pour celles dont le revenu est inférieur.

Dans tous les cas, le conseil municipal sera préalablement appelé à en délibérer.

S'il s'agit d'une dépense annuelle et variable, elle sera inscrite pour sa quotité moyenne pendant les trois dernières années. S'il s'agit d'une dépense annuelle et fixe de sa nature, ou d'une dépense extraordinaire, elle sera inscrite pour sa quotité réelle.

Si les ressources de la commune sont insuffisantes pour subvenir aux dépenses obligatoires inscrites d'office en vertu du présent article, il y sera pourvu par le conseil municipal, ou, en cas de refus de sa part, au moyen d'une contribution extraordinaire établie par une ordonnance du

Roi, dans les limites du maximum qui sera fixé annuellement par la loi de finances, et par une loi spéciale si la contribution doit excéder ce maximum.

Art. 40. Les délibérations du conseil municipal concernant une contribution extraordinaire destinée à subvenir aux dépenses obligatoires ne seront exécutoires qu'en vertu d'un arrêté du préfet, s'il s'agit d'une commune ayant moins de cent mille francs de revenu, et d'une ordonnance du Roi, s'il s'agit d'une commune ayant un revenu supérieur.

Dans le cas où la contribution extraordinaire aurait pour but de subvenir à d'autres dépenses que les dépenses obligatoires, elle ne pourra être autorisée que par ordonnance du Roi, s'il s'agit d'une commune ayant moins de cent mille francs de revenu, et par une loi, s'il s'agit d'une commune ayant un revenu supérieur.

Art. 41. Aucun emprunt ne pourra être autorisé que par ordonnance du Roi, rendue dans les formes des règlements d'administration publique, pour les communes ayant moins de cent mille francs de revenu, et par une loi, s'il s'agit d'une commune ayant un revenu supérieur.

Néanmoins, en cas d'urgence et dans l'intervalle des sessions, une ordonnance du Roi, rendue dans la forme des règlements d'administration publique, pourra autoriser les communes dont le revenu est de cent mille francs et au-dessus à contracter un emprunt jusqu'à concurrence du quart de leurs revenus.

Art. 42. Dans les communes dont les revenus sont inférieurs à cent mille francs, toutes les fois qu'il s'agira de contributions extraordinaires ou d'emprunts, les plus imposés aux rôles de la commune seront appelés à délibérer avec le conseil municipal, en nombre égal à celui des membres en exercice.

Ces plus imposés seront convoqués individuellement par e maire, au moins dix jours avant celui de la réunion.

Lorsque les plus imposés appelés seront absents, ils seront remplacés en nombre égal par les plus imposés portés après eux sur le rôle.

Art. 43. Les tarifs des droits de voirie sont réglés par ordonnance du Roi, rendue dans la forme des règlements d'administration publique.

Art. 44. Les taxes particulières dues par les habitants ou propriétaires, en vertu des lois et des usages locaux, sont réparties par délibération du conseil municipal, approuvée par le préfet.

Ces taxes sont perçues suivant les formes établies pour le recouvrement des contributions publiques.

Art. 45. Aucune construction nouvelle, ou reconstruction entière ou partielle, ne pourra être autorisée que sur la production des projets et devis.

Ces projets et devis seront soumis à l'approbation préalable du ministre compétent, quand la dépense excédera trente mille francs, et à celle du préfet, quand elle sera moindre.

TITRE IV.

DES ACQUISITIONS, ALIÉNATIONS, BAUX, DONS ET LEGS.

Art. 46. Les délibérations des conseils municipaux ayant pour objet des acquisitions, des ventes ou échanges d'immeubles, le partage de biens indivis, sont exécutoires sur un arrêté du préfet, en conseil de préfecture, quand il s'agit d'une valeur n'excédant pas trois mille francs, pour les communes dont le revenu est au-dessous de cent mille francs, et vingt mille francs, pour les autres communes.

S'il s'agit d'une valeur supérieure, il est statué par ordonnance du Roi.

La vente des biens mobiliers et immobiliers des communes, autres que ceux qui servent à un usage public, pourra, sur la demande de tout créancier porteur de titres exécutoires, être autorisée par une ordonnance du Roi, qui déterminera les formes de la vente.

Art. 47. Les délibérations des conseils municipaux ayant pour objet des baux dont la durée devra excéder dix-huit ans ne sont exécutoires qu'en vertu d'une ordonnance royale.

Quelle que soit la durée du bail, l'acte passé par le maire n'est exécutoire qu'après l'approbation du préfet.

Art. 48. Les délibérations ayant pour objet l'acceptation des dons et legs d'objets mobiliers ou de sommes d'argent, faits à la commune ou aux établissements communaux, sont exécutoires en vertu d'un arrêté du préfet, lorsque leur valeur n'excède pas trois mille francs, et en vertu d'une ordonnance du Roi, lorsque leur valeur est supérieure ou qu'il y a réclamation des prétendants droit à la succession.

Les délibérations qui porteraient refus de dons et legs, et toutes celles qui concerneraient des dons et legs d'objets immobiliers ne sont exécutoires qu'en vertu d'une ordonnance du Roi.

Le maire peut toujours, à titre conservatoire, accepter les dons et legs, en vertu de la délibération du conseil municipal : l'ordonnance du Roi, ou l'arrêté du préfet, qui intervient ensuite, a effet du jour de cette acceptation.

TITRE V.

DES ACTIONS JUDICIAIRES ET DES TRANSACTIONS.

Art. 49. Nulle commune ou section de commune ne peut introduire une action en justice sans être autorisée par le conseil de préfecture.

Après tout jugement intervenu, la commune ne peut se

pourvoir devant un autre degré de juridiction qu'en vertu d'une nouvelle autorisation du conseil de préfecture.

Cependant tout contribuable inscrit au rôle de la commune a le droit d'exercer, à ses frais et risques, avec l'autorisation du conseil de préfecture, les actions qu'il croirait appartenir à la commune ou section, et que la commune ou section, préalablement appelée à en délibérer, aurait refusé ou négligé d'exercer.

La commune ou section sera mise en cause, et la décision qui interviendra aura effet à son égard.

Art. 50. La commune, section de commune ou le contribuable auquel l'autorisation aura été refusée pourra se pourvoir devant le Roi, en Conseil d'Etat. Le pourvoi sera introduit et jugé en la forme administrative. Il devra, à peine de déchéance, avoir lieu dans le délai de trois mois, à dater de la notification de l'arrêté du conseil de préfecture.

Art. 51. Quiconque voudra intenter une action contre une commune ou section de commune sera tenu d'adresser préalablement au préfet un mémoire exposant les motifs de sa réclamation. Il lui en sera donné récépissé.

La présentation du mémoire interrompra la prescription et toutes déchéances.

Le préfet transmettra le mémoire au maire, avec l'autorisation de convoquer immédiatement le conseil municipal pour en délibérer.

Art. 52. La délibération du conseil municipal sera, dans tous les cas, transmise au conseil de préfecture, qui décidera si la commune doit être autorisée à ester en jugement.

La décision du conseil de préfecture devra être rendue dans le délai de deux mois, à partir de la date du récépissé énoncé en l'article précédent.

Art. 53. Toute décision du conseil de préfecture portant refus d'autorisation devra être motivée.

En cas de refus de l'autorisation, le maire pourra, en vertu d'une délibération du conseil municipal, se pourvoir devant le Roi, en son Conseil d'Etat, conformément à l'article 50 ci-dessus.

Il devra être statué sur le pourvoi dans le délai de deux mois, à partir du jour de son enregistrement au secrétariat général du Conseil d'Etat.

Art 54. L'action ne pourra être intentée qu'après la décision du conseil de préfecture, et, à défaut de décision dans le délai fixé par l'article 52, qu'après l'expiration de ce délai.

En cas de pourvoi contre la décision du conseil de préfecture, l'instance sera suspendue jusqu'à ce qu'il ait été statué sur le pourvoi, et, à défaut de décision dans le délai fixé par l'article précédent, jusqu'à l'expiration de ce délai.

En aucun cas, la commune ne pourra défendre à l'action qu'autant qu'elle y aura été expressément autorisée.

Art. 55. Le maire peut toutefois, sans autorisation préalable, intenter toute action possessoire, ou y défendre, et faire tous autres actes conservatoires ou interruptifs des déchéances.

Art. 56. Lorsqu'une section est dans le cas d'intenter ou de soutenir une action judiciaire contre la commune elle-même, il est formé, pour cette section, une commission syndicale de trois ou cinq membres, que le préfet choisit parmi les électeurs municipaux, et, à leur défaut, parmi les citoyens les plus imposés.

Les membres du corps municipal qui seraient intéressés à la jouissance des biens ou droits revendiqués par la section ne devront point participer aux délibérations du conseil municipal relatives au litige.

Ils seront remplacés, dans toutes ces délibérations, par un nombre égal d'électeurs municipaux de la commune, que le préfet choisira parmi les habitants ou propriétaires étrangers à la section.

L'action est suivie par celui de ses membres que la commission syndicale désigne à cet effet.

Art. 57. Lorsqu'une section est dans le cas d'intenter ou de soutenir une action judiciaire contre une autre section de la même commune, il sera formé, pour chacune des sections intéressées, une commission syndicale conformément à l'article précédent.

Art. 58. La section qui aura obtenu une condamnation contre la commune, ou contre une autre section, ne sera point passible des charges ou contributions imposées pour l'acquittement des frais et dommages-intérêts qui résulteraient du fait du procès.

Il en sera de même à l'égard de toute partie qui aurait plaidé contre une commune ou une section de commune.

Art. 59. Toute transaction consentie par un conseil municipal ne peut être exécutée qu'après l'homologation par ordonnance royale, s'il s'agit d'objets immobiliers ou d'objets mobiliers d'une valeur supérieure à trois mille francs, et par arrêté du préfet en conseil de préfecture, dans les autres cas.

TITRE VI.

COMPTABILITÉ DES COMMUNES.

Art. 60. Les comptes du maire, pour l'exercice clos, sont présentés au conseil municipal avant la délibération du budget. Ils sont définitivement approuvés par les préfets, pour les communes dont le revenu est inférieur à cent mille francs, et par le ministre compétent, pour les autres communes.

Art. 61. Le maire peut seul délivrer des mandats. S'il refusait d'ordonnancer une dépense régulièrement autorisée et liquide, il serait prononcé par le préfet en conseil de préfecture.

L'arrêté du préfet tiendrait lieu du mandat du maire.

Art. 62. Les recettes et dépenses communales s'effectuent par un comptable chargé seul, et sous sa responsabilité, de poursuivre la rentrée de tous revenus de la commune et de toutes sommes qui lui seraient dues, ainsi que d'acquitter les dépenses ordonnancées par le maire, jusqu'à concurrence des crédits régulièrement accordés.

Tous les rôles de taxes, de sous-répartitions et de prestations locales, devront être remis à ce comptable.

Art. 63. Toutes les recettes municipales pour lesquelles les lois et règlements n'ont pas prescrit un mode spécial de recouvrement s'effectuent sur des états dressés par le maire. Ces états sont exécutoires après qu'il ont été visés par le sous-préfet.

Les oppositions, lorsque la matière est de la compétence des tribunaux ordinaires, sont jugées comme affaires sommaires, et la commune peut y défendre, sans autorisation du conseil de préfecture.

Art. 64. Toute personne, autre que le receveur municipal, qui, sans autorisation légale, se serait ingérée dans le maniement des deniers de la commune, sera, par ce seul fait, constituée comptable; elle pourra en outre être poursuivie en vertu de l'article 258 du Code pénal, comme s'étant immiscée sans titre dans des fonctions publiques.

Art. 65. Le percepteur remplit les fonctions de receveur municipal.

Néanmoins, dans les communes dont le revenu excède trente mille francs, ces fonctions sont confiées, si le conseil municipal le demande, à un receveur municipal spécial.

Il est nommé par le Roi, sur trois candidats que le conseil municipal présente.

Les dispositions du premier paragraphe ci-dessus ne seront applicables aux communes ayant actuellement un receveur municipal que sur la demande du conseil municipal, ou en cas de vacance.

Art. 66. Les comptes du receveur municipal sont définitivement apurés par le conseil de préfecture, pour les communes dont le revenu n'excède pas trente mille francs, sauf recours à la cour des comptes.

Les comptes des receveurs des communes dont le revenu excède trente mille francs sont réglés et apurés par ladite cour.

Les dispositions ci-dessus, concernant la juridiction des conseils de préfecture et de la cour des comptes sur les comptes des receveurs municipaux, sont applicables aux comptes des trésoriers des hôpitaux et autres établissements de bienfaisance.

Art. 67. La responsabilité des receveurs municipaux et les formes de la comptabilité des communes seront déterminées par des règlements d'administration publique. Les receveurs municipaux seront assujettis, pour l'exécution de ces règlements, à la surveillance des receveurs des finances.

Dans les communes où les fonctions de receveur municipal et de percepteur sont réunies, la gestion du comptable est placée sous la responsabilité du receveur des finances de l'arrondissement.

Art. 68. Les comptables qui n'auront pas présenté leurs comptes dans les délais prescrits par les règlements pourront être condamnés, par l'autorité chargée de les juger, à une amende de dix francs à cent francs, par chaque mois de retard, pour les receveurs et trésoriers justiciables des conseils de préfecture, et de cinquante francs à cinq cents francs, également par mois de retard, pour ceux qui sont justiciables de la cour des comptes.

Ces amendes seront attribuées aux communes ou établissements que concernent les comptes en retard.

Elles seront assimilées aux débets de comptables, et le recouvrement pourra en être suivi par corps, conformément aux articles 8 et 9 de la loi du 17 avril 1832.

Art. 69. Les budgets et les comptes des communes restent déposés à la mairie, où toute personne imposée aux rôles de la commune a droit d'en prendre connaissance.

Ils sont rendus publics par la voie de l'impression, dans les communes dont le revenu est de cent mille francs ou plus, et dans les autres, quand le conseil municipal a voté la dépense de l'impression.

TITRE VII.

DES INTÉRÊTS QUI CONCERNENT PLUSIEURS COMMUNES.

Art. 70. Lorsque plusieurs communes possèdent des biens ou des droits par indivis, une ordonnance du Roi instituera, si l'une d'elles le réclame, une commission syndicale composée de délégués des conseils municipaux des communes intéressées.

Chacun des conseils élira dans son sein, au scrutin secret et à la majorité des voix, le nombre de délégués qui aura été déterminé par l'ordonnance du Roi.

La commission syndicale sera renouvelée tous les trois ans, après le renouvellement partiel des conseils municipaux.

Les délibérations prises par la commission ne sont exécutoires que sur l'approbation du préfet, et demeurent d'ailleurs soumises à toutes les règles établies pour les délibérations des conseils municipaux.

Art. 71. La commission syndicale sera présidée par un

syndic qui sera nommé par le préfet et choisi parmi les membres qui la composent.

Les attributions de la commission syndicale et du syndic, en ce qui touche les biens et les droits indivis, seront les mêmes que celles des conseils municipaux et des maires pour l'administration des propriétés communales.

Art. 72. Lorsqu'un même travail intéressera plusieurs communes, les conseils municipaux seront spécialement appelés à délibérer sur leurs intérêts respectifs et sur la part de la dépense que chacune d'elles devra supporter. Ces délibérations seront soumises à l'approbation du préfet.

En cas de désaccord entre les conseils municipaux, le préfet prononcera, après avoir entendu le conseil d'arrondissement et le conseil général. Si les conseils municipaux appartiennent à des départements différents, il sera statué par ordonnance royale.

La part de la dépense définitivement assignée à chaque commune sera portée d'office aux budgets respectifs, conformément à l'article 39 de la présente loi.

Art. 73. En cas d'urgence, un arrêté du préfet suffira pour ordonner les travaux, et pourvoira à la dépense à l'aide d'un rôle provisoire. Il sera procédé ultérieurement à sa répartition définitive, dans la forme déterminée par l'article précédent.

TITRE VIII.

DISPOSITION SPÉCIALE.

Art. 74. Il sera statué par une loi spéciale sur l'administration municipale de la ville de Paris.

Loi sur le renouvellement des Conseils généraux, des Conseils d'arrondissement et des Conseils municipaux, et sur la nomination des Maires et Adjoints.

Du 7 juillet 1852.

(*Voir page 46.*)

Loi sur l'organisation municipale.

Du 5 mai 1855.

SECTION PREMIÈRE.

COMPOSITION ET MODE DE NOMINATION DU CORPS MUNICIPAL.

Art. 1er. Le corps municipal de chaque commune se compose du maire, d'un ou de plusieurs adjoints, et des conseillers municipaux.

Les fonctions des maires, des adjoints et des autres membres du corps municipal sont gratuites.

Art. 2. Le maire et les adjoints sont nommés par l'Empereur, dans les chefs-lieux de département, d'arrondissement et de canton, et dans les communes de trois mille habitants et au-dessus.

Dans les autres communes, ils sont nommés par le préfet, au nom de l'Empereur.

Ils doivent être âgés de vingt-cinq ans accomplis, et inscrits, dans la commune, au rôle de l'une des quatre contributions directes.

Les adjoints peuvent être pris, comme le maire, en dehors du conseil municipal.

Le maire et les adjoints sont nommés pour cinq ans.

Ils remplissent leurs fonctions, même après l'expiration de ce terme, jusqu'à l'intallation de leurs successeurs.

Ils peuvent être suspendus par un arrêté du préfet.

Cet arrêté cessera d'avoir effet s'il n'est confirmé, dans le délai de deux mois, par le ministre de l'intérieur.

Les maires et les adjoints ne peuvent être révoqués que par décret de l'Empereur.

Art. 3. Il y a un adjoint dans les communes de deux mille cinq cents habitants et au-dessous ; deux dans celles de deux mille cinq cent un à dix mille habitants. Dans les communes d'une population supérieure, il pourra être nommé un adjoint de plus par chaque excédant de vingt mille habitants.

Lorsque la mer ou quelque autre obstacle rend difficiles, dangereuses ou momentanément impossibles les communications entre le chef-lieu et une fraction de commune, un adjoint spécial, pris parmi les habitants de cette fraction, est nommé en sus du nombre ordinaire : cet adjoint spécial remplit les fonctions d'officier de l'état civil, et peut être chargé de l'exécution des lois et règlements de police dans cette partie de la commune.

Art. 4. En cas d'absence ou d'empêchement, le maire est remplacé par un de ses adjoints, dans l'ordre des nominations.

En cas d'absence ou d'empêchement du maire et des adjoints, le maire est remplacé par un conseiller municipal désigné par le préfet, ou, à défaut de cette désignation, par le conseiller municipal le premier dans l'ordre du tableau.

Ce tableau est dressé d'après le nombre de suffrages obtenus, et en suivant l'ordre des scrutins.

Art. 5. Ne peuvent être ni maires ni adjoints,

1° Les préfets, sous-préfets, secrétaires généraux et conseillers de préfecture ;

2° Les membres des cours, des tribunaux de première instance et des justices de paix ;

3° Les ministres des cultes ;

4° Les militaires et employés des armées de terre et de mer en activité de service ou en disponibilité ;

5° Les ingénieurs des ponts et chaussées et des mines en activité de service, les conducteurs des ponts et chaussées et les agents voyers ;

6° Les agents et employés des administrations financières et des forêts, ainsi que les gardes des établissements publics et des particuliers ;

7° Les commissaires et agents de police ;

8° Les fonctionnaires et employés de colléges communaux et les instituteurs primaires communaux ou libres ;

9° Les comptables et les fermiers des revenus communaux et les agents salariés par la commune.

Néanmoins, les juges suppléants aux tribunaux de première instance et les suppléants de juges de paix peuvent être maires ou adjoints.

Les agents salariés du maire ne peuvent être ses adjoints.

Il y a incompatibilité entre les fonctions de maire et d'adjoint et le service de la garde nationale.

Art. 6. Chaque commune a un conseil municipal composé de dix membres dans les communes de 500 habitants et au-dessous ;

De 12, dans celles de . . .   501 à   1,500 ;
De 16, dans celles de . . .   1,501 à   2,500 ;
De 21, dans celles de . . .   2,501 à   3,500 ;
De 23, dans celles de . . .   3,501 à 10,000 ;
De 27, dans celles de . . . 10,001 à 30,000 ;
De 30, dans celles de . . . 30,001 à 40,000 ;
De 32, dans celles de . . . 40,001 à 50,000 ;
De 34, dans celles de . . . 50,001 à 60,000 ;
De 36, dans celles de . . . 60,001 et au-dessus.

Art. 7. Les membres du conseil municipal sont élus

par les électeurs inscrits sur la liste communale dressée en vertu de l'article 13 du décret du 2 février 1852.

Le préfet peut, par un arrêté pris en conseil de préfecture, diviser les communes en sections électorales.

Il peut, par le même arrêté, répartir entre les sections le nombre des conseillers à élire, en tenant compte du nombre des électeurs inscrits.

Art. 8. Les conseillers municipaux doivent être âgés de vingt-cinq ans accomplis.

Ils sont élus pour cinq ans.

En cas de vacance dans l'intervalle des élections quinquennales, il est procédé au remplacement quand le conseil municipal se trouve réduit aux trois quarts de ses membres.

Art. 9. Ne peuvent être conseillers municipaux :

1° Les comptables de deniers communaux et les agents salariés de la commune ;

2° Les entrepreneurs de services communaux ;

3° Les domestiques attachés à la personne ;

4° Les individus dispensés de subvenir aux charges communales, et ceux qui sont secourus par les bureaux de bienfaisance.

Art. 10. Les fonctions de conseiller municipal sont incompatibles avec celles,

1° De préfets, sous-préfets, secrétaires généraux, conseillers de préfecture ;

2° De commissaires et d'agents de police ;

3° De militaires ou employés des armées de terre et de mer en activité de service ;

4° Des ministres des divers cultes en exercice dans la commune.

Nul ne peut être membre de plusieurs conseils municipaux.

Art. 11. Dans les communes de cinq cents âmes et au-dessus, les parents au degré de père, de fils, de frère, et les alliés au même degré, ne peuvent être en même temps membres du conseil municipal.

Art. 12. Tout conseiller municipal qui, pour une cause survenue postérieurement à sa nomination, se trouve dans un des cas prévus par les articles 9, 10 et 11, est déclaré démissionnaire par le préfet, sauf recours au conseil de préfecture.

Art. 13. Les conseils municipaux peuvent être suspendus par le préfet; la dissolution ne peut être prononcée que par l'Empereur.

La suspension prononcée par le préfet sera de deux mois, et pourra être prolongée par le ministre de l'intérieur jusqu'à une année ; à l'expiration de ce délai, si la dissolution n'a pas été prononcée par un décret, le conseil municipal reprend ses fonctions.

En cas de suppression, le préfet nomme immédiatement une commission pour remplir les fonctions du conseil municipal dont la suspension a été prononcée.

En cas de dissolution, la commission est nommée soit par l'Empereur, soit par le préfet, suivant la distinction établie au paragraphe 1er de l'article 2 de la présente loi.

Le nombre des membres de cette commission ne peut être inférieur à la moitié de celui des conseillers municipaux.

La commission nommée en cas de dissolution peut être maintenue en fonctions jusqu'au renouvellement quinquennal.

Art. 14. Dans la ville de Paris, dans les autres communes du département de la Seine, et dans la ville de Lyon, le conseil municipal est nommé par l'Empereur, tous les cinq ans, et présidé par un de ses membres, également désigné par l'Empereur.

Les conseils de Paris et de Lyon sont composés de trente-six membres.

Il n'est pas autrement dérogé aux lois spéciales qui régissent l'organisation municipale dans ces deux villes.

SECTION II.

ASSEMBLÉE DES CONSEILS MUNICIPAUX.

Art. 15. Les conseils municipaux s'assemblent, en session ordinaire, quatre fois l'année : au commencement de février, mai, août et novembre. Chaque session peut durer dix jours.

Le préfet ou le sous-préfet prescrit la convocation extraordinaire du conseil municipal, ou l'autorise, sur la demande du maire, toutes les fois que les intérêts de la commune l'exigent.

La convocation peut également avoir lieu, pour un objet spécial et déterminé, sur la demande du tiers des membres du conseil municipal, adressée directement au préfet, qui ne peut la refuser que par un arrêté motivé. Cet arrêté est notifié aux réclamants, qui peuvent se pourvoir devant le ministre de l'intérieur.

Art. 16. La convocation se fait par écrit et à domicile.

Quand le conseil municipal se réunit en session ordinaire, la convocation se fait cinq jours au moins avant celui de la réunion.

Quand le conseil municipal est convoqué extraordinairement, la convocation se fait trois jours au moins avant celui de la réunion. Elle contient l'indication des objets spéciaux et déterminés pour lesquels le conseil doit s'assembler.

Dans les sessions ordinaires, le conseil peut s'occuper de toutes les matières qui rentrent dans ses attributions.

En cas de réunion extraordinaire, le conseil ne peut s'occuper que des objets pour lesquels il a été spécialement convoqué.

En cas d'urgence, le sous-préfet peut abréger les délais de convocation.

Art. 17. Le conseil municipal ne peut délibérer que lorsque la majorité des membres en exercice assiste à la séance.

Lorsque, après deux convocations successives, à huit jours d'intervalle, et dûment constatées, les membres du conseil municipal ne sont pas réunis en nombre suffisant, la délibération prise après la troisième convocation est valable, quel que soit le nombre des membres présents.

Art. 18. Les conseillers siègent dans l'ordre du tableau.

Les résolutions sont prises à la majorité absolue des suffrages.

Il est voté au scrutin secret toutes les fois que trois des membres présents le réclament.

Art. 19. Le maire préside le conseil municipal et a voix prépondérante en cas de partage.

Les mêmes droits appartiennent à l'adjoint qui le remplace.

Dans tous les autres cas, les adjoints pris en dehors du conseil ont seulement droit d'y siéger avec voix consultative.

Les fonctions de secrétaire sont remplies par un des membres du conseil, nommé au scrutin secret et à la majorité des membres présents. Le secrétaire est nommé pour chaque session.

Art. 20. Tout membre du conseil municipal qui, sans motifs légitimes, a manqué à trois convocations consécutives, peut être déclaré démissionnaire par le préfet, sauf recours, dans les dix jours de la notification, devant le conseil de préfecture.

Art. 21. Les membres du conseil municipal ne peuvent prendre part aux délibérations relatives aux affaires dans lesquelles ils ont un intérêt, soit en leur nom personnel, soit comme mandataires.

Art. 22. Les séances des conseils municipaux ne sont pas publiques.

Les délibérations sont inscrites, par ordre de date, sur un registre coté et parafé par le sous-préfet.

Elles sont signées par tous les membres présents à la séance, ou mention est faite de la cause qui les a empêchés de signer.

Copie en est adressée au préfet et au sous-préfet, dans la huitaine.

Tout habitant ou contribuable de la commune a droit de demander communication, sans déplacement, et de prendre copie des délibérations du conseil municipal de sa commune.

Art. 23. Toute délibération d'un conseil municipal portant sur un objet étranger à ses attributions est nulle de plein droit.

Le préfet, en conseil de préfecture, en déclare la nullité. En cas de réclamation du conseil municipal, il est statué par un décret de l'Empereur, le Conseil d'État entendu.

Art. 24. Sont également nulles de plein droit, toutes les délibérations prises par un conseil municipal hors de sa réunion légale.

Le préfet, en conseil de préfecture, déclare l'illégalité de la réunion et la nullité des délibérations.

Art. 25. Tout conseil municipal qui se mettrait en correspondance avec un ou plusieurs autres conseils, ou qui publierait des proclamations ou adresses, sera immédiatement suspendu par le préfet.

Art. 26. Tout éditeur, imprimeur, journaliste ou autre, qui rendra publics les actes interdits au conseil municipal par les articles 24 et 25 de la présente loi, sera passible des peines portées en l'article 123 du Code pénal.

SECTION III.

ASSEMBLÉE DES ÉLECTEURS MUNICIPAUX, ET VOIE DE RECOURS CONTRE LES OPÉRATIONS ÉLECTORALES.

Art. 27. L'assemblée des électeurs est convoquée par le préfet aux jours déterminés par l'article 33 de la présente loi.

Art. 28. Lorsqu'il y aura lieu de remplacer les conseillers municipaux élus par des sections, conformément à l'article 7 de la présente loi, ces remplacements seront faits par les sections auxquelles appartenaient ces conseillers.

Art. 29. Les sections sont présidées, savoir : la première par le maire, et les autres, successivement, par les adjoints, dans l'ordre de leur nomination, et par les conseils municipaux, dans l'ordre du tableau.

Art. 30. Le président a seul la police de l'assemblée.
Ces assemblées ne peuvent s'occuper d'autres objets que des élections qui leur sont attribuées. Toute discussion, toute délibération leur sont interdites.

Art. 31. Les deux plus âgés et les deux plus jeunes des électeurs présents à l'ouverture de la séance, sachant lire et écrire, remplissent les fonctions de scrutateurs.
Le secrétaire est désigné par le président et les scrutateurs. Dans les délibérations du bureau, il n'a que voix consultative.
Trois membres du bureau, au moins, doivent être présents pendant tout le cours des opérations.

Art. 32. Les assemblées des électeurs communaux procèdent aux élections qui leur sont attribuées au scrutin de liste.

Art. 33. Dans les communes de deux mille cinq cents

habitants et au-dessus, le scrutin dure deux jours ; il est ouvert le samedi et clos le dimanche. Dans les communes d'une population moindre le scrutin ne dure qu'un jour ; il est ouvert et clos le dimanche.

Art. 34. Le bureau juge provisoirement des difficultés qui s'élèvent sur les opérations de l'assemblée.

Ses décisions sont motivées.

Toutes les réclamations et décisions sont insérées au procès-verbal ; les pièces et les bulletins qui s'y rapportent y sont annexés, après avoir été parafés par le bureau.

Art. 35. Pendant toute la durée des opérations, une copie de la liste des électeurs, certifiée par le maire, contenant les noms, domicile, qualification de chacun des inscrits, reste déposée sur la table autour de laquelle siége le bureau.

Art. 36. Nul ne peut être admis à voter s'il n'est inscrit sur cette liste.

Toutefois, seront admis à voter, quoique non inscrits, les électeurs porteurs d'une décision du juge de paix ordonnant leur inscription, ou d'un arrêt de la cour de cassation annulant un jugement qui aurait prononcé leur radiation.

Art. 37. Nul électeur ne peut entrer dans l'assemblée s'il est porteur d'armes quelconques.

Art. 38. Les électeurs sont appelés successivement à voter par ordre alphabétique.

Ils apportent leurs bulletins préparés en dehors de l'assemblée.

Le papier du bulletin doit être blanc et sans signe extérieur.

A l'appel de son nom, l'électeur remet au président son bulletin fermé.

Le président le dépose dans la boîte du scrutin, laquelle

doit, avant le commencement du vote, avoir été fermée à deux serrures, dont les clefs restent, l'une entre les mains du président, l'autre entre les mains du scrutateur le plus âgé.

Le vote de chaque électeur est constaté sur la liste, en marge de son nom, par la signature ou le parafe de l'un des membres du bureau.

L'appel étant terminé, il est procédé au réappel, par ordre alphabétique, des électeurs qui n'ont pas voté.

Art. 39. Le président doit constater, au commencement de l'opération, l'heure à laquelle le scrutin est ouvert.

Le scrutin ne peut être fermé qu'après être resté ouvert pendant trois heures au moins.

Le président constate l'heure à laquelle il déclare le scrutin clos, et, après cette déclaration, aucun vote ne peut être reçu.

Art. 40. Après la clôture du scrutin, il est procédé au dépouillement de la manière suivante :

La boîte du scrutin est ouverte et le nombre des bulletins vérifié.

Si ce nombre est plus grand ou moindre que celui des votants, il en est fait mention au procès-verbal.

Le bureau désigne, parmi les électeurs présents, un certain nombre de scrutateurs.

Le président et les membres du bureau surveillent l'opération du dépouillement. Ils peuvent y procéder eux-mêmes, s'il y a moins de trois cents votants.

Art. 41. Si le dépouillement du scrutin ne peut avoir lieu le jour même, les boîtes contenant les bulletins sont scellées ou déposées pendant la nuit au secrétariat ou dans une des salles de la mairie.

Les scellés sont également apposés sur les ouvertures du lieu où les boîtes ont été déposées.

Le maire prend les autres mesures nécessaires pour la garde des boîtes du scrutin.

Art. 42. Les bulletins sont valables, bien qu'ils portent plus ou moins de noms qu'il n'y a de conseillers à élire.

Les derniers noms inscrits au delà de ce nombre ne sont pas comptés.

Les bulletins blancs ou illisibles, ceux qui ne contiennent pas une désignation suffisante ou qui contiennent une désignation ou qualification inconstitutionnelle, ou dans lesquels les votants se font connaître, n'entrent pas en compte dans le résultat du dépouillement, mais sont annexés au procès-verbal.

Art. 43. Immédiatement après le dépouillement, le président proclame le résultat du scrutin.

Le procès-verbal des opérations électorales est dressé par le secrétaire; il est signé par lui et par les autres membres du bureau. Une copie, également signée du secrétaire et des autres membres du bureau, en est aussitôt envoyée au préfet par l'intermédiaire du sous-préfet.

Les bulletins, autres que ceux qui doivent être annexés au procès-verbal, sont brûlés en présence des électeurs.

Art. 44. Nul n'est élu au premier tour de scrutin, s'il n'a réuni, 1° la majorité des suffrages exprimés ; 2° un nombre de suffrages égal au quart des électeurs inscrits. Au deuxième tour de scrutin, l'élection a lieu à la majorité relative, quel que soit le nombre des votants. Les deux tours de scrutin peuvent avoir lieu le même jour.

Dans le cas où le deuxième tour de scrutin ne peut avoir lieu le même jour, l'assemblée est de droit convoquée pour le dimanche suivant.

Si plusieurs candidats obtiennent le même nombre de suffrages, l'élection est acquise au plus âgé.

Art. 45. Tout électeur a le droit d'arguer de nullité les opérations de l'assemblée dont il fait partie.

Les réclamations doivent être consignées au procès-verbal, sinon elles doivent être, à peine de nullité, déposées au secrétariat de la mairie, dans le délai de cinq jours, à dater du jour de l'élection. Elles sont immédiatement adressées au préfet, par l'intermédiaire du sous-préfet ; elles peuvent aussi être directement déposées à la préfecture, ou à la sous-préfecture, dans le même délai de cinq jours.

Il est statué par le conseil de préfecture, sauf recours au Conseil d'État.

Si le conseil de préfecture n'a pas prononcé dans le délai d'un mois, à compter de la réception des pièces à la préfecture, la réclamation est considérée comme rejetée. Les réclamants peuvent se pourvoir au Conseil d'État dans le délai de trois mois.

En cas de recours au Conseil d'État, le pourvoi est jugé sans frais.

Art. 46. Le préfet, s'il estime que les conditions et les formes légalement prescrites n'ont pas été remplies, peut également, dans le délai de quinze jours, à dater de la réception du procès-verbal, déférer les opérations électorales au conseil de préfecture.

Le recours au Conseil d'État, contre la décision du conseil de préfecture, est ouvert, soit au préfet, soit aux parties intéressées, dans les délais et les formes réglés par l'article précédent.

Art. 47. Dans tous les cas où une réclamation, formée en vertu de la présente loi, implique la solution préjudicielle d'une question d'état, le conseil de préfecture renvoie les parties à se pourvoir devant les juges compétents, et fixe un bref délai dans lequel la partie qui aura élevé la question préjudicielle doit justifier de ses diligences.

Art. 48. Dans le cas où l'annulation de tout ou partie des élections est devenue définitive, l'assemblée des électeurs est convoquée dans un délai qui ne peut excéder trois mois.

Art. 49. Dans les six mois qui suivront la promulgation de la présente loi, il sera procédé au renouvellement intégral des conseils municipaux, ainsi qu'à la nomination des maires et adjoints.

Les membres des conseils municipaux, les maires et adjoints actuellement en exercice, continueront leurs fonctions jusqu'à l'installation de leurs successeurs.

SECTION IV.

DISPOSITIONS PARTICULIÈRES.

Art. 50. Dans les communes chefs-lieux de département, dont la population excède quarante mille âmes, le préfet remplit les fonctions de préfet de police, telles qu'elles sont réglées par les dispositions actuellement en vigueur de l'arrêté des Consuls du 12 messidor an VIII.

Toutefois, les maires desdites communes restent chargés, sous la surveillance du préfet et sans préjudice des attributions, tant générales que spéciales, qui leur sont conférées par les lois :

1° De tout ce qui concerne l'établissement, l'entretien, la conservation des édifices communaux, cimetières, promenades, places, rues et voies publiques, ne dépendant pas de la grande voirie ; l'établissement et la réparation des fontaines, aqueducs, pompes et égouts ;

2° De la police municipale, en tout ce qui a rapport à la sûreté et à la liberté du passage sur la voie publique, à l'éclairage, au balayage, aux arrosements, à la solidité et à la salubrité des constructions privées ;

Aux mesures propres à prévenir et à arrêter les accidents et fléaux calamiteux, tels que les incendies, les épidémies, les épizooties, les débordements ;

Aux secours à donner aux noyés ;

A l'inspection de la salubrité des denrées, boissons, comestibles et autres marchandises mises en vente publique, et de la fidélité de leur débit ;

3° De la fixation des mercuriales ;

4° Des adjudications, marchés et baux.

Les conseils municipaux desdites communes sont appelés, chaque année, à voter, sur la proposition du préfet, les allocations qui doivent être affectées à chacun des services dont les maires cessent d'être chargés. Ces dépenses sont obligatoires.

Si un conseil n'allouait pas les fonds exigés pour ces dépenses ou n'allouait qu'une somme insuffisante, l'allocation nécessaire serait inscrite au budget par décret impérial, le Conseil d'État entendu.

Art. 51. Sont abrogées la loi du 21 mars 1831, et les dispositions du décret du 3 juillet 1848 et de la loi du 7 juillet 1852, relatives à l'organisation des corps municipaux.

Loi sur les Conseils municipaux.

Du 24 juillet 1867.

TITRE PREMIER.

DES ATTRIBUTIONS DES CONSEILS MUNICIPAUX.

Art. 1er. Les conseils municipaux règlent, par leurs délibérations, les affaires ci-après désignées, savoir :

1° Les acquisitions d'immeubles, lorsque la dépense, totalisée avec celle des autres acquisitions déjà votées dans le même exercice, ne dépasse pas le dixième des revenus ordinaires de la commune ;

2° Les conditions des baux à loyer des maisons et bâtiments appartenant à la commune, pourvu que la durée du bail ne dépasse pas dix-huit ans;

3º Les projets, plans et devis de grosses réparations et d'entretien, lorsque la dépense totale afférente à ces projets et aux autres projets de la même nature, adoptés dans le même exercice, ne dépasse pas le cinquième des revenus ordinaires de la commune, ni, en aucun cas, une somme de cinquante mille francs;

4º Le tarif des droits de place à percevoir dans les halles, foires et marchés;

5º Les droits à percevoir pour permis de stationnement et de locations sur les rues, places et autres lieux dépendant du domaine public communal;

6º Le tarif des concessions dans les cimetières;

7º Les assurances des bâtiments communaux;

8º L'affectation d'une propriété communale à un service communal, lorsque cette propriété n'est encore affectée à aucun service public, sauf les règles prescrites par des lois parculières;

9º L'acceptation ou le refus de dons ou legs faits à la commune sans charges, conditions ni affectation immobilière, lorsque ces dons et legs ne donnent pas lieu à réclamation.

En cas de désaccord entre le maire et le conseil municipal, la délibération ne sera exécutoire qu'après approbation du préfet.

Art. 2. Lorsque le budget communal pourvoit à toutes les dépenses obligatoires et qu'il n'applique aucune recette extraordinaire aux dépenses, soit obligatoires, soit facultatives, les allocations portées audit budget par le conseil municipal pour des dépenses facultatives ne peuvent être ni changées ni modifiées par l'arrêté du préfet ou par le décret impérial qui règle le budget.

Art. 3. Les conseils municipaux peuvent voter, dans la limite du maximum fixé chaque année par le conseil général, des contributions extraordinaires n'excédant pas cinq centimes pendant cinq années, pour en affecter le produit à des dépenses extraordinaires d'utilité communale.

Ils peuvent aussi voter trois centimes extraordinaires, exclusivement affectés aux chemins vicinaux ordinaires.

Les conseils municipaux votent et règlent, par leurs délibérations, les emprunts communaux remboursables sur les centimes extraordinaires votés comme il vient d'être dit au premier paragraphe du présent article, ou sur les ressources ordinaires, quand l'amortissement, en ce dernier cas, ne dépasse pas douze années.

En cas de désaccord entre le maire et le conseil municipal, la délibération ne sera exécutoire qu'après approbation du préfet.

Art. 4. A l'avenir, les forêts et les bois de l'État acquitteront les centimes additionnels ordinaires et extraordinaires affectés aux dépenses des communes, dans la proportion de la moitié de leur valeur imposable, le tout sans préjudice des dispositions de l'article 13 de la loi du 21 mai 1836, de l'article 3 de la loi du 12 juillet 1865 et du paragraphe 2 de l'article 3 de la présente loi.

Art. 5. Les conseils municipaux votent, sauf approbation du préfet :

1° Les contributions extraordinaires qui dépasseraient cinq centimes sans excéder le maximum fixé par le conseil général, et dont la durée ne serait pas supérieure à douze années;

2° Les emprunts remboursables sur ces mêmes contributions extraordinaires ou sur les revenus ordinaires dans un délai excédant douze années.

Art. 6. L'article 18 de la loi du 18 juillet 1837 est applicable aux délibérations prises par les conseils municipaux en exécution des articles 1er, 2 et 3 qui précèdent.

L'article 43 de la même loi est applicable aux contributions extraordinaires et aux emprunts votés par les conseils municipaux en exécution des articles 3 et 5.

Art. 7. Toute contribution extraordinaire dépassant le maximum fixé par le conseil général et tout emprunt remboursable sur ressources extraordinaires, dans un délai excédant douze années, sont autorisés par décret impérial.

Le décret est rendu en Conseil d'État, s'il s'agit d'une commune ayant un revenu supérieur à cent mille francs.

Il est statué par une loi si la somme à emprunter dépasse un million ou si ladite somme, réunie au chiffre d'autres emprunts non encore remboursés, dépasse un million.

Art. 8. L'établissement des taxes d'octroi votées par les conseils municipaux, ainsi que les règlements relatifs à leur perception, sont autorisés par décrets impériaux rendus sur l'avis du Conseil d'État.

Il en sera de même en ce qui concerne :

1° Les modifications aux règlements ou aux périmètres existants ;

2° L'assujettissement à la taxe d'objets non encore imposés dans le tarif local ;

3° L'établissement ou le renouvellement d'une taxe sur des objets non compris dans le tarif général indiqué ci-après ;

4° L'établissement ou le renouvellement d'une taxe excédant le maximum fixé par ledit tarif général.

Art. 9. Sont exécutoires, dans les conditions déterminées par l'article 18 de la loi du 18 juillet 1837, les délibérations prises par les conseils municipaux, concernant :

1° La suppression ou la diminution des taxes d'octroi ;

2° La prorogation des taxes principales d'octroi pour cinq ans au plus ;

3° L'augmentation des taxes jusqu'à concurrence d'un décime, pour cinq ans au plus,

Sous la condition toutefois qu'aucune des taxes ainsi maintenues ou modifiées n'excédera le maximum déterminé dans un tarif général qui sera établi, après avis des conseils généraux, par un règlement d'administration publique, ou qu'aucune desdites taxes ne portera sur des objets non compris dans ce tarif.

En cas de désaccord entre le maire et le conseil municipal, la délibération ne sera exécutoire qu'après approbation du préfet.

Art. 10. Sont exécutoires, sur l'approbation du préfet, lesdites délibérations ayant pour but:

La prorogation des taxes additionnelles actuellement existantes;

L'augmentation des taxes principales au delà d'un décime,

Dans les limites du maximum des droits et de la nomenclature des objets fixés par le tarif général.

Art. 11. Les conseils municipaux délibèrent sur l'établissement des marchés d'approvisionnement dans leur commune.

Le paragraphe 3 de l'article 6 et le paragraphe 3 de l'article 41 de la loi du 10 mai 1838 sont abrogés en ce qui concerne lesdits marchés.

Art. 12. Les délibérations des commissions administratives des hospices, hôpitaux et autres établissements charitables communaux, concernant un emprunt, sont exécutoires en vertu d'un arrêté du préfet, sur avis conforme du conseil municipal, lorsque la somme à emprunter ne dépasse pas le chiffre des revenus ordinaires de l'établissement et que le remboursement doit être effectué dans un délai de douze années.

Si la somme à emprunter dépasse ledit chiffre, ou si le

délai de remboursement est supérieur à douze années, l'emprunt ne peut être autorisé que par un décret de l'Empereur.

Le décret d'autorisation est rendu dans la forme des règlements d'administration publique, si l'avis du conseil municipal est contraire ou s'il s'agit d'un établissement ayant plus de cent mille francs de revenus.

L'emprunt ne peut être autorisé que par une loi, lorsque la somme à emprunter dépasse cinq cent mille francs, ou lorsque ladite somme, réunie au chiffre d'autres emprunts non encore remboursés, dépasse cinq cent mille francs.

Art. 13. Les changements dans la circonscription territoriale des communes faisant partie du même canton sont définitivement approuvés par les préfets, après accomplissement des formalités prévues au titre Ier de la loi du 18 juillet 1837, en cas de consentement des conseils municipaux et sur avis conforme du conseil général.

Si l'avis du conseil général est contraire, ou si les changements proposés dans les circonscriptions communales modifient la composition d'un département, d'un arrondissement ou d'un canton, il est statué par une loi.

Tous autres changements dans la circonscription territoriale des communes sont autorisés par des décrets rendus dans la forme des règlements d'administration publique.

Art. 14. La création des bureaux de bienfaisance est autorisée par les préfets, sur l'avis des conseils municipaux.

TITRE II.

DISPOSITIONS CONCERNANT LES VILLES AYANT TROIS MILLIONS DE REVENUS.

Art. 15. Les budgets des villes et des établissements

de bienfaisance ayant trois millions au moins de revenus sont soumis à l'approbation de l'Empereur, sur la proposition du ministre de l'intérieur.

Art. 16. Les traités à passer pour l'exécution, par entreprises, des travaux d'ouverture des nouvelles voies publiques et de tous autres travaux communaux déclarés d'utilité publique, dans lesdites villes, sont approuvés par décrets rendus en conseil d'Etat.

Il en est de même des traités portant concession, à titre exclusif ou pour une durée de plus de trente années, des grands services municipaux desdites villes, ainsi que des tarifs et traités relatifs aux pompes funèbres.

Art. 17. Les dispositions de la présente loi et celles de la loi du 18 juillet 1837 et du décret du 25 mars 1852, qui sont encore en vigueur, sont applicables à l'administration de la ville de Paris et de la ville de Lyon.

Les délibérations prises par les conseils municipaux desdites villes, sur les objets énumérés dans les articles 1er et 9 de la présente loi, ne sont exécutoires, en cas de désaccord entre le préfet et le conseil municipal, qu'en vertu d'une approbation donnée par décret impérial.

Aucune imposition extraordinaire ne peut être établie dans ces villes, aucun emprunt ne peut être contracté par elles, sans qu'elles y soient autorisées par une loi.

Il n'est pas dérogé aux dispositions spéciales concernant l'organisation des administrations de l'assistance publique, du mont-de-piété et de l'octroi de Paris.

TITRE III.

RENOUVELLEMENT DES CONSEILS MUNICIPAUX.

Art. 18. A l'avenir, les conseils municipaux seront élus pour sept ans.

TITRE IV.

DISPOSITIONS DIVERSES.

Art. 19. Dans le cas où une commune sera divisée en sections pour l'élection des conseillers municipaux, conformément à l'article 7 de la loi du 5 mai 1855, la réunion des électeurs ne pourra avoir lieu avant le dixième jour, à compter de l'arrêté du préfet.

Art. 20. Les gardes champêtres sont chargés de rechercher, chacun dans le territoire pour lequel il est assermenté, les contraventions aux règlements de police municipale. Ils dressent des procès-verbaux pour constater ces contraventions.

Art. 21. Nul ne peut être maire ou adjoint dans une commune et conseiller municipal dans une autre commune.

Art. 22. La commission nommée en cas de dissolution d'un conseil municipal, conformément à l'article 13 de la loi du 5 mai 1855, peut être maintenue en fonctions pendant trois ans.

Art. 23. L'article 50 de la loi du 5 mai 1855 est abrogé.

Toutefois, dans les villes chefs-lieux de département ayant plus de quarante mille âmes de population, l'organisation du personnel chargé des services de la police est réglée, sur l'avis du conseil municipal, par un décret impérial, le Conseil d'Etat entendu.

Les inspecteurs de police, les brigadiers, sous-brigadiers et agents de police sont nommés par le préfet, sur la présentation du maire.

Si un conseil municipal n'allouait pas les fonds exigés pour la dépense, ou n'allouait qu'une somme insuffisante, l'allocation nécessaire serait inscrite au budget par décret impérial, le Conseil d'Etat entendu.

Art. 24. Toutes les dispositions de lois antérieures demeurent abrogées en ce qu'elles ont de contraire à la présente loi.

Loi relative aux élections municipales.

Du 14 avril 1871.

Art. 1er. Immédiatement après la publication de la présente loi, les commissions municipales, les présidents des commissions, les maires et les adjoints en exercice et choisis en dehors du conseil municipal cesseront leurs fonctions. Provisoirement et jusqu'à l'installation des nouveaux conseils municipaux, les fonctions de maire, d'adjoints, de présidents des bureaux électoraux dans les communes administrées par des commissions municipales ou par des maires et adjoints pris en dehors du conseil municipal, seront remplies par les membres des derniers conseils municipaux élus, en suivant l'ordre d'inscription sur le tableau.

Seront considérés comme derniers conseils municipaux élus ceux qui ont été nommés à l'élection du 25 septembre 1870, ou depuis, et qui seront encore en exercice au moment de la publication de la présente loi.

Art. 2. Dans le plus bref délai après la promulgation de la présente loi, le Gouvernement convoquera les électeurs dans toutes les communes pour procéder au renouvellement intégral des conseils municipaux.

Art. 3. Les élections auront lieu au scrutin de liste pour toute la commune. Néanmoins, la commune pourra être divisée en sections, dont chacune élira un nombre de conseillers proportionné au chiffre de la population. En aucun cas, ce fractionnement ne pourra être fait de manière qu'une section ait à élire moins de deux conseillers. Le fractionnement sera fait par le conseil général, sur l'initiative soit du préfet, soit d'un membre du conseil général, ou enfin du conseil municipal de la commune intéressée. Chaque année, dans sa session ordinaire, le conseil général procédera, par un travail d'ensemble comprenant toutes les communes du département, à la révision des sections, et en dressera un tableau qui sera permanent pour les élections municipales à faire dans l'année. En attendant qu'il ait été procédé à la réélection des conseils généraux, la division en sections sera faite par arrêté du préfet.

Art. 4. Sont électeurs tous les citoyens français âgés de vingt et un ans accomplis, jouissant de leurs droits civils et politiques, n'étant dans aucun cas d'incapacité prévu par la loi et de plus ayant, depuis une année au moins, leur domicile réel dans la commune.

Sont éligibles au conseil municipal d'une commune tous les électeurs âgés de vingt-cinq ans, réunissant les conditions prévues par le paragraphe précédent, sauf les cas d'incapacité et d'incompatibilité prévus par les lois en vigueur et l'article 5 de la présente loi.

Toutefois, il pourra être nommé au conseil municipal d'une commune, sans la condition de domicile, un quart des membres qui le composeront, à la condition, par les élus non domiciliés, de payer dans ladite commune une des quatre contributions directes.

Art. 5. Ne pourront être élus membres des conseils municipaux :

1° Les juges de paix titulaires, dans les cantons où ils exercent leurs fonctions ;

2° Les membres amovibles des tribunaux de première instance, dans les communes de leur arrondissement.

Art. 6. Dans les trois jours qui suivront la publication de la présente loi, les listes spéciales aux élections municipales seront dressées dans toutes les communes. Les réclamations seront reçues pendant trois jours après l'expiration du délai précédent et jugées, dans les trois jours qui suivront, par une commission composée de trois conseillers, en suivant l'ordre d'inscription sur le tableau, sauf l'appel au juge de paix et le pourvoi en cassation, qui suivront leur cours sans que les opérations électorales puissent être retardées.

Art. 7. Dans toutes les communes, quelle que soit leur population, le scrutin ne durera qu'un jour. Il sera ouvert et clos le dimanche.

Le dépouillement en sera fait immédiatement.

Art. 8. Les conseils municipaux nommés resteront en fonctions jusqu'à la promulgation de la loi organique sur les municipalités. Néanmoins, la durée de ces fonctions ne pourra excéder trois ans. Dans l'intervalle, on ne procédera à de nouvelles élections que si le nombre des conseillers avait été réduit de plus d'un quart. Toutefois, dans les communes divisées en sections ou arrondissements, il y aura toujours lieu à faire des élections partielles toutes les fois que, par suite de décès ou perte des droits politiques, la section n'aurait plus aucun représentant dans le conseil.

Art. 9. Le conseil municipal élira le maire et les adjoints parmi ses membres, au scrutin secret et à la majorité absolue. Si, après deux scrutins, aucun candidat n'a obtenu la majorité, il sera procédé à un tour de ballottage entre les deux candidats qui ont obtenu le plus de suffrages. En cas d'égalité de suffrages, le plus âgé sera nommé.

Les maires et les adjoints ainsi nommés seront révocables par décret.

Les maires et les adjoints destitués ne seront pas rééligibles pendant une année.

La nomination des maires et adjoints aura lieu provisoirement par décret du Gouvernement dans les villes de plus de vingt mille âmes et dans les chefs-lieux de département et d'arrondissement, quelle qu'en soit la population. Les maires seront pris dans le conseil municipal.

Avant de procéder à la nomination des maires, il sera pourvu aux vacances existant dans le conseil municipal.

Art. 10. Les vingt arrondissements de la ville de Paris nomment chacun quatre membres du conseil municipal. Ces quatre membres seront élus par scrutin individuel à la majorité absolue, à raison d'un membre par quartier.

Art. 11. Le conseil municipal de Paris tiendra, comme les conseils des autres communes, quatre sessions ordinaires, dont la durée ne pourra pas excéder dix jours, sauf la session ordinaire où le budget ordinaire sera discuté et qui pourra durer six semaines.

Art. 12. Au commencement de chaque session ordinaire, le conseil nommera au scrutin secret et à la majorité son président, ses vice-présidents et ses secrétaires. Pour les sessions extraordinaires qui seront tenues dans l'intervalle, on maintiendra le bureau de la dernière session ordinaire.

Art. 13. Le préfet de la Seine et le préfet de police ont entrée au conseil.

Ils sont entendus toutes les fois qu'ils le demandent.

Art. 14. Le conseil municipal de Paris ne pourra s'occuper, à peine de nullité de ses délibérations, que des matières d'administration communale, telles qu'elles sont déterminées par les lois en vigueur sur les attributions municipales. En cas d'infraction, l'annulation sera prononcée par décret du Chef du Pouvoir exécutif.

Art. 15. Les incapacités et les incompatibilités établies par l'article 5 de la loi du 22 juin 1833, sur les conseils généraux, sont applicables aux conseillers municipaux de Paris, indépendamment de celles qui sont établies par la loi en vigueur sur l'organisation municipale.

Art. 16. Il y a un maire et trois adjoints pour chacun des vingt arrondissements de Paris. Ils sont choisis par le Chef du pouvoir exécutif de la République. Les maires d'arrondissement n'auront d'autres attributions que celles qui leur sont expressément conférées par des lois spéciales.

Art. 17. Il y a incompatibilité entre les fonctions de maire ou d'adjoint d'arrondissement et celles de conseiller municipal de la ville de Paris.

Art. 18. Provisoirement, et en attendant que l'Assemblée nationale ait statué sur ces matières, continueront à être observées les lois actuellement en vigueur sur l'organisation et les attributions municipales dans celles de leurs dispositions qui ne sont pas contraires à la présente loi.

Art. 19. Les fonctions de maire, d'adjoints et conseillers municipaux sont essentiellement gratuites.

Art. 20. Les décrets des 27 décembre 1866 et 16 janvier 1867 restent en vigueur pour l'Algérie.

Loi relative à l'électorat municipal.
Du 7 juillet 1874.

Art. 1er. A partir de la promulgation de la présente loi, une liste électorale relative aux élections municipales sera dressée dans chaque commune par une commission composée du maire, d'un délégué de l'administration désigné par le préfet et d'un délégué choisi par le conseil municipal.

Dans les communes qui auront été divisées en sections électorales, la liste sera dressée, dans chaque section, par une commission composée : 1° du maire ou adjoint ou d'un conseiller municipal dans l'ordre du tableau ; 2° d'un délégué de l'administration désigné par le préfet ; 3° d'un délégué choisi par le conseil municipal.

Lorsque la commune est divisée en plusieurs cantons, le sectionnement devra être opéré de telle sorte qu'une section électorale ne puisse comprendre des portions de territoires appartenant à plusieurs cantons.

A Paris et à Lyon, la liste sera dressée, dans chaque quartier ou section, par une commission composée du maire de l'arrondissement ou d'un adjoint délégué, du conseiller municipal élu dans le quartier ou la section et d'un électeur désigné par le préfet du département.

Il sera dressé, en outre, d'après les listes spéciales à chaque section ou quartier, une liste générale des électeurs de la commune, par ordre alphabétique.

A Paris et à Lyon, cette liste sera dressée par arrondissement.

Art. 2. Les listes seront déposées au secrétariat de la mairie, communiquées et publiées conformément à l'article 2 du décret réglementaire du 2 février 1852.

Les demandes en inscription ou en radiation devront être formées dans le délai de vingt jours, à partir de la publication des listes ; elles seront soumises aux commissions indiquées dans l'article 1er, auxquelles seront adjoints deux autres délégués du conseil municipal.

A Paris et à Lyon, deux électeurs domiciliés dans le quartier ou la section et nommés, avant tout travail de révision, par la commission instituée en l'article 1er, seront adjoints à cette commission.

Art. 3. L'appel des décisions de ces commissions sera porté devant le juge de paix, qui statuera conformément aux dispositions du décret organique du 2 février 1852.

Art. 4. L'électeur qui aura été l'objet d'une radiation d'office de la part des commissions désignées à l'article 1er, ou dont l'inscription aura été contestée devant lesdites commissions, sera averti sans frais par le maire et pourra présenter ses observations.

Notification de la décision des commissions sera, dans les trois jours, faite aux parties intéressées, par écrit et à domicile, par les soins de l'administration municipale; elles pourront interjeter appel dans les cinq jours de la notification.

Les listes électorales seront réunies en un registre et conservées dans les archives de la commune.

Tout électeur pourra prendre communication et copie de la liste électorale.

Art. 5. Sont inscrits sur la liste des électeurs municipaux tous les citoyens âgés de vingt et un ans, jouissant de leurs droits civils et politiques et n'étant dans aucun cas d'incapacité prévu par la loi :

1° Qui sont nés dans la commune ou qui y ont satisfait à la loi du recrutement, et, s'ils n'y ont pas conservé leur résidence, sont venus s'y établir de nouveau depuis six mois au moins ;

2° Qui, même n'étant pas nés dans la commune, y auront été inscrits depuis un an au rôle d'une des quatre contributions directes ou au rôle des prestations en nature, et, s'ils ne résident pas dans la commune, auront déclaré vouloir y exercer leurs droits électoraux. Seront également inscrits, aux termes du présent paragraphe, les membres de la famille des mêmes électeurs compris dans la cote de la prestation en nature, alors même qu'ils n'y sont pas personnellement portés, et les habitants qui, en raison de leur âge ou de leur santé, auront cessé d'être soumis à cet impôt;

3° Qui se sont mariés dans la commune et justifieront qu'ils y résident depuis un an au moins ;

4° Qui, ne se trouvant pas dans un des cas ci-dessus, demanderont à être inscrits sur la liste électorale et justifieront d'une résidence de deux années consécutives dans la commune. Ils devront déclarer le lieu et la date de leur naissance.

Tout électeur inscrit sur la liste électorale pourra réclamer la radiation ou l'inscription d'un individu omis ou indûment inscrit ;

5° Qui, en vertu de l'article 2 du traité de paix du 10 août 1871, ont opté pour la nationalité française et déclaré fixer leur résidence dans la commune, conformément à la loi du 19 juin 1871 ;

6° Qui sont assujettis à une résidence obligatoire dans la commune en qualité soit de ministres des cultes reconnus par l'État, soit de fonctionnaires publics.

Seront également inscrits les citoyens qui, ne remplissant pas les conditions d'âge et de résidence ci-dessus indiquées lors de la formation des listes, les rempliront avant la clôture définitive.

L'absence de la commune résultant du service militaire ne portera aucune atteinte aux règles ci-dessus édictées pour l'inscription sur les listes électorales.

Art. 6. Ceux qui, à l'aide de déclarations frauduleuses ou de faux certificats, se seront fait inscrire ou auront tenté de se faire inscrire indûment sur une liste électorale ; ceux qui, à l'aide des mêmes moyens, auront fait inscrire ou rayer indûment un citoyen, et les complices de ces délits, seront passibles d'un emprisonnement de six jours à un an et d'une amende de cinquante à cinq cents francs (50 à 500 fr.).

Les coupables pourront, en outre, être privés pendant deux ans de l'exercice de leurs droits civiques.

L'article 463 du Code pénal est dans tous les cas applicable.

Art. 7. Les dispositions des lois antérieures ne sont abrogées qu'en ce qu'elles ont de contraire à la présente loi.

Art. 8. Pour l'année 1874, les listes seront dressées immédiatement après la promulgation de la présente loi, et les délais déterminés par les décrets du 2 février 1852 se-sont observés.

ASSISTANCE PUBLIQUE

Loi sur l'organisation de l'Assistance publique à Paris.
Du 10 janvier 1849.

DE L'ORGANISATION DE L'ASSISTANCE PUBLIQUE A PARIS.

Art. 1er. L'administration générale de l'assistance publique à Paris comprend le service des secours à domicile et le service des hôpitaux et hospices civils.

Cette administration est placée sous l'autorité du préfet de la Seine et du ministre de l'intérieur; elle est confiée à un directeur responsable, sous la surveillance d'un conseil dont les attributions sont ci-après déterminées.

Art. 2. Le directeur est nommé par le ministre de l'intérieur sur la proposition du préfet de la Seine.

Art. 3. Le directeur exerce son autorité sur les services intérieurs et extérieurs.

Il prépare les budgets, ordonnance toutes les dépenses et présente le compte de son administration.

Il représente les établissements hospitaliers et de secours, élit domicile en justice, soit en demandant, soit en défendant.

Il a la tutelle des enfants trouvés, abandonnés et orphelins, et aussi celle des aliénés.

Art. 4. Les comptes et budgets sont examinés, réglés et

approuvés conformément aux dispositions de la loi du 18 juillet 1837 sur les attributions municipales.

Art. 5. Le conseil de surveillance est appelé à donner son avis sur les objets ci-après énoncés :

1° Les budgets, les comptes, et en général toutes les recettes et dépenses des établissements hospitaliers et de secours à domicile ;

2° Les acquisitions, échanges, ventes de propriétés, et tout ce qui intéresse leur conservation et leur amélioration ;

3° Les conditions des baux à ferme ou à loyer, des biens affermés ou loués par ces établissements ou pour leur compte ;

4° Les projets de travaux neufs, de grosses réparations ou de démolitions ;

5° Les cahiers des charges des adjudications et exécution des conditions qui y sont insérées ;

6° L'acceptation ou la répudiation des dons et legs faits aux établissements hospitaliers et de secours à domicile ;

7° Les placements de fonds et les emprunts ;

8° Les actions judiciaires et les transactions ;

9° La comptabilité tant en deniers qu'en matières ;

10° Les règlements de service intérieur des établissements et du service de santé, et l'observation desdits règlements ;

11° Toutes les questions de discipline concernant les médecins, chirurgiens et pharmaciens ;

12° Toutes les communications qui lui seraient faites par l'autorité supérieure et par le directeur.

Les membres du conseil de surveillance visiteront les établissements hospitaliers et de secours à domicile aussi souvent que le conseil le jugera nécessaire.

Art. 6. Les médecins, chirurgiens et pharmaciens des

hôpitaux et hospices sont nommés au concours. Leur nomination est soumise à l'approbation du ministre de l'intérieur. Ils ne peuvent être révoqués que par le même ministre, sur l'avis du conseil de surveillance et sur la proposition du préfet de la Seine.

Art. 7. Les médecins et chirurgiens attachés au service des secours à domicile sont également nommés au concours ou par l'élection de leurs confrères : ils sont institués par le ministre de l'intérieur. Ils peuvent être révoqués par le même ministre, sur l'avis du conseil de surveillance.

Art. 8. Un règlement d'administration publique déterminera la composition du conseil de surveillance de l'administration générale, et l'organisation de l'assistance à domicile.

Art. 9. Les dispositions des lois antérieures sont abrogées en ce qu'elles auraient de contraire à la présente loi.

Arrêté qui détermine la composition du Conseil de surveillance de l'Administration de l'Assistance publique à Paris.

Du 24 avril 1849.

LE PRÉSIDENT DE LA RÉPUBLIQUE,

Sur le rapport du ministre de l'intérieur,

Vu la loi du 10 janvier 1849 sur l'organisation de l'assistance publique à Paris, et notamment l'article 8, lequel porte qu'un règlement d'administration publique déterminera la composition du conseil de surveillance de l'administration de l'assistance publique et l'organisation de l'assistance à domicile ;

Le Conseil d'Etat entendu,

Arrête :

DU CONSEIL DE SURVEILLANCE.

Art. 1er. Le conseil de surveillance institué par la loi du 10 janvier 1849, relative à l'assistance publique à Paris, est composé ainsi qu'il suit :

Le préfet de la Seine, président ;
Le préfet de police ;
Deux membres du conseil municipal ;
Deux maires ou adjoints ;
Deux administrateurs des comités d'assistance des arrondissements municipaux ;
Un conseiller d'Etat ou un maître des requêtes au Conseil d'Etat ;
Un membre de la Cour de cassation ;
Un médecin des hôpitaux et hospices, en exercice ;
Un chirurgien des hôpitaux et hospices, en exercice ;
Un professeur de la Faculté de médecine ;
Un membre de la chambre de commerce ;
Un membre d'un des conseils des prud'hommes ;
Cinq membres pris en dehors des catégories indiquées ci-dessus.

Art. 2. Les membres du conseil de surveillance autres que les préfets de la Seine et de police sont nommés par le Président de la République, sur la proposition du ministre de l'intérieur.

A cet effet, pour chaque nomination, il est adressé au ministre de l'intérieur une liste de candidats.

Ces listes, à l'exception de celle présentée par les conseils des prud'hommes, devront porter trois noms.

Les listes sont établies, savoir :

Par le Conseil municipal..........
Le Conseil d'État................
La Cour de cassation.............. } Pour les candidats à présenter par chacun de ces corps.
La Faculté de médecine ....
La Chambre de commerce..........

Par la réunion des médecins des hôpitaux et hospices en exercice....	Pour le médecin appelé à faire partie du Conseil.
Par la réunion des chirurgiens des hôpitaux et hospices en exercice..	Pour le chirurgien appelé à faire partie du Conseil.
Par les conseils des prud'hommes présentant chacun un candidat........	Pour le prud'homme appelé à faire partie du Conseil.
Par le préfet	Pour les candidats à choisir parmi les maires, les administrateurs des comités d'assistance, les membres pris en dehors de ces diverses catégories.

Art. 3. Les membres du conseil, à l'exception des deux préfets, sont renouvelés par tiers tous les deux ans.

Le renouvellement des deux premiers tiers a lieu par la voie du sort.

Le membre qui sera nommé par suite de vacance, provenant de décès ou de toute autre cause, sortira du conseil au moment où serait sorti le membre qu'il aura remplacé.

Les membres sortants sont rééligibles.

Art. 4. Le conseil est présidé par le préfet de la Seine, et, à son défaut, par un vice-président choisi par le conseil dans son sein et élu tous les ans.

En cas de partage, la voix du président est prépondérante.

Le secrétaire général de l'administration remplit les fonctions de secrétaire du conseil.

Le préfet convoque le conseil au moins une fois tous les quinze jours.

Le conseil se réunit plus souvent, s'il y a lieu, sur la convocation du préfet.

Art. 5. Le directeur de l'administration de l'assistance publique a droit d'assister aux séances du conseil de surveillance.

Art. 6. Le directeur a sous ses ordres tout le personnel de l'administration centrale, de l'inspection et celui des établissements.

Les employés de tout grade, tant de l'administration centrale et de l'inspection que des établissements, ayant droit à une pension de retraite, les architectes et inspecteurs des travaux, les préposés et médecins du service des enfants trouvés, sont nommés par le préfet, sur une liste de trois candidats présentés par le directeur.

Le directeur nomme les surveillants et gens de service. Les révocations sont prononcées par l'autorité qui a nommé aux emplois.

Art. 7. Le ministre de l'intérieur est chargé de l'exécution du présent arrêté, qui sera inséré au *Bulletin des lois*.

Fait à Paris, à l'Élysée-National, le 24 avril 1849.

Signé LOUIS-NAPOLÉON BONAPARTE.

Le Ministre de l'intérieur,
Signé LÉON FAUCHER.

Décret qui réorganise l'Administration de l'Assistance publique à Paris et dans le département de la Seine.

Du 29 septembre 1870.

LE GOUVERNEMENT DE LA DÉFENSE NATIONALE,

Considérant qu'il importe de réorganiser l'administration de l'assistance publique à Paris et dans le département de la Seine sur la base d'un contrôle sérieux, en restituant aux représentants de la science et des intérêts municipaux leur légitime influence,

DÉCRÈTE :

Art. 1er. La direction générale de l'assistance publique est supprimée.

Art. 2. Le service des secours à domicile est exclusivement confié à l'autorité municipale.

Art. 3. Le service des hôpitaux et hospices civils constitue une administration distincte placée sous l'autorité d'un conseil d'administration qui prendra le titre de *Conseil général des hospices du département de la Seine*.

Art. 4. Le conseil général des hospices a la direction des hôpitaux et hospices civils du département de la Seine et l'administration de leurs biens; il fixe, sous l'approbation du ministre de l'intérieur, les recettes et dépenses de tous genres; il représente en justice les établissements hospitaliers; il a la tutelle des enfants trouvés, abandonnés et orphelins et la tutelle des aliénés; il règle, par des arrêtés soumis à l'approbation du ministre de l'intérieur, tout ce qui concerne le service des hospices et la gestion de leurs revenus.

Art. 5. Un agent général des hospices est chargé de l'exécution des arrêtés du conseil général.

Il est nommé par le ministre de l'intérieur, sur une liste de présentation de trois candidats désignés par le conseil.

Art. 6. L'agent général nomme et révoque les employés simples gagistes. Tous les autres fonctionnaires sont nommés sur la présentation du conseil général.

Art. 7. Le conseil général des hospices nomme son président, deux vice-présidents et un secrétaire, à la majorité absolue des suffrages.

Art. 8. Le conseil général des hospices est ainsi composé :

MM.

Étienne Arago, maire de Paris; *Henri Martin*, maire du 16e arrondissement de Paris; *Carnot*, maire du 8e arrondissement de Paris; *Ranc*, maire du 9e arrondissement de

Paris ; *Brisson,* adjoint au maire de Paris ; *Robinet,* adjoint au maire du 6ᵉ arrondissement ; *Axenfeld, Millard, Trélat,* père, *Potain, Siredey,* médecins des hôpitaux ; *Broca, Lefort, Verneuil, Laugier,* chirurgiens des hôpitaux ; *Wurtz,* doyen de la faculté de médecine ; *Gavarret,* professeur à l'école de médecine ; *Bussy,* directeur de l'école supérieure de pharmacie ; *Paul Fabre,* procureur général à la cour de cassation ; *Leblond,* procureur général à la cour d'appel de Paris ; *Péan de Saint-Gilles,* notaire à Paris ; *Baraguet,* membre du conseil des prud'hommes ; *Diéterle,* membre du conseil des prud'hommes ; *Edmond Adam,* ancien conseiller d'Etat de la République ; *Laurent Pichat,* publiciste ; *André Cochut,* publiciste ; *Bertillon,* président du comité d'hygiène du 5ᵉ arrondissement.

Art. 9. Le conseil général des hospices a mission de préparer, dans le plus bref délai, un projet d'organisation définitive, dont le principe électif sera la base.

Art. 10. Le membre du Gouvernement délégué près l'administration du département de la Seine est chargé de l'exécution du présent décret.

Fait à l'hôtel de ville de Paris, le 29 septembre 1870.

Signé Général Trochu, Jules Favre, Emmanuel Arago, Jules Ferry, Gambetta, Garnier-Pagès, Pelletan, E. Picard, Rochefort, Jules Simon.

Arrêté concernant l'organisation de l'Administration générale de l'Assistance publique à Paris.

Du 25 juin 1871.

Le Président du Conseil, Chef du pouvoir exécutif de la République française,

Sur le rapport du ministre secrétaire d'État au département de l'intérieur,

Vu la loi du 10 janvier 1849, portant organisation de l'administration générale de l'assistance publique à Paris, et l'arrêté du Président de la République, en date du 24 avril suivant, rendu en vertu de l'article 8 de ladite loi ;

Vu les décrets du Gouvernement de la défense nationale, en date des 29 septembre 1870 et 18 février 1871 ;

Considérant qu'il y a lieu de prendre des mesures immédiates pour donner aux divers services de l'assistance publique toute l'impulsion dont ils sont susceptibles,

ARRÊTE :

Art. 1er. En attendant qu'il ait été pourvu, s'il y a lieu, au moyen de dispositions législatives, à la modification de la loi organique du 10 janvier 1849, l'administration générale de l'assistance publique sera régie d'après les prescriptions de cette loi.

Le conseil de surveillance formé en vertu de l'article 1er de la loi précitée, tel qu'il existait au 4 septembre dernier, est dissous ; il sera procédé sans délai à une nouvelle élection des membres qui doivent le composer.

Les décrets des 29 septembre 1870 et 18 février 1871 sont rapportés.

Art. 2. Le ministre de l'intérieur est chargé de l'exécution du présent arrêté.

Fait à Versailles, le 25 Juin 1871.

Signé A. THIERS.

Pour le Ministre de l'intérieur :
Le Sous-Secrétaire d'État,
Signé A. CALMON.

Loi relative aux Commissions administratives des bureaux de bienfaisance. (*Extrait.*)

Du 21 mai 1873.

. . . .

Art. 11. Les décrets des 29 septembre 1870 et 18 février 1871, relatifs à l'administration de l'assistance publique à Paris, sont rapportés.

Cette administration sera provisoirement régie par les prescriptions de la loi du 10 janvier 1849 et du décret réglementaire du 24 avril suivant, rendu en exécution de cette loi.

MONT-DE-PIÉTÉ

Décret impérial contenant règlement sur l'organisation et les opérations du Mont-de-Piété de Paris.

Du 8 thermidor an XIII.

NAPOLÉON, EMPEREUR DES FRANÇAIS ET ROI D'ITALIE,

Sur le rapport de notre ministre de l'intérieur, notre Conseil d'État entendu ;

AVONS DÉCRÉTÉ et DÉCRÉTONS ce qui suit :

Art. 1er. Le remboursement des actions du mont-de-piété sera fait sans délai.

Art. 2. Le mont-de-piété de Paris sera désormais régi et gouverné, sous l'autorité du ministre de l'intérieur et celle interposée du préfet du département de la Seine, par le conseil d'administration créé en vertu du décret du 24 messidor an XII, suivant et d'après le règlement annexé au présent décret.

Art. 3. Les délibérations du conseil sur les diverses parties d'administration et régie de l'établissement seront soumises au ministre de l'intérieur par le préfet du département.

Art. 4. Notre ministre de l'intérieur est chargé de l'exécution du présent décret.

Signé NAPOLÉON.

Par l'Empereur :

Le Secrétaire d'État,

Signé Hugues B. Maret.

Règlement général sur l'organisation et les opérations du Mont-de-Piété de Paris.

TITRE PREMIER.

Organisation.

CHAPITRE PREMIER.

RÉGIE GÉNÉRALE.

Art. 1er. L'établissement du mont-de-piété de Paris se composera du chef-lieu de cet établissement et de ses succursales.

Art. 2. Le chef-lieu établi dans les bâtiments des hospices civils, rue des Blancs-Manteaux, sera le point central de toutes les opérations du mont-de-piété.

Art. 3. Les succursales seront des bureaux et magasins particuliers situés hors de l'enceinte de l'établissement central, dont ils dépendront, et distribués sur les divers points de Paris où ils seront jugés nécessaires.

Art. 4. Le conseil d'administration établi par le décret impérial du 24 messidor an XII, statuera, sauf la confirmation du ministre de l'intérieur, et sur l'avis des préfets de département et de police, sur le nombre et le placement de ces succursales ; il ne pourra néanmoins en porter le nombre au delà de six, sans une autorisation spéciale du Gouvernement.

Art. 5. La régie générale du mont-de-piété sera exercée, sous la surveillance du conseil d'administration et l'autorité du ministre de l'intérieur et du préfet de la Seine, par un directeur général ayant sous ses ordres les divers agents en chef, agents secondaires et employés nécessaires au service de l'administration, tant dans le chef-lieu que dans les succusales :

1° En qualité d'agents en chef : au chef-lieu, les gardes-magasins, le caissier général, le contrôleur de la caisse, le garde du dépôt des ventes ;

2° Dans chaque succursale, le sous-directeur, le garde-magasin, le garde du dépôt des ventes ;

3° Les inspecteurs du mont de-piété et des succursales, et, pour l'ensemble de l'établissement, les commissaires-priseurs appréciateurs ;

4° En qualité d'agents secondaires, les caissiers particuliers, chefs, sous-chefs et commis des bureaux, et autres préposés de l'établissement, tant au chef-lieu que dans les succursales ;

5° Les employés et gens de service attachés aux diverses parties de l'établissement.

Art. 6. Le directeur général, les sous-directeurs, le caissier général et le contrôleur de la caisse seront nommés par le ministre de l'intérieur sur la présentation du préfet du département.

Tous les autres agents, préposés ou employés désignés en l'article précédent, seront nommés par le préfet du département, après présentation de la part du conseil d'administration, à l'exception néanmoins des appréciateurs, dont la forme de présentation sera particulièrement réglée par le chapitre IV du présent titre.

CHAPITRE II.

FONCTIONS DU DIRECTEUR GÉNÉRAL.

Art. 7. Le directeur général sera chargé, en cette qualité, et sous sa responsabilité personnelle, de la surveillance et de la police des diverses parties de l'établissement, de la surveillance particulière des bureaux et de leur organisation, d'après les bases adoptées par le conseil ; enfin, de l'exécution et du maintien des lois, des règlements généraux ou décisions particulières, émanés du ministre de l'intérieur, du préfet du département, du conseil d'administration, concernant la régie du mont-de-piété.

Art. 8. Il sera comptable, tant en recette qu'en dépense, du produit desdites opérations.

Art. 9. Chaque mois, il présentera à l'examen du conseil un bordereau de ce produit, contenant avec l'indication particulière des opérations du mois, celle de la situation générale de l'établissement. Une copie de ces bordereaux sera transmise au ministre, et une au préfet du département.

Art. 10. A la fin de chaque année, il présentera de même à l'examen du conseil, et dans la forme prescrite par l'article 6 du décret impérial du 24 messidor an XII, le compte général des opérations de l'année, lequel sera reçu par un président des sections du Conseil d'État et quatre conseillers, soumis à la sanction de Sa Majesté, et déposé au secrétariat général du conseil, selon l'article 6 du décret du 24 messidor.

Art. 11. Dans le dernier mois de chaque exercice, le

directeur sera tenu de présenter au conseil le projet des dépenses administratives à faire pendant l'exercice suivant.

Art. 12. Ces dépenses se composeront notamment des loyers et réparations de bâtiments ;

Des contributions dues sur ceux des bâtiments dont le mont-de-piété est propriétaire ;

Des frais de bureaux, fournitures de bois, lumières, etc.

Art. 13. Le conseil réglera, avant l'ouverture du nouvel exercice, l'état de proposition présenté par le directeur ; il sera transmis au préfet du département, pour être remis au ministre et soumis à son approbation.

Art. 14. Les dépenses ainsi réglées ne pourront être outre-passées, ni d'autres dépenses non prévues être exécutées pendant le cours de l'exercice, sans une autorisation spéciale du conseil, confirmée par le ministre, sur l'avis du préfet.

CHAPITRE III.

FONCTIONS DES DIVERS AGENTS, PRÉPOSÉS OU EMPLOYÉS.

§ 1. — *Des sous-directeurs.*

Art. 15. Les sous-directeurs des succursales représenteront, chacun dans sa succursale, le directeur général : ils y rempliront, sous ses ordres et sous son inspection, et chacun aussi relativement à sa division, les mêmes fonctions que celles dont le directeur sera chargé relativement à l'ensemble de l'établissement.

Art. 16. Le sous-directeur de succursale recevra de la caisse générale du chef-lieu les fonds nécessaires pour les prêts à effectuer dans la division, et demeurera personnellement responsable de la partie de ces fonds restant en dépôt dans sa caisse.

Art. 17. Il sera tenu d'adresser chaque jour, au directeur général, un bordereau des opérations faites dans sa succursale.

§ 2. — *Des gardes-magasins.*

Art. 18. Les gardes-magasins, tant du chef-lieu que des divisions supplémentaires, seront chargés, chacun dans sa partie, de la manutention et de l'inspection générale des magasins dont la garde leur sera confiée, et spécialement de la surveillance à exercer sur tous les employés à leurs ordres, ou autres ayant entrée dans lesdits magasins.

Art. 19. Ces préposés seront tenus de veiller soigneusement à la garde et à la conservation des effets déposés dans lesdits magasins, de manière à en empêcher la disparition, ou à prévenir leur dépérissement.

Art. 20. Ils seront particulièrement responsables, sur leur garantie personnelle, de tout objet d'une valeur au-dessus de mille francs, susceptible d'être mis sous clef dans les armoires à plusieurs serrures, placées dans ledit magasin pour le dépôt des nantissements précieux.

Art. 21. Ils tiendront, chacun pour son magasin particulier, un registre d'entrée et de sortie des nantissements.

§ 3. — *Du caissier général.*

Art. 22. Le caissier général sera chargé de faire toutes les recettes et d'acquitter toutes les dépenses de l'établissement, en se conformant, soit pour ses recettes, soit pour ses dépenses, soit enfin quant à la tenue des registres, aux ordres du directeur général, aux instructions données par le conseil, et aux lois ou aux règlements relatifs à la régie du mont-de-piété.

Art. 23. Le caissier général rendra compte de ses opérations au directeur général, à toutes réquisitions.

§ 4. — *Du contrôleur de la caisse.*

Art. 24. Le contrôleur de la caisse tiendra registre des recettes et des dépenses de l'établissement, et remettra chaque jour au directeur général l'état de situation de la caisse.

§ 5. — *Des gardes du dépôt des ventes.*

Art. 25. Les gardes du dépôt des ventes seront chargés de recevoir des gardes-magasins les nantissements à mettre en vente, d'en suivre l'adjudication, et de mettre en règle la comptabilité de leurs produits.

§ 6. — *Des inspecteurs du mont de piété et des succursales.*

Art. 26. Les inspecteurs du mont-de-piété et des succursales seront chargés en cette qualité de surveiller toutes les opérations, notamment des succursales, et de faire rapport au conseil directement des contraventions reconnues avoir été faites au règlement par les agents de l'administration ; comme aussi de faire toutes les vérifications, recherches et examens dont ils seront chargés par le ministre, les préfets de département et de police, et par le conseil d'administration.

Art. 27. Indépendamment des rapports particuliers nécessités par les circonstances, les inspecteurs des succursales rendront compte, chaque mois, au conseil, des résultats de leur surveillance sur lesdites succursales, et de leur situation quant à l'exécution et au maintien des règlements ; et ils seront admis, à cet effet, à la séance du conseil.

Art. 28. Ces inspecteurs seront au nombre de deux.

§ 7. — *Des caissiers particuliers et autres employés.*

Art. 29. Les fonctions et devoirs des caissiers particuliers, chefs, sous-chefs de bureau, commis et autres préposés ou employés, seront déterminés, sur la proposition du directeur général, par les règlements spéciaux d'ordre intérieur, de discipline et de travail.

CHAPITRE IV.

DES APPRÉCIATEURS.

Art. 30. Des commissaires-priseurs du département de la Seine seront attachés spécialement, sous le titre d'*appréciateurs*, à l'établissement du mont-de-piété.

Art. 31. Le nombre de ces appréciateurs sera proposé par le conseil d'administration, et fixé par le ministre de l'intérieur, sur l'avis du préfet du département.

Ils seront nommés par le ministre de l'intérieur, sur l'avis du préfet du département de la Seine, et sur la présentation de candidats en nombre triple, faite par la chambre des commissaires-priseurs.

Art. 32. Les appréciateurs seront chargés en cette qualité de faire l'appréciation des objets offerts en nantissement, tant au chef-lieu que dans les succursales.

Art. 33. Ils seront aussi chargés, en qualité de commissaires-priseurs, de procéder, lorsqu'il y aura lieu, aux ventes mobilières, dont les formalités sont indiquées ci-après, au titre II du présent règlement.

Art. 34. La compagnie des commissaires-priseurs sera garante envers l'administration, des suites de leurs estimations.

Art. 35. En conséquence, lorsqu'à défaut de dégagement il sera procédé à la vente d'un nantissement, si le produit de cette vente ne suffit pas pour rembourser au mont-de-piété le principal, les intérêts et droits à lui dus et par lui avancés sur la foi de l'estimation faite par les commissaires-priseurs, la compagnie des commissaires-priseurs sera tenue d'y pourvoir et de compléter la différence.

CHAPITRE V.

DES CAUTIONNEMENTS.

Art. 36. Le directeur général, les sous-directeurs, les gardes-magasins, le caissier général, les gardes du dépôt des ventes, les caissiers particuliers, les chefs de bureau, et même ceux des autres préposés et employés, tant du chef-lieu que des succursales du mont-de-piété, que le conseil d'administration jugera convenable d'y assujettir, seront tenus de fournir un cautionnement à titre de garantie de leur gestion ou de l'exercice de leur emploi.

Art. 37. Aux termes de l'article 11 du décret impérial du 24 messidor an XII, le taux des cautionnements à fournir en exécution de l'article précédent sera fixé par le conseil d'administration, sous l'approbation du ministre de l'intérieur.

Art. 38. Lesdits cautionnements seront payables en numéraire à la caisse générale du mont-de-piété, et porteront intérêt au profit de l'agent ou employé, au taux des emprunts de l'établissement.

Art. 39. Si, pendant la gestion d'un agent ou employé attaché à l'administration, il y a lieu d'attaquer son cautionnement pour cause de responsabilité, qui d'ailleurs n'entraîne pas destitution, cet agent ou employé sera tenu de rétablir ou de compléter ledit cautionnement au plus tard dans le délai de trois mois.

Art. 40. A défaut d'exécution dans les délais fixés par les articles précédents, des dispositions qui y sont prescrites, l'agent ou l'employé qui était tenu de s'y conformer, sera suspendu provisoirement de ses fonctions; et s'il ne remplit pas ses obligations dans le mois de cette suspension, il sera remplacé.

Art. 41. En cas d'oppositions formées entre les mains du directeur à des remboursements de cautionnements, les droits à exercer sur le montant de ces cautionnements, soit par l'administration, soit par les prêteurs de fonds, ou enfin par les créanciers particuliers des titulaires, se régleront conformément aux dispositions de la loi du 6 ventôse an XIII.

TITRE II.

Des opérations du Mont-de-Piété.

CHAPITRE PREMIER.

DISPOSITIONS GÉNÉRALES.

Art. 42. Les opérations du mont-de-piété consisteront dans le prêt sur nantissement, avec les fonds appartenant aux hospices, ou au moyen de l'emprunt des sommes nécessaires pour y subvenir en cas d'insuffisance du capital de l'établissement.

Art. 43. Tous les registres et papiers destinés à constater les opérations et les différents actes de régie du mont-de-piété, tant au chef-lieu que dans les divisions supplémentaires et les succursales, seront exempts du droit de timbre. Lesdits registres seront cotés et paraphés par un membre de l'administration.

Art. 44. Les fonds du mont-de-piété, soit qu'ils fassent

partie du capital de l'établissement, soit qu'ils proviennent d'emprunts, seront renfermés dans une caisse à trois serrures, dont les clefs seront remises, l'une au directeur général, une autre au caissier général, et la troisième au contrôleur de caisse.

Les sommes nécessaires pour le service courant ne pourront être extraites de cette caisse générale pour être remises dans les caisses particulières, qu'avec le concours des trois dépositaires des clefs.

Art. 45. Les emprunts qui pourront avoir lieu, ainsi qu'il est dit en l'article 42, seront faits sous hypothèque générale des biens dépendant de la dotation des hospices de Paris.

Les bâtiments du mont-de-piété, ensemble les capitaux versés dans la caisse de cet établissement par l'administration des hôpitaux, soit qu'ils proviennent du produit des aliénations autorisées par les lois, soit qu'ils fassent partie de quelques autres recettes extraordinaires de fonds leur appartenant, serviront également d'hypothèque et de garantie spéciale, tant pour les prêteurs que pour les propriétaires de nantissements.

CHAPITRE II.

DU PRÊT SUR NANTISSEMENT.

Section 1re. — Des dispositions générales relatives au Prêt sur nantissement.

§ 1. — *Du dépôt.*

Art. 46. Les prêts qui se feront par le mont-de-piété seront accordés sur engagements d'effets mobiliers, déposés dans les magasins de l'établissement, et préalablement estimés par les appréciateurs attachés audit établissement.

Art. 47. Nul ne sera admis à déposer des nantissements pour lui valoir prêt à la caisse du mont-de-piété, s'il n'est connu et domicilié, ou assisté d'un répondant connu et domicilié.

Art. 48. Tout déposant sera tenu de signer l'acte de dépôt de l'effet apporté pour nantissement.

Si le déposant est illettré, l'acte de dépôt sera signé par son répondant.

Seront exceptés de la formalité prescrite par le présent article, les actes des dépôts d'effets estimés au-dessous de vingt-quatre francs.

Art. 49. Lorsqu'il s'élèvera doute contre le déposant sur la légitime possession ou sur son droit de disposition des effets par lui apportés pour nantissement, il en sera rendu compte aussitôt au préfet de police. Le prêt demandé sera provisoirement suspendu, et les effets suspectés seront retenus au magasin jusqu'à ce qu'il en ait été autrement ordonné.

Art. 50. Lorsque le dépôt aura été jugé admissible, il sera procédé à l'estimation des effets déposés, et ensuite au règlement de la somme à prêter sur leur valeur, d'après les bases fixées par le paragraphe 3 du présent chapitre.

§ 2. — *De l'appréciation.*

Art. 51. L'appréciation des objets offerts en nantissement au mont-de-piété se fera, ainsi qu'il a été dit chapitre IV, titre Ier du présent règlement, par des commissaires-priseurs.

Art. 52. Il sera alloué aux commissaires-priseurs, pour vacations de prisée, un droit déterminé par la quotité sur le montant en principal du prêt fait en conséquence de leur estimation.

Art. 53. Ce droit se réglera au commencement de l'année, pour toute l'année, par le conseil d'administration.

Il ne pourra être porté au delà d'un demi-centime pour franc du principal du prêt.

Il s'emploiera dans la dépense comme frais de régie.

Le fixation du droit sera soumise à la confirmation du ministre, sur l'avis du préfet du département.

§ 3. — *Des conditions et formes du prêt.*

Art. 54. Les prêts du mont-de-piété seront accordés pour un an, sauf à l'emprunteur la faculté de dégager ses effets avant le terme, ou d'en renouveler l'engagement à l'échéance du terme, ainsi qu'il sera dit ultérieurement aux paragraphes 4 et 5 *des Renouvellements et des Dégagements.*

Art. 55. Tous les six mois le conseil d'administration réglera le taux des droits de prêt à payer par les emprunteurs, sauf la confirmation du ministre, sur l'avis du préfet du département, sans que le taux actuel puisse être augmenté.

Art. 56. Ce taux se composera, d'une part, de l'intérêt des sommes prêtées; d'autre part, des frais d'appréciation et de dépôt des nantissements et autres frais généraux de régie.

Art. 57. Dans les décomptes qui se feront pour chaque emprunteur, les droits de prêt se calculeront par demi-mois; la quinzaine commencée sera due en entier.

Art. 58. Le montant des sommes à prêter sera réglé, quant aux nantissements en vaisselle ou bijoux d'or et d'argent, aux quatre cinquièmes de leur valeur au poids, et quant à tous autres effets, aux deux tiers du prix de leur estimation.

Art. 59. La somme réglée sera comptée à l'emprunteur, et il lui sera délivré en même temps, sur papier non timbré, une reconnaissance du dépôt de l'effet engagé.

Art. 60. Cette reconnaissance sera au porteur ; elle contiendra la désignation du nantissement, la date et le montant du prêt.

Art. 61. En cas de perte de cette reconnaissance, l'emprunteur devra en faire aussitôt la déclaration au directeur général du mont-de-piété, qui sera tenu de recevoir et de faire inscrire ladite déclaration sur le registre d'engagement, en marge de l'article dont la reconnaissance sera adirée.

§ 4. — *Des renouvellements.*

Art. 62. A l'expiration de la durée du prêt, l'emprunteur pourra être admis à renouveler l'engagement des effets donnés en nantissement, et par ce moyen empêcher la vente.

Art. 63. Pour obtenir ce renouvellement, l'emprunteur sera tenu de payer d'abord les intérêts et droits dus au mont-de-piété à raison du premier prêt ; de consentir à ce que le nantissement soit soumis à une nouvelle appréciation ; enfin de se soumettre à payer le montant de la différence qui pourrait être trouvée, d'après cette nouvelle appréciation, entre la valeur actuelle du nantissement et celle qu'il avait à l'époque du premier prêt.

Art. 64. La nouvelle appréciation se fera dans la forme ordinaire par les commissaires-priseurs ; et l'emprunteur ayant ensuite acquitté, aux termes de l'article précédent, les intérêts et droits échus, et même, s'il y a lieu d'après ladite appréciation, la différence entre la valeur actuelle du nantissement et celle pour laquelle il avait été primitivement engagé, le renouvellement ou rengagement s'effectuera d'après la valeur actuelle du gage dans la même forme, aux mêmes termes, conditions et pour le même délai que le prêt primitif.

§ 5. — *Des dégagements et revendications.*

Art. 65. Lorsqu'à l'expiration du terme stipulé dans la reconnaissance de dépôt à lui remise au moment du prêt, ou même avant l'expiration, ou enfin après son expiration, la vente du gage n'ayant cependant pas encore été effectuée, l'emprunteur rapportera sa reconnaissance et réalisera à la caisse, tant en principal qu'intérêts et droits, la somme énoncée en ladite reconnaissance, les effets qui y sont pareillement énoncés lui seront remis dans le même état qu'ils étaient lors du dépôt.

Art. 66. S'il arrive que l'effet donné en nantissement soit perdu et ne puisse être rendu à son propriétaire, la valeur lui en sera payée au prix de l'estimation fixé lors du dépôt, et avec l'augmentation d'un quart en sus à titre d'indemnité.

Art. 67. Si l'effet donné en nantissement se trouve avoir été avarié, le propriétaire aura le droit de l'abandonner à l'établissement, moyennant le prix d'estimation fixé lors du dépôt ; si mieux il n'aime le reprendre dans l'état où il se trouve, et recevoir en indemnité, d'après estimation par deux des appréciateurs de l'établissement, le montant de la différence reconnue entre la valeur actuelle dudit effet et celle qui lui avait été assignée lors du dépôt.

Art. 68. L'emprunteur qui aura perdu sa reconnaissance ne pourra dégager le nantissement qui en était l'objet, avant l'échéance du terme fixé par l'engagement ; et lorsqu'à l'expiration de ce terme, ledit emprunteur sera admis, soit à retirer son nantissement, soit à recevoir le *boni* résultant de la vente qui en aura été faite, il sera tenu d'en donner décharge spéciale, avec cautionnement d'une personne domiciliée et reconnue solvable.

Art. 69. Les décharges spéciales requises dans les cas prévus par l'article précédent seront simplement inscrites sur le registre d'engagement, lorsqu'elles auront pour objet des effets d'une valeur au-dessous de cent francs, et seront données par acte notarié, s'il s'agit d'effets d'une valeur au-dessus de cette somme.

Art. 70. Lorsqu'un nantissement sur lequel il aura été accordé un prêt par le mont-de-piété, sera revendiqué pour cause de vol ou pour toute autre cause, le réclamant sera tenu, pour s'en faire accorder la remise.

1° De justifier dans les formes légales de son droit de propriété sur l'objet réclamé ;

2° De rembourser, tant en principal qu'intérêts et droits, la somme pour laquelle l'effet a été laissé en nantissement, sauf d'ailleurs au réclamant à exercer son recours, ainsi qu'il avisera, contre le déposant, l'emprunteur et le répondant ; le tout sans préjudice du recours contre le directeur ou autres employés en cas de fraude, dol ou négligence de l'exécution de l'article 47, et des règlements.

§ 6. — *Des ventes de nantissements.*

Art. 71. Les effets donnés en nantissement qui, à l'expiration du terme stipulé dans la reconnaissance délivrée à l'emprunteur, n'auront pas été dégagés, seront vendus pour le compte de l'administration jusqu'à concurrence de la somme qui lui sera due ; sauf, en cas d'excédant, à en faire état à l'emprunteur.

Art. 72. Dans aucun cas, et sous aucun prétexte, il ne pourra être exposé en vente au mont-de-piété des effets autres que des effets qui y auront été mis en nantissement dans les formes voulues par le présent règlement.

Art. 73. Les ventes se feront à la diligence du directeur général, d'après un rôle ou état sommaire par lui dressé des nantissements non dégagés, lequel état sera préalablement rendu exécutoire par le président du tribunal de première instance du département de la Seine, ou par l'un des juges du même tribunal à ce commis.

Art. 74. Lorsque des nantissements entièrement composés ou même seulement garnis d'or ou d'argent, se trouveront compris dans le rôle de vente dressé en exécution de l'article précédent, il en sera donné avis aux contrôleurs de la régie des droits de marque, en service pour le mont-de-piété, avec invitation de venir procéder à la vérification desdits nantissements.

Art. 75. Les contrôleurs de la régie se transporteront, à cet effet, au dépôt des ventes du mont-de-piété, et formeront, après cette vérification, l'état de ceux desdits nantissements d'or ou d'argent qui, n'étant pas revêtus de l'empreinte de garantie, ne pourront être délivrés qu'après l'avoir reçue ; sauf néanmoins l'exception dont il sera parlé ultérieurement, article 87 au présent paragraphe.

Art. 76. Les ventes au mont-de-piété seront annoncées au moins dix jours d'avance par affiches publiques, ou même, lorsqu'il y a lieu, par catalogues imprimés et distribués, avis particuliers et exposition publique des objets à mettre en vente.

Art. 77. Toute affiche ou annonce contiendra l'indication tant des numéros des divers articles à vendre que de la nature des effets et des conditions de la vente.

Art. 78. Les oppositions formées à la vente d'effets déposés en nantissement au mont-de-piété, n'empêcheront pas que ladite vente n'ait lieu, et même sans qu'il soit besoin d'y appeler l'opposant autrement que par la publicité des annonces, et sauf d'ailleurs audit opposant à faire valoir ses droits, s'il y a lieu, sur l'excédant ou *boni* restant net du prix de la vente, après l'entier acquittement de la somme due au mont-de-piété.

Art. 79. Les ventes au mont-de-piété se feront par le ministère des commissaires-priseurs de l'établissement, assistés des crieurs choisis et payés par lesdits commissaires.

Art. 80. Il sera alloué aux commissaires-priseurs, pour vacations et frais de vente, un droit réglé par quotité sur le montant du produit des ventes.

Art. 81. Ce droit sera fixé, par le conseil d'administration, au commencement de chaque année, pour toute l'année, sauf la confirmation du ministre, sur l'avis du préfet du département.

Art. 82. Le droit pour vacations et frais de ventes, alloué aux commissaires-priseurs, sera à la charge des acheteurs; il sera ajouté par chacun d'eux, en proportion de son achat, au prix d'adjudication.

Art. 83. La délibération du conseil contenant fixation de ce droit, sera affichée dans la salle des ventes.

Art. 84. Indépendamment du droit ordinaire mentionné dans les articles précédents, il sera perçu, pour les ventes de nantissements qui ont exigé une annonce extraordinaire par catalogues imprimés, avis particuliers et exposition publique, un droit d'un pour cent du produit de la vente.

Art. 85. Ce droit sera perçu au profit de l'établissement; il sera, comme le précédent, à la charge de l'adjudicataire, et en sus du prix de son adjudication.

Art. 86. Tout adjudicataire sera tenu de payer comptant le prix total de son adjudication et frais accessoires; à défaut de ce payement complet, l'effet adjugé est remis en vente à l'instant même, aux risques et périls de l'adjudicataire, et sans autres formalités qu'une interpellation verbale à lui adressée par le commissaire-priseur vendeur de payer actuellement la somme due.

Art. 87. Les effets adjugés, même ceux composés ou garnis d'or ou d'argent non empreints de la marque de garantie, mais que l'adjudicataire consentira à faire briser et mettre hors de service, seront remis audit adjudicataire aussitôt qu'il en aura payé le prix.

Art. 88. Quant à ceux desdits effets d'or et d'argent non empreints de la marque de garantie, que l'adjudicataire désirera conserver dans leur forme, ils seront provisoirement retenus pour être présentés au bureau de garantie, et n'être remis audit adjudicataire qu'après l'acquittement par lui fait des droits particuliers dus à la régie.

Art. 89. Les procès-verbaux de ventes et tous les actes qui y seront relatifs, seront dressés, comme tous autres actes de régie du mont-de-piété, sur des registres non timbrés et exempts du droit d'enregistrement.

Art. 90. A la fin de chaque vacation de vente, le commissaire-priseur vendeur en versera le produit entre les mains du garde du dépôt des ventes, qui, à son tour, sera chargé d'en compter, au plus tard dans trois jours, au caissier de l'établissement.

Art. 91. A la vue desdits registres et actes, qui resteront, sans pouvoir en être déplacés, au bureau du dépôt des ventes, se formera, pour chaque article d'engagement, le compte du déposant emprunteur.

Art. 92. Ce compte se composera, d'une part, du produit de la vente; de l'autre, de la somme due par le déposant emprunteur, tant en principal qu'intérêts et droits; et indiquera pour résultat, soit l'excédant ou *boni* dont il y a lieu de faire état au déposant emprunteur, soit le déficit à supporter par les commissaires-priseurs, conformément à l'article 34 du chapitre IV du titre Ier, soit enfin la balance exacte des diverses parties du compte.

§ 7. — *De l'excédant ou* boni.

Art. 93. Le payement de l'excédant ou *boni* restant net du produit de la vente d'un nantissement, se fera sur la représentation et la remise de la reconnaissance d'engagement.

Art. 94. A défaut de représentation de ladite reconnaissance, l'emprunteur sera tenu de donner décharge spéciale tant de l'engagement que du payement du *boni*, dans les formes prescrites article 68 au présent titre.

Art. 95. Les créanciers particuliers des porteurs de reconnaissances seront reçus, ainsi qu'il a été indiqué article 78 au présent titre, à former des oppositions aux délivrances de *boni*.

Art. 96. Ces oppositions ne pourront être formées qu'entre les mains du directeur général, lors même que le *boni* à délivrer résulterait d'opérations faites dans une succursale; et elles ne seront obligatoires pour le mont-de-piété, qu'autant qu'elles auront été visées à l'original par le directeur, qui sera d'ailleurs tenu de le faire sans aucuns frais.

Art. 97. Lorsqu'il aura été formé opposition à un payement de *boni*, ce payement ne pourra avoir lieu entre les mains de l'emprunteur que du consentement de l'opposant, et à vue de la décharge ou mainlevée de son opposition.

Art. 98. Les excédants ou *boni* qui n'auront pas été retirés dans les trois ans de la date des reconnaissances, ne pourront être réclamés. Le montant en sera versé à la caisse des hospices civils, d'après état préalablement arrêté par le conseil général de l'administration.

Art. 99. Les dispositions de l'article précédent devront

être rappelées en forme d'avis dans la formule des reconnaissances.

Section II. — Dispositions particulières relatives au prêt dans les succursales.

Art. 100. Toutes les opérations relatives au prêt sur nantissement s'exécuteront dans les succursales de la même manière qu'au chef-lieu : en conséquence, toutes les dispositions prescrites à cet égard seront communes à ces succursales.

Art. 101. Chaque succursale sera chargée de consommer et d'apurer entièrement les opérations qu'elle aura une fois commencées. A cet effet, les nantissements engagés dans une division pourront rester en dépôt jusqu'à dégagement ou vente, ou être portés au chef-lieu, pour opérer, soit les renouvellements, soit les dégagements, soit enfin pour recevoir les excédants ou *boni* ; là, les emprunteurs seront tenus de s'adresser à la même succursale qui aura primitivement reçu leurs dépôts.

CHAPITRE III.

DE L'EMPRUNT.

Art. 102. Le mont-de-piété continuera à recevoir et employer, comme il se pratique aujourd'hui, les fonds qui lui seront offerts en placement par les particuliers.

Art. 103. Le taux d'intérêt auquel ces placements seront reçus, sera fixé tous les ans par une délibération spéciale du conseil d'administration, sauf la confirmation du ministre, sur l'avis du préfet du département.

Art. 104. Il sera délivré, à titre de reconnaissance du placement, deux billets payables au porteur, dont un pour le principal et l'autre pour l'intérêt. Ces billets porteront le numéro de leur enregistrement, la date de leur émission et celle de leur échéance.

Art. 105. Le billet au porteur pour le principal contiendra le montant du placement; il sera signé par le caissier général, et par le contrôleur de la caisse; il portera mention de l'enregistrement à la direction, et cette mention sera signée par le directeur général; enfin, il sera visé par un membre du conseil d'administration.

Art. 106. Le billet au porteur pour intérêt contiendra le montant de cet intérêt; il sera signé par le directeur général et par le contrôleur de la caisse, et il sera aussi visé par un membre du conseil d'administration.

Art. 107. A fur et à mesure de l'acquittement de ces divers effets, mention en sera faite en marge de leur article d'enregistrement.

Art. 108. Tous les trois mois, l'état du portefeuille sera vérifié par l'administration, et elle en dressera procès-verbal, dont il sera remis une expédition au ministre, et une au préfet du département.

Signé NAPOLÉON.

Par l'Empereur :

Le Secrétaire d'État,

Signé Hugues B. Maret.

Loi sur les Monts-de-Piété.

Du 24 juin 1851.

TITRE PREMIER.

Art. 1er. Les monts-de-piété, ou maisons de prêts sur nantissement, seront institués comme établissements d'utilité publique, et avec l'assentiment des conseils municipaux, par des décrets du Président de la République, selon les formes prescrites pour ces établissements.

Art. 2. Les conseils d'administration des monts-de-piété seront présidés par le maire de la commune; à Paris par le préfet de la Seine. Leurs fonctions sont gratuites.

Ils sont nommés, à Paris par le ministre de l'intérieur, dans les départements par le préfet, et devront être choisis :

Un tiers dans le conseil municipal, un tiers parmi les administrateurs des établissements charitables, un tiers parmi les autres citoyens domiciliés dans la commune.

Ils sont renouvelés par tiers chaque année. Les membres sortants sont rééligibles.

Le décret d'institution déterminera l'organisation de chacun d'eux, et les conditions particulières de leur gestion.

Le directeur, dans les monts-de-piété où cet emploi existe, ou agent responsable, est nommé par le ministre de l'intérieur ou par le préfet, sur la présentation du conseil d'administration.

En cas de refus motivé par le ministre ou par le préfet, le conseil d'administration est tenu de présenter un autre candidat.

Ils peuvent être révoqués, à Paris par le ministre, dans les départements par le préfet.

Les monts-de-piété seront, quant aux règles de comptabilité, assimilés aux établissements de bienfaisance.

Art. 3. La dotation de chaque mont-de-piété se compose,

1° Des biens meubles et immeubles affectés à sa fondation et de ceux dont il est ou deviendra propriétaire, notamment par dons et legs ;

2° Des bénéfices et bonis constatés par les inventaires

annuels, et capitalisés ainsi qu'il est dit en l'article 5 ;

3° Des subventions qui pourront leur être attribuées sur les fonds de la commune, du département ou de l'État.

Art. 4. Il est pourvu aux opérations des monts-de-piété au moyen,

1° Des fonds disponibles sur leur dotation ;

2° De ceux qu'ils se procurent par voie d'emprunt, ou qui sont versés à intérêt dans leur caisse.

Les conditions des emprunts sont réglées annuellement par l'administration, sous l'approbation du ministre de l'intérieur ou du préfet.

Art. 5. Les monts-de-piété conserveront en tout ou partie, et dans les limites déterminées par le décret d'institution, leurs excédants de recette pour former ou accroître leur dotation.

Lorsque la dotation suffira tant à couvrir les frais généraux qu'à abaisser l'intérêt au taux légal de cinq pour cent, les excédants de recettes seront attribués aux hospices ou autres établissements de bienfaisance par arrêté du préfet, sur l'avis du conseil municipal.

Art. 6. Il sera pourvu, par règlement d'administration publique, à tout ce qui concerne l'institution et la surveillance des agents intermédiaires qui sont ou qui pourraient être accrédités près des monts-de-piété.

Art. 7. Tout dépositaire, après un délai de trois mois à partir du jour du dépôt, pourra requérir, aux époques des ventes fixées par les règlements des monts-de-piété, la vente de son nantissement, avant même le terme fixé sur sa reconnaissance.

Le prix de cet objet sera remis, sans délai, au propriétaire emprunteur, déduction faite des intérêts échus et du montant des frais fixés par les règlements.

Les marchandises neuves données en nantissement ne pourront néanmoins être vendues qu'après l'expiration du délai d'une année.

Art. 8. Les obligations, reconnaissances et tous actes concernant l'administration des monts-de-piété sont exempts des droits de timbre et d'enregistrement.

TITRE II.

DISPOSITIONS TRANSITOIRES.

Art. 9. Les dispositions du titre Ier seront immédiatement applicables à ceux des monts-de-piété existants qui ont été fondés comme établissements distincts de tous autres.

Art. 10. Les dispositions de la présente loi, sauf celles de l'article 8, ne sont pas applicables aux monts-de-piété établis à titre purement charitable, et qui, au moyen de dons ou fondations spéciales, prêtent gratuitement ou à un intérêt inférieur au taux légal.

Ces monts-de-piété seront régis par les conditions de leurs actes constitutifs.

Art. 11. Toutes dispositions législatives ou réglementaires qui seraient contraires à la présente loi sont et demeurent abrogées.

Décret sur l'Administration du Mont-de-Piété de Paris.

Du 24 mars 1852.

LOUIS-NAPOLÉON, Président de la République française,

Sur le rapport du ministre de l'intérieur, de l'agriculture et du commerce,

Décrète :

Art. 1er. L'administration du mont-de-piété de Paris est placée sous l'autorité du préfet de la Seine et du ministre de l'intérieur ;

Elle est confiée à un directeur responsable, sous la surveillance d'un conseil dont les attributions sont ci-après déterminées.

Art. 2. Le directeur est nommé par le ministre de l'intérieur sur une liste triple de candidats présentés par le préfet de la Seine.

Art. 3. Le directeur exerce son autorité sur les services intérieurs et extérieurs ;

Il prépare les budgets, ordonnance toutes les dépenses et présente le compte de son administration ;

Il représente le mont-de-piété en justice, soit en demandant, soit en défendant.

Art. 4. Le conseil de surveillance institué par l'article 1er est composé ainsi qu'il suit :

Le préfet de la Seine, président ;

Le préfet de police ;

Trois membres du conseil municipal ;

Trois membres pris, soit dans le conseil de surveillance de l'assistance publique, soit parmi les administrateurs des bureaux de bienfaisance ;

Trois citoyens domiciliés à Paris.

Art. 5. Les membres du conseil de surveillance, autres que les préfets de la Seine et de police, sont choisis par le ministre de l'intérieur, sur des listes triples présentées par le préfet de la Seine.

Art. 6. Les membres du conseil, à l'exception des deux préfets, sont renouvelés par tiers tous les deux ans.

Le renouvellement des deux premiers tiers a lieu par la voie du sort.

Le membre qui sera nommé par suite de vacance provenant de décès ou de toute autre cause sortira du conseil au moment où serait sorti le membre qu'il aura remplacé.

Les membres sortants sont rééligibles.

Art. 7. Le conseil est présidé par le préfet de la Seine, et à son défaut, par un vice-président choisi par le conseil dans son sein, et élu tous les ans.

En cas de partage, la voix du président est prépondérante.

L'un des inspecteurs remplit les fonctions de secrétaire du conseil.

Le préfet convoque le conseil au moins une fois chaque mois.

Le conseil se réunit plus souvent, s'il y a lieu, sur la convocation du préfet.

Art. 8. Le conseil de surveillance est appelé à donner son avis sur les objets ci-après énoncés :

1° Les budgets et les comptes ;

2° Les projets de travaux neufs, de grosses réparations ou de démolition ;

3° L'acceptation ou la répudiation des dons et legs faits au mont-de-piété ;

4° Les actions judiciaires et les transactions ;

5° La fixation du taux de l'intérêt des prêts et des emprunts ;

6° Les règlements du service ;

7° Les cahiers des charges des adjudications de travaux et fournitures ;

Et en général tous les actes de propriété et de gestion qui intéressent l'établissement.

Art. 9. Le directeur de l'administration du mont-de-piété assiste aux séances du conseil de surveillance.

Art. 10. Le directeur a sous ses ordres tout le personnel de l'administration.

Art. 11. Les employés de tout grade sont nommés par

le préfet, sur une liste triple de candidats présentés par le directeur.

Le directeur nomme les surveillants et gens de service.

Les révocations sont prononcées par l'autorité à laquelle est attribuée la nomination.

Art. 12. Toutes les dispositions législatives ou réglementaires contraires au présent décret sont rapportées.

Art. 13. Le ministre de l'intérieur, de l'agriculture et du commerce est chargé de l'exécution du présent décret, qui sera inséré au *Bulletin des lois*.

Fait au palais des Tuileries, le 24 mars 1852.

Signé LOUIS-NAPOLÉON.

Par le Prince-Président :

Le Ministre de l'intérieur,

Signé F. DE PERSIGNY.

OCTROI

Loi qui ordonne la perception d'un octroi pour l'acquit des dépenses locales de la commune de Paris.

Du 27 vendémiaire an VII.

Art. 1er. Il sera perçu par la commune de Paris un octroi municipal et de bienfaisance, conformément au tarif annexé à la présente loi, spécialement destiné à l'acquit de ses dépenses locales, et, de préférence, à celles de ses hospices et des secours à domicile.

Art. 2. Le Directoire exécutif est chargé de faire les règlements généraux et locaux nécessaires pour l'exécution de la perception de l'octroi de bienfaisance établi par l'article 1ᵉʳ.

Art. 3. Dans aucun cas, les citoyens entrant dans la commune de Paris à pied, à cheval, ou en voiture de voyage, ne pourront, sous le prétexte de la perception de la taxe municipale, être arrêtés, questionnés ou visités sur leurs personnes, ni à raison des malles et valises qui les accompagnent. Tous actes contraires à la présente disposition seront réputés actes de violence : les délinquants seront poursuivis par la voie de police correctionnelle ; ils seront condamnés à cinquante francs d'amende et à six mois de prison.

Art. 4. Il sera établi le nombre de bureaux de recette qui seront jugés nécessaires ; le Directoire déterminera le nombre des employés, les nommera, réglera leurs traitements, de manière cependant que les frais de perception n'excèdent pas huit centimes par franc de la recette totale présentée par le tarif.

Art. 5. Il sera fourni aux préposés, des registres à talon, sur lesquels ils seront tenus de porter, jour par jour, article par article, les recettes qu'ils feront.

Art. 6. Tous les employés à la perception de l'octroi recevront une commission du Directoire exécutif, en seront toujours porteurs ainsi que du tarif et du règlement fait pour assurer son exécution. La présente loi, et le tarif qui y est annexé, seront affichés en placard à la porte de chaque bureau et dans son intérieur.

Art. 7. L'administration centrale du département pourra destituer provisoirement les receveurs, si le cas l'exige, les dénoncer aux tribunaux, et les y poursuivre à la requête des commissaires du Pouvoir exécutif.

Art. 8. L'administration de l'octroi de bienfaisance fait partie des attributions des administrations municipales de

Paris, chacune dans son arrondissement, sous la surveillance de l'administration centrale du département.

Art. 9. Les contestations qui pourraient s'élever sur l'application du tarif et sur la quotité du droit exigé par le receveur, seront portées devant le tribunal de police, et par lui jugées sommairement et sans frais.

Art. 10. Tout porteur ou conducteur d'objets de consommation compris dans le tarif annexé à la présente loi, sera tenu d'en faire la déclaration au bureau de la recette, et d'en acquitter le droit avant de pouvoir les faire entrer dans la commune de Paris : toute contravention à cet égard sera punie d'une amende du double droit.

Art. 11. Les amendes prononcées en exécution de l'article 10 seront acquittées sur-le-champ entre les mains du receveur du bureau où la contravention aura été commise ; moitié appartiendra aux employés dudit bureau, et moitié sera versée par ledit receveur dans la caisse du comité de bienfaisance de la municipalité.

Art. 12. Toute personne qui s'opposera à l'exercice des préposés à la perception de l'octroi, sera condamnée à une amende de cinquante francs. Dans le cas où il y aurait voies de fait, il en sera dressé procès-verbal, qui sera envoyé au directeur du jury d'accusation, pour en poursuivre les auteurs et leur faire infliger les peines portées par le code pénal contre ceux qui s'opposent avec violence à l'exercice des fonctions publiques.

Art. 13. Si les préposés à la perception de l'octroi reçoivent directement ou indirectement quelque gratification ou présent, ils seront condamnés aux peines portées dans le code pénal contre les fonctionnaires publics prévaricateurs.

Art. 14. Les administrations municipales vérifieront et arrêteront, au moins une fois par mois, les registres de recette des receveurs de leur arrondissement ; elles dresseront procès-verbal de cette vérification, et l'adresseront, avec leurs observations, à l'administration centrale.

Art. 15. Les receveurs verseront, au moins une fois par décade, le montant de leurs recettes à la caisse du receveur général du département.

Art. 16. Il est alloué au receveur général du département, pour toute indemnité et frais de bureau, un dixième de centime par franc de recette brute, conformément à la loi du 17 fructidor an VI.

Art. 17. Le receveur général du département remettra chaque mois à l'administration centrale du département, et enverra au ministre de l'intérieur, le bordereau des versements qui lui auront été faits, sans préjudice du bordereau général de ses recettes, qu'il est tenu de fournir à la trésorerie nationale.

Art. 18. Chaque administration municipale du canton de Paris dressera et enverra à l'administration centrale du département,

1° L'état des dépenses administratives ;

2° L'état des dépenses communales particulières à son arrondissement, telles que les frais de la justice de paix, de l'état civil, des cimetières, des écoles primaires, des commissaires de police.

Art. 19. Le bureau central adressera également à l'administration centrale, l'état,

1° De ses dépenses administratives,

2° De celles des hospices et secours à domicile,

3° Des dépenses communales qui intéressent tous les citoyens du canton de Paris.

Art. 20. Tous ces états seront examinés par l'administration départementale, discutés, réduits aux dépenses d'absolue nécessité, arrêtés et renvoyés aux autorités ci-dessus désignées, chacune en ce qui la concerne.

Art. 21. Lesdites autorités expédieront, mois par mois, les mandats nécessaires pour l'acquit de leurs dépenses, telles qu'elles auront été réglées par l'administration centrale du département : ces mandats, après avoir été visés par l'administration centrale, seront acquittés par le receveur général, tant sur le produit de l'octroi et autres revenus communaux, que sur les centimes additionnels destinés par la loi au payement des dépenses communales, en observant de donner toujours la priorité aux dépenses relatives aux hospices.

Art. 22. L'administration centrale du département de la Seine fera imprimer et rendra public, dans le mois de vendémiaire de chaque année, le compte des recettes et dépenses tant départementales que municipales et communales.

Ordonnance du Roi portant règlement sur les octrois.

Du 9 décembre 1814.

LOUIS, par la grâce de Dieu, ROI DE FRANCE ET DE NAVARRE,

Vu les lois et règlements généraux maintenus par la loi du 8 décembre 1814, pour l'administration et la perception des octrois; voulant en assurer l'exécution pleine, entière et uniforme, et prévenir toute interprétation fausse ou abusive sur aucune de leurs dispositions, nous avons jugé indispensable de présenter, dans une seule et même ordonnance, toutes les mesures générales d'exécution qui dérivent des lois et règlements ci-dessus rappelés;

Sur le rapport de notre ministre secrétaire d'État des finances,

NOUS AVONS ORDONNÉ et ORDONNONS ce qui suit :

TITRE PREMIER.

DISPOSITIONS TRANSITOIRES.

Art. 1er. En exécution de l'article 121 de la loi du 8 décembre 1814, le service des octrois sera remis aux maires, le 1er janvier 1815, par la régie des impositions indirectes. Cette remise et celle des maisons, ustensiles, effets de bureau et autres, servant à la perception des octrois, seront constatées par un procès-verbal rédigé en quadruple expédition, lequel sera signé par le maire et le préposé en chef de la régie dans chaque résidence, ou par des commissaires délégués à cet effet, de part et d'autre, dans les villes où cela sera jugé nécessaire. Un des procès-verbaux sera déposé à la mairie ; un autre sera remis au directeur des impositions indirectes dans le département ; le troisième sera adressé au préfet, et le quatrième à la régie des impositions indirectes.

Art. 2. Dans les communes où le maire voudra traiter de gré à gré avec cette régie pour la perception de l'octroi, conformément à l'article 122 de la loi précitée, la remise du service n'aura pas lieu, moyennant que le maire souscrive une déclaration formelle de cette intention, et que dans le mois de janvier, pour tout délai, il adresse sa demande au préfet, ainsi qu'il sera statué par l'article 94 : jusqu'à ce que ce traité ait été conclu, les frais d'administration et de perception seront payés à la régie au prorata de ce qu'ils auront été en 1814.

Art. 3. La régie des impositions indirectes fera rendre aux communes, par ses receveurs, dans le premier trimestre de 1815, le compte des perceptions de 1814, et verser immédiatement les sommes dont ils seront reliquataires. En cas d'avance de la part de la régie ou de ses préposés, pour quelque cause que ce soit, elle exercera son recours contre le receveur de la commune, par toutes les voies de droit, même par forme de contrainte.

Art. 4. Les registres, bordereaux et autres pièces relatives à l'administration ou à la perception des octrois, resteront déposés chez les contrôleurs principaux des impositions indirectes. Les maires ou leurs délégués pourront en prendre communication, toutes les fois qu'ils le jugeront convenable, mais sans déplacement.

TITRE II.

DE L'ÉTABLISSEMENNT DES OCTROIS.

Art. 5. Les octrois sont établis pour subvenir aux dépenses qui sont à la charge des communes : ils doivent être délibérés d'office par les conseils municipaux. Cette délibération peut aussi être provoquée par le préfet, lorsqu'à l'examen du budget d'une commune, il reconnaît l'insuffisance de ses revenus ordinaires, soit pour couvrir les dépenses annuelles, soit pour acquitter les dettes arriérées, ou pourvoir aux besoins extraordinaires de la commune.

Art. 6. Les délibérations portant établissement d'un octroi sont adressées par le maire au sous-préfet, et renvoyées par celui-ci, avec ses observations, au préfet, qui les transmet également, avec son avis, à notre ministre de l'intérieur, lequel permet, s'il y a lieu, l'établissement de l'octroi demandé, et autorise le conseil municipal à délibérer les tarifs et règlements.

Art. 7. Les projets de règlement et de tarif délibérés par les conseils municipaux, en vertu de l'autorisation de notre ministre de l'intérieur, parviennent de même aux préfets, avec l'avis des maires et des sous-préfets. Les préfets les transmettent à notre directeur général des impositions indirectes, pour être soumis à notre ministre des finances, sur le rapport duquel nous accordons notre approbation, s'il y a lieu.

Art. 8. Les changements proposés par les maires ou les conseils municipaux aux tarifs ou règlements en vigueur, et ceux jugés nécessaires par l'autorité supérieure, ne peuvent être exécutés qu'ils n'aient été délibérés et approuvés de la manière prescrite par les articles précédents.

Art. 9. Si les conseils municipaux refusent ou négligent de délibérer sur l'établissement d'un octroi reconnu nécessaire, ou sur les changements à apporter aux tarifs et règlements, il nous en sera rendu compte, dans le premier cas, par notre ministre de l'intérieur, et, dans le deuxième, par notre ministre des finances, sur les rapports desquels nous statuerons ce qu'il appartiendra.

Art. 10. Les frais de premier établissement, de régie et de perception des octrois des villes sujettes au droit d'entrée, seront proposés par le conseil municipal, et soumis, par la régie des impositions indirectes, à l'approbation de notre ministre des finances : dans les autres communes, ces frais seront réglés par les préfets. Dans aucun cas, et sous aucun prétexte, les maires ne pourront excéder les frais alloués, sous peine d'en répondre personnellement.

TITRE III.

DES MATIÈRES QUI PEUVENT ÊTRE SOUMISES AU DROIT D'OCTROI.

Art. 11. Aucun tarif d'octroi ne pourra porter que sur des objets destinés à la consommation des habitants du lieu sujet. Ces objets seront toujours compris dans les cinq divisions suivantes ;

SAVOIR :

1° Boissons et liquides ;

2° Comestibles ;
3° Combustibles ;
4° Fourrages ;
5° Matériaux.

Art. 12. Sont compris dans la première division les vins, vinaigres, cidres, poirés, bières, hydromels, eaux-de-vie, esprits, liqueurs et eaux spiritueuses.

Les droits d'octroi sur les vins, cidres, poirés, eaux-de-vie et liqueurs, ne pourront excéder ceux perçus aux entrées des villes sur les mêmes boissons pour le compte du trésor public (Paris excepté).

Les vendanges ou fruits à cidre ou à poiré seront assujettis aux droits, à raison de trois hectolitres de vendange pour deux hectolitres de vin, et de cinq hectolitres de pommes ou de poires pour deux hectolitres de cidre ou de poiré.

Art. 13. Les eaux-de-vie et esprits doivent être divisés pour la perception, d'après les degrés, conformément au tarif des droits d'entrée.

Les eaux dites de Cologne, de la reine d'Hongrie, de mélisse et autres dont la base est l'alcool, doivent être tarifées comme les liqueurs.

Art. 14. Dans le pays où la bière est la boisson habituelle et générale, celle importée, quelle que soit sa qualité, ne pourra être, au plus, taxée qu'au quart en sus du droit sur la bière fabriquée dans l'intérieur.

Art. 15. Les huiles peuvent aussi, suivant les localités, être imposées : la taxe en est déterminée suivant leur qualité ou leur emploi.

Art. 16. Sont compris dans la deuxième division les objets servant habituellement à la nourriture des hommes, à l'exception toutefois des grains et farines, fruits, beurre, lait, légumes et autres menues denrées.

Art. 17. Ne sont point compris dans ces exceptions les fruits secs et confits, les pâtes, les oranges, les limons et citrons, lorsque ces objets sont introduits dans les villes en caisses, tonneaux, barils, paniers ou sacs, ni le beurre et les fromages venant de l'étranger.

Art. 18. Les bêtes vivantes doivent être taxées par tête. Les bestiaux abattus au dehors et introduits par quartier paieront au prorata de la taxe par tête. A l'égard des viandes dépecées, fraîches ou salées, elles sont imposées au poids.

Art. 19. Les coquillages, le poisson de mer frais, sec ou salé de toute espèce, et celui d'eau douce peuvent être assujettis au droit d'octroi, suivant les usages locaux, soit à raison de leur valeur vénale, soit à raison du nombre ou du poids, soit par paniers, barils ou tonneaux.

Art. 20. Sont compris dans la troisième division, 1° toute espèce de bois à brûler, les charbons de bois et de terre, la houille, la tourbe et généralement toutes les matières propres au chauffage ; 2° les suifs, cires et huiles à brûler.

Art. 21. La quatrième division comprend les pailles, foins et tous les fourrages verts ou secs, de quelque nature, espèce ou qualité qu'ils soient. Le droit doit être réglé par botte ou au poids.

Art. 22. Sont compris dans la cinquième division les bois, soit en grume, soit équarris, façonnés ou non, propres aux charpentes, constructions, menuiserie, ébénisterie, tour, tonnellerie, vannerie et charronnage.

Y sont également compris les pierres de taille, moellons, pavés, ardoises, tuiles de toute espèce, briques, craies et plâtre.

Art. 23. Pour toutes les matières désignées au présent titre, les droits doivent être imposés par hectolitre, kilogramme, mètre cube ou carré, ou stère, ou par fractions de ces mesures. Cependant, lorsque les localités ou la nature des objets l'exigent, le droit peut être fixé au cent ou au millier, ou par voiture, charge ou bateau.

Art. 24. Les objets récoltés, préparés ou fabriqués dans l'intérieur d'un lieu soumis à l'octroi, ainsi que les bestiaux qui y sont abattus, seront toujours assujettis par le tarif au même droit que ceux introduits à l'extérieur.

TITRE IV.

DE LA PERCEPTION.

Art. 25. Les règlements d'octroi doivent déterminer les limites de la perception, les bureaux où elle doit être opérée, et les obligations et formalités particulières à remplir par les redevables ou les employés en raison des localités, sans toutefois que ces règles particulières puissent déroger aux dispositions de la présente ordonnance.

Art. 26. Les droits d'octroi seront toujours perçus dans les faubourgs des lieux sujets; mais les dépendances rurales entièrement détachées du lieu principal en seront affranchies. Les limites du territoire auquel la perception s'étendra, seront indiquées par des poteaux, sur lesquels seront inscrits ces mots, *Octroi de....*

Art. 27. Il ne pourra être introduit d'objets assujettis à l'octroi, que par les barrières ou bureaux désignés à cet effet. Les tarifs et règlements seront affichés dans l'intérieur et à l'extérieur de chaque bureau, lequel sera indiqué par un tableau portant ces mots, *Bureau de l'octroi*.

Art. 28. Tout porteur ou conducteur d'objets assujettis à l'octroi sera tenu, avant de les introduire, d'en faire la déclaration au bureau, d'exhiber aux préposés de l'octroi les lettres de voiture, connaissements, charte-parties, acquits-à-caution, congés, passavants et toutes autres expéditions délivrées par la régie des impositions indirectes, et d'acquitter les droits sous peine d'une amende égale à la valeur de l'objet soumis au droit. A cet effet, les préposés pourront, après interpellation, faire sur les bateaux, voitures et autres moyens de transport, toutes les visites, recherches et perquisitions nécessaires, soit pour s'assurer qu'il n'y existe rien qui soit sujet aux droits, soit pour reconnaître l'exactitude des déclarations.

Les conducteurs seront tenus de faciliter toutes les opérations nécessaires auxdites vérifications.

La déclaration relative aux objets arrivant par eau contiendra la désignation du lieu de déchargement, lequel ne pourra s'effectuer que les droits n'aient été acquittés, ou au moins valablement soumissionnés.

Art. 29. Tout objet sujet à l'octroi, qui, nonobstant l'interpellation faite par les préposés, serait introduit sans avoir été déclaré, ou sur une déclaration fausse ou inexacte, sera saisi.

Art. 30. Les personnes voyageant à pied, à cheval ou en voiture particulière suspendue, ne pourront être arrêtées, questionnées ou visitées sur leurs personnes ou en raison de leurs malles ou effets. Tout acte contraire à la présente disposition sera réputé acte de violence ; et les préposés qui s'en rendront coupables, seront poursuivis correctionnellement, et punis des peines prononcées par les lois.

Art. 31. Tout individu soupçonné de faire de la fraude à la faveur de l'exception ordonnée par l'article précédent, pourra être conduit devant un officier de police, ou devant le maire, pour y être interrogé, et la visite de ses effets autorisée, s'il y a lieu.

Art. 32. Les diligences, fourgons, fiacres, cabriolets et autres voitures de louage, sont soumis aux visites des préposés de l'octroi.

Art. 33. Les courriers ne pourront être arrêtés à leur passage, sous prétexte de la perception, mais ils seront obligés d'acquitter les droits sur les objets soumis à l'octroi qu'ils introduiront dans un lieu sujet. A cet effet, des préposés de l'octroi seront autorisés à assister au déchargement des malles.

Tout courrier, tout employé des postes, ou de toute autre administration publique, qui serait convaincu d'avoir fait ou favorisé la fraude, outre les peines résultant de la contravention, sera destitué par l'autorité compétente.

Art. 34. Dans les communes où la perception ne pourra être opérée à l'entrée, il sera établi au centre, suivant les localités, un ou plusieurs bureaux. Dans ce cas, les conducteurs ne pourront décharger les voitures ni introduire au domicile des destinataires les objets soumis à l'octroi, avant d'avoir acquitté les droits auxdits bureaux.

Art. 35. Il est défendu aux employés, sous peine de destitution et de tous dommages et intérêts, de faire usage de la sonde dans la visite des caisses, malles et ballots annoncés contenir des effets susceptibles d'être endommagés : dans ce cas, comme dans tous ceux où le contenu des caisses ou ballots sera inconnu ou ne pourrait être vérifié immédiatement, la vérification en sera faite soit à domicile, soit dans les emplacements à ce destinés.

Art. 36. Toute personne qui récolte, prépare ou fabrique dans l'intérieur d'un lieu sujet, des objets compris au tarif, est tenue, sous peine de l'amende prononcée par l'article 28, d'en faire la déclaration, et d'acquitter immédiatement le droit, si elle ne réclame la faculté de l'entrepôt.

Les préposés de l'octroi peuvent reconnaître à domicile les quantités récoltées, préparées ou fabriquées, et faire toutes les vérifications nécessaires pour prévenir la fraude. A défaut de payement du droit, il est décerné, contre les redevables, des contraintes, qui sont exécutoires nonobstant opposition et sans y préjudicier.

TITRE V.

DU PASSE-DEBOUT ET DU TRANSIT.

Art. 37. Le conducteur d'objets soumis à l'octroi, qui voudra traverser seulement un lieu sujet, ou y séjourner moins de vingt-quatre heures, sera tenu d'en faire la déclaration au bureau d'entrée, conformément à ce qui est prescrit par l'article 28, et de se munir d'un permis de passe-debout, qui sera délivré sur le cautionnment ou la consignation des droits. La restitution des sommes consignées, ainsi que la libération de la caution, s'opéreront au bureau de la sortie.

Lorsqu'il sera possible de faire escorter les chargements, le conducteur sera dispensé de consigner ou de faire cautionner les droits.

Art. 38. En cas de séjour au delà de vingt-quatre heures, dans un lieu sujet à l'octroi, d'objets introduits sur une déclaration de passe-debout, le conducteur sera tenu de faire, dans ce délai et avant le déchargement, une déclaration de transit, avec indication du lieu où lesdits objets seront déposés, lesquels devront être représentés aux employés à toute réquisition. La consignation et le cautionnement du droit subsisteront pendant toute la durée du séjour.

Art. 39. Les règlements locaux d'octroi pourront désigner des lieux où les conducteur d'objets en passe-debout ou en transit seront tenus de les déposer pendant la durée du séjour, ainsi que des ports ou quais où les navires, bateaux, coches, barques ou diligences devront stationner.

Art. 40. Les voitures et transports militaires chargés d'objets assujettis aux droits sont soumis aux règles prescrites par les articles précédents, relativement au transit et au passe-debout.

TITRE VI.

DE L'ENTREPÔT.

Art. 41. L'entrepôt est la faculté donnée à un propriétaire ou à un commerçant, de recevoir et d'emmagasiner dans un lieu sujet à l'octroi, sans acquittement du droit, des marchandises qui y sont assujetties et auxquelles il réserve une destination extérieure.

L'entrepôt peut être réel, ou fictif, c'est-à-dire, à domicile : il est toujours illimité. Les règlements locaux doivent déterminer les objets pour lesquels l'entrepôt est accordé, ainsi que les quantités au-dessous desquelles on ne peut l'obtenir.

Art. 42. Toute personne qui fait conduire dans un lieu sujet à l'octroi, des marchandises comprises au tarif, pour y être entreposées, soit réellement, soit fictivement, est tenue, sous peine de l'amende prononcée par l'article 28, d'en faire la déclaration préalable au bureau de l'octroi, de s'engager à acquitter le droit sur les quantités qu'elle ne justifierait pas avoir fait sortir de la commune, de se munir d'un bulletin d'entrepôt, et en outre, si l'entrepôt est fictif, de désigner les magasins, chantiers, caves, celliers ou autres emplacements où elle veut déposer lesdites marchandises.

Art. 43. L'entrepositaire est tenu de faire une déclaration au bureau de l'octroi, des objets entreposés qu'il veut expédier au-dehors, et de les représenter aux préposés des portes ou barrières, lesquels, après vérification des quantités et espèces, délivrent un certificat de sortie.

Art. 44. Les préposés de l'octroi tiennent un compte d'entrée et de sortie des marchandises entreposées : à cet effet, ils peuvent faire à domicile, dans les magasins, chantiers, caves, celliers des entrepositaires, toutes les vérifications nécessaires pour reconnaître les objets entreposés, constater les quantités restantes, et établir le décompte des droits dus sur celles pour lesquelles il n'est pas représenté de certificat de sortie. Ces droits doivent être acquittés immédiatement par les entrepositaires; et à défaut, il est décerné contre eux des contraintes, qui sont exécutoires nonobstant opposition et sans y préjudicier.

Art. 45. Lors du règlement de compte des entrepositaires, il leur est accordé une déduction sur les marchandises entreposées dont le poids ou la quantité est susceptible de diminuer. Cette déduction, pour les boissons, est la même que celle fixée par l'article 38 de la loi du 8 décembre 1814, relativement aux droits d'entrée. La quotité doit en être déterminée, pour les autres objets, par les règlements locaux.

Art. 46. Dans les communes où la perception des droits sur les vendanges, pommes ou poires, ne peut être opérée au moment de l'introduction, l'administration de l'octroi accordera l'entrepôt à tous les récoltants, et sera autorisée à faire faire un recensement général pour constater les quantités de vins, de cidre ou de poiré fabriquées. Les préposés de l'octroi se borneront, dans ce cas, à faire chaque année deux vérifications à domicile chez les propriétaires qui n'entreposent que les seuls produits de leur crû, l'une avant, l'autre après la récolte.

Art. 47. Dans le cas d'entrepôt réel, les marchandises pour lesquelles il est réclamé, sont placées dans un magasin public, sous la garde d'un conservateur ou sous la garantie de l'administration de l'octroi, laquelle est responsable des altérations ou avaries qui proviennent du fait de ses préposés.

Art. 48. Les objets reçus dans un entrepôt réel sont, après vérification, marqués ou rouannés, et inscrits par le conservateur sur un registre à souche, et avec indication de l'espèce, la qualité et la quantité de l'objet entreposé, des marques et numéros des futailles ou colis, et des noms et demeures du propriétaire : un récépissé détaché de la souche, contenant les mêmes indications, et signé par le conservateur, est remis à l'entrepositaire.

Art. 49. Pour retirer de l'entrepôt les marchandises qui y ont été admises, l'entrepositaire est tenu de représenter le récépissé d'admission, de déclarer les objets qu'il veut enlever, et de signer sa déclaration pour opérer la décharge du conservateur : il est tenu, en outre, d'acquitter les droits pour les objets qu'il fait entrer dans la consommation de la commune, de se munir d'une expédition pour ceux destinés à l'extérieur, et de rapporter au dos un certificat de sortie, délivré par les préposés aux portes.

Art. 50. Les cessions de marchandises pourront avoir lieu dans l'entrepôt, moyennant une déclaration de la part du vendeur et la remise du récépissé d'admission : il en sera délivré un autre à l'acheteur, dans la forme prescrite par l'article 48.

Art. 51. L'entrepôt réel sera ouvert en tout temps aux entrepositaires, tant pour y soigner leurs marchandises que pour y conduire les acheteurs.

Art. 52. Les rouliers ou conducteurs qui déposeront à l'entrepôt réel, des marchandises refusées par les destinataires, pourront obtenir de l'administration de l'octroi le payement des frais de transport et des déboursés dûment justifiés.

Art. 53. A défaut, par le propriétaire d'objets entreposés, de veiller à leur conservation, le conservateur se fera autoriser par le maire à y pourvoir. Les frais d'entretien et de conservation seront remboursés à l'administration de l'octroi sur les mémoires et états réglés par le maire.

Art. 34. Les propriétaires d'objets entreposés sont tenus d'acquitter, tous les mois, les frais de magasinage, lesquels doivent être déterminés par le règlement général de l'octroi, ou par un règlement particulier, approuvé de notre ministre des finances.

Art. 55. Si, par suite de dépérissement d'objets entreposés ou par toute autre cause, leur valeur, au dire d'experts appelés d'office par l'administration de l'octroi, n'excède pas moitié en sus des sommes qui peuvent être dues pour frais d'entretien, frais de transport ou magasinage, il sera fait sommation au propriétaire ou à son représentant, de retirer lesdits objets; et à défaut, ils seront vendus publiquement par ministère d'huissier. Le produit net de la vente, déduction des sommes dues, avec intérêt à raison de cinq pour cent par an, sera déposé dans la caisse municipale, et tenu à la disposition du propriétaire.

TITRE VII.

DU PERSONNEL.

Art. 56. Conformément à l'article 4 de la loi du 27 frimaire an VIII, la nomination des préposés d'octroi sera faite de la manière suivante :

Notre directeur général des impositions indirectes est autorisé à établir et à commissionner, lorsqu'il le jugera nécessaire, un préposé en chef auprès de chaque octroi.

Notre ministre des finances est également autorisé à nommer et commissionner, sur la proposition du directeur général des impositions indirectes, un directeur et deux régisseurs pour l'octroi et l'entrepôt de Paris.

Les autres préposés d'octroi sont nommés par les préfets, sur une liste triple présentée par le maire.

Art. 57. Les préfets sont tenus de révoquer immédiatement, sur la demande de notre directeur général des impositions indirectes, tout préposé d'octroi signalé comme prévaricateur dans l'exercice de ses fonctions, ou comme ne les remplissant pas convenablement.

Art. 58. Les préposés de l'octroi doivent être âgés au moins de vingt et un ans accomplis. Ils sont tenus de prêter serment devant le tribunal civil de la ville dans laquelle ils exerceront, et, dans les lieux où il n'y a pas de tribunal, devant le juge de paix. Ce serment est enregistré au greffe, sans qu'il soit nécessaire d'employer le ministère d'avoué.

Il est dû seulement un droit fixe d'enregistrement de trois francs.

Art. 59. Le cas de changement de résidence d'un préposé arrivant, il n'y a pas lieu à une nouvelle prestation de serment : il lui suffit de faire viser sa commission, sans frais, par le juge de paix ou le président du tribunal civil du lieu où il doit exercer.

Art. 60. Les préposés d'octroi doivent toujours être porteurs de leur commission, et sont tenus de la représenter lorsqu'ils en seront requis.

Le port d'armes est accordé aux préposés d'octroi dans l'exercice de leurs fonctions, comme aux employés des impositions indirectes.

Art. 61. Les créanciers des préposés d'octroi ne pourront saisir, sur les appointements et remises de ces derniers, que les sommes fixes déterminées par la loi du 21 ventôse an IX.

Art. 62. Tous les préposés comptables des octrois sont tenus de fournir un cautionnement en numéraire ou en cinq pour cent consolidés, dont la quotité est déterminée par le règlement, et qui ne peut être au-dessous de mille francs. Lorsque ces préposés font en même temps des perceptions pour le compte du trésor public, leur cautionnement est fixé par notre ministre des finances. Ces cautionnements sont versés à la caisse d'amortissement, qui en paye l'intérêt au taux fixé pour les employés des impositions indirectes.

Art. 63. Il est défendu à tous les préposés d'octroi, indistinctement, de faire le commerce des objets compris au tarif.

Tout préposé qui favorisera la fraude, soit en recevant des présents, soit de toute autre manière, sera mis en jugement, et condamné aux peines portées par le Code pénal contre les fonctionnaires publics prévaricateurs.

Art. 64. Tout préposé destitué ou démissionnaire sera tenu, sous peine d'y être contraint par corps, de remettre immédiatement sa commission, ainsi que les registres et autres effets dont il aura été chargé, et, s'il est receveur, de rendre ses comptes.

Art. 65. Les préposés de l'octroi sont placés sous la protection de l'autorité publique. Il est défendu de les injurier, maltraiter, et même de les troubler dans l'exercice de leurs fonctions, sous les peines de droit. La force armée est tenue de leur prêter secours et assistance, toutes les fois qu'elle en est requise.

TITRE VIII.

DES ÉCRITURES ET DE LA COMPTABILITÉ DES OCTROIS.

Art. 66. Tous les registres employés à la perception ou au service de l'octroi seront à souche. Les perceptions ou déclarations y seront inscrites sans interruption ni lacune. Les quittances ou expéditions qui en seront détachées, continueront à n'être marquées que du timbre de la régie des impositions indirectes, dont le prix, fixé par la loi à cinq centimes, sera acquitté par les redevables, et son produit versé dans les caisses de la régie

Art. 67. Les recettes de l'octroi seront versées à la caisse municipale tous les cinq jours au moins, et plus souvent même dans les villes où les perceptions seront importantes.

Art. 68. La régie des impositions indirectes déterminera le mode de comptabilité des octrois, ainsi que la forme et le modèle des registres, expéditions, bordereaux, comptes et autres écritures relatives au service des octrois : elle fera faire la fourniture de toutes les impressions nécessaires, sur la demande des maires.

Art. 69. Tous les registres servant à la perception des droits d'entrée sur les vins, cidres, poirés, esprits et liqueurs, aux déclarations de passe-debout, de transit, d'entrepôt et de sortie pour les mêmes boissons; ceux employés pour recevoir les déclarations de mise de feu de la part des brasseurs et distillateurs; enfin les registres portatifs tenus pour l'exercice des redevables soumis en même temps aux droits d'octroi et à ceux dus au Trésor, seront communs aux deux services. La moitié des dépenses relatives à ces registres sera supportée par l'octroi, et payée sur les mémoires dressés par la régie des impositions indirectes, approuvés par nos ministres des finances.

Art. 70. Les registres autres que ceux dont l'usage est commun aux octrois et aux droits d'entrée, seront cotés et paraphés par le maire : ils seront arrêtés par lui le dernier jour de chaque année, déposés à l'administration municipale, et renouvelés tous les ans. A l'égard des autres registres, les maires pourront en prendre communication sans déplacement, et en faire faire des extraits, pour ce qui concerne les recettes des octrois.

Art. 71. Les états et bordereaux de recettes et de dépenses des octrois seront dressés aux époques qui auront été déterminées par la régie des impositions indirectes.

Un double de ces états et bordereaux, signé du maire, sera adressé au préposé supérieur de cette régie, pour être transmis au directeur du département, et par celui-ci à son administration.

Art. 72. Les comptes des octrois seront rendus par les receveurs aux maires, et arrêtés par ces derniers dans les trois mois qui suivront l'expiration de chaque année.

Art. 73. Le montant des dix pour cent du produit net des octrois revenant au trésor royal, conformément à l'article 126 de la loi du 8 décembre 1814, sera établi sur les recettes brutes de toute nature, déduction faite des frais de perception et autres prélèvements autorisés. Les dix pour cent ne seront pas prélevés sur la partie des produits de l'octroi à verser au Trésor, en remplacement de la contribution mobilière.

Art. 74. Le recouvrement des dix pour cent se poursuivra par la saisie des deniers de l'octroi, et même par voie de contrainte à l'égard du receveur municipal.

TITRE IX.

DU CONTENTIEUX.

Art. 75. Toutes contraventions aux droits d'octroi seront constatées par des procès-verbaux, lesquels pourront être rédigés par une seul préposé et auront foi en justice. Ils énonceront la date du jour où ils sont rédigés, la nature de la contravention, et, en cas de saisie, la déclaration qui en aura été faite au prévenu ; les noms, qualités et résidence de l'employé verbalisant et de la personne chargée des poursuites ; l'espèce, poids ou mesure des objets saisis ; leur évaluation approximative ; la présence de la partie à la description, ou la sommation qui lui aura été faite d'y assister ; le nom, la qualité et l'acceptation du gardien; le lieu de la rédaction du procès-verbal et l'heure de la clôture.

Art. 76. Dans le cas où le motif de la saisie portera sur le faux ou l'altération des expéditions, le procès-verbal énoncera le genre de faux, les altérations ou surcharges : lesdites expéditions, signées et paraphées du saisissant, *ne varietur*, seront annexées au procès-verbal, qui contiendra la sommation faite à la partie de les parapher, et sa réponse.

Art. 77. Si le prévenu est présent à la rédaction du procès-verbal, cet acte énoncera qu'il lui en a été donné lecture et copie : en cas d'absence du prévenu, si celui-ci a domicile ou résidence connue dans le lieu de la saisie, le procès-verbal lui sera signifié dans les vingt-quatre heures de la clôture. Dans le cas contraire, le procès-verbal sera affiché, dans le même délai, à la porte de la maison commune.

Ces procès-verbaux, significations et affiches, pourront être faits tous les jours indistinctement.

Art. 78. L'action résultant des procès-verbaux en matière d'octroi, et les questions qui pourront naître de la défense du prévenu, seront de la compétence exclusive, soit du tribunal de simple police, soit du tribunal correctionnel du lieu de la rédaction du procès-verbal, suivant la quotité de l'amende encourue.

Art. 79. Les objets saisis par suite des contraventions aux règlements d'octroi seront déposés au bureau le plus voisin; et si la partie saisie ne s'est pas présentée dans les dix jours, à l'effet de payer la quotité de l'amende par elle encourue, ou si elle n'a pas formé, dans le même délai, opposition à la vente, la vente desdits objets sera faite par le receveur, cinq jours après l'apposition à la porte de la maison commune et autres lieux accoutumés, d'une affiche signée de lui, et sans aucune autre formalité.

Art. 80. Néanmoins, si la vente des objets saisis est retardée, l'opposition pourra être formée jusqu'au jour indiqué pour ladite vente. L'opposition sera motivée, et contiendra assignation à jour fixe devant le tribunal désigné en l'article 78, suivant la quotité de l'amende encourue, avec élection de domicile dans le lieu où siége le tribunal. Le délai de déchéance de l'assignation ne pourra excéder trois jours.

Art. 81. S'il s'élève une contestation sur l'application du tarif ou sur la quotité du droit réclamé, le porteur ou conducteur sera tenu de consigner, avant tout, le droit exigé, entre les mains du receveur; faute de quoi, il ne pourra passer outre, ni introduire dans le lieu sujet, l'objet qui aura donné lieu à la contestation, sauf à lui à se pourvoir devant le juge de paix du canton. Il ne poura être entendu qu'en représentant la quittance de ladite consignation au juge de paix, lequel prononcera sommairement et sans frais, soit en dernier ressort, soit à la charge d'appel, suivant la quotité du droit réclamé.

Art. 82. Dans le cas où les objets saisis seraient sujets à dépérissement, la vente pourra en être autorisée avant l'échéance des délais ci-dessus fixés, par une simple ordonnance du juge de paix sur requête.

Art. 83. Les maires seront autorisés, sauf l'approbation des préfets, à faire remise, par voie de transaction, de la totalité ou de partie des condamnations encourues, même après le jugement rendu. Ce droit appartient exclusivement à la régie des impositions indirectes, et d'après les règles qui lui sont propres, toutes les fois que la saisie a été opérée dans l'intérêt commun des droits d'octroi, et des droits imposés au profit du Trésor.

Art. 84. Le produit des amendes et confiscations pour contravention aux règlements de l'octroi, déduction faite des frais et prélèvements autorisés, sera attribué, moitié aux employés de l'octroi pour être répartie d'après le mode qui sera arrêté, et moitié à la commune.

TITRE X.

DES DEMANDES EN SUPPRESSION OU EN REMPLACEMENT D'OCTROI.

Art. 85. Les communes qui voudront supprimer leur octroi, ou le remplacer par une autre perception, en feront parvenir la demande, par le maire, au préfet, qui, après en avoir reçu l'autorisation de notre ministre de l'intérieur, autorisera, s'il y a lieu, le conseil municipal à délibérer sur cette demande.

Art. 86. La délibération du conseil municipal, accompagnée de l'avis du sous-préfet et du maire, sera adressée par le préfet, avec ses observations et l'état des recettes et des besoins des communes, à notre ministre de l'intérieur, qui statuera provisoirement sur lesdites propositions. Il fera connaître immédiatement sa décision à notre ministre des finances, pour que celui-ci, après avoir soumis le tout à notre approbation, prescrive, tant dans l'intérêt des communes que dans celui du Trésor, les mesures convenables d'exécution.

Art. 87. Les droits d'octroi continueront à être perçus jusqu'à ce que la suppression de l'octroi ait été autorisée, ou jusqu'à la mise à exécution du mode de remplacement.

TITRE XI.

DE LA SURVEILLANCE ATTRIBUÉE A LA RÉGIE DES IMPOSITIONS INDIRECTES, ET DES OBLIGATIONS DES EMPLOYÉS DE L'OCTROI, RELATIVEMENT AUX DROITS DU TRÉSOR.

Art. 88. La surveillance générale de la perception et de l'administration de tous les octrois du royaume est formellement attribuée à la régie des impositions indirectes : elle l'exercera sous l'autorité du ministre des finances, qui donnera les instructions nécessaires pour assurer l'uniformité et la régularité du service, et régler l'ordre de la comptabilité particulière à ces établissements.

Art. 89. Les traitements et les frais de bureau des préposés en chef nommés par le directeur général des impositions indirectes seront à la charge des communes : ils seront proposés par les conseils municipaux, et approuvés par notre ministre des finances, qui pourra les réduire ou les augmenter s'il y a lieu.

Art. 90. Les receveurs d'octroi dans les communes sujettes au droit d'entrée seront tenus de faire en même temps la recette de ce droit. Le produit des remises qui seront accordées par la régie des impositions indirectes pour cette perception, sera réparti entre tous les préposés d'octroi d'une même commune, dans la proportion qui sera déterminée par le maire.

Art. 91. Les employés des impositions indirectes suivront dans l'intérêt des communes, comme dans celui du Trésor, les exercices, dans l'intérieur du lieu sujet, chez les entrepositaires de boissons, et chez les brasseurs et distillateurs. Il sera tenu compte par l'octroi, à la régie des impositions indirectes, de partie des dépenses occasionnées pour ces exercices.

Art. 92. Les préposés des octrois sont tenus, sous peine de destitution, d'exiger de tout conducteur d'objets soumis aux impôts indirects, comme boissons, tabacs, sels et cartes, la représentation des congés, passavants, acquits-à-caution, lettres de voiture et autres expéditions, de vérifier les chargements, de rapporter procès-verbal des fraudes ou contraventions qu'ils découvriront ; de concourir au service des impositions indirectes, toutes les fois qu'ils en seront requis, sans toutefois pouvoir être déplacés de leur poste ordinaire ; enfin, de remettre chaque jour à l'employé en chef des impositions indirectes un relevé des objets frappés du droit au profit du Trésor, qui auront été introduits.

Les employés des impositions indirectes concourront également au service des octrois, et rapporteront procès-verbal pour les fraudes et contraventions relatives aux droits d'octroi, qu'ils découvriront.

Art. 93. Les préposés des octrois se serviront, pour l'exercice de leurs fonctions, des jauges, sondes, rouannes et autres ustensiles dont les employés des impositions indirectes font usage.

La régie leur fera fournir ces ustensiles, dont le prix sera payé par les communes.

TITRE XII.

DE LA PERCEPTION DES OCTROIS POUR LESQUELS LES COMMUNES AURONT A TRAITER AVEC LA RÉGIE DES IMPOSITIONS INDIRECTES.

Art. 94. Les maires qui jugeront de l'intérêt de leur commune de traiter avec la régie des impositions indirectes, pour la perception et la surveillance particulière de leur octroi, adresseront, par l'intermédiaire du sous-préfet, leurs propositions au préfet : celui-ci les communiquera au directeur des impositions indirectes pour donner ses observations, et les soumettra ensuite, avec son avis, à notre directeur général des impositions indirectes, qui proposera, s'il y a lieu, à notre ministre des finances, d'y donner son approbation.

Art. 95. Les conventions à faire entre la régie et les communes ne porteront que sur les traitements fixes ou éventuels des préposés : tous les autres frais généralement quelconques seront intégralement acquittés par les communes sur les produits bruts des octrois.

La conséquence de ces conventions sera de remettre la perception et le service de l'octroi entre les mains des employés ordinaires des impositions indirectes. Cependant, dans les villes où il sera nécessaire de conserver des préposés affectés spécialement au service de l'octroi, ces préposés continueront à être nommés par les préfets, sur la proposition des maires, et après avoir pris l'avis des directeurs des impositions indirectes. Leur nombre et leur traitement seront fixés par cette régie : ils seront révocables, soit sur la demande du maire, soit sur celle du directeur. Lorsque le préfet ne jugera pas convenable de déférer à la demande de ce dernier, il fera connaître ses motifs à notre directeur général desdites impositions, qui prononcera définitivement.

Les maires conserveront le droit de surveillance sur les préposés, et celui de transiger sur les contraventions, dans les cas déterminés par la présente ordonnance.

Art. 96. Les traités conclus avec les communes subsisteront de plein droit, jusqu'à ce que la commune ou la régie en ait notifié la cessation : cette notification aura toujours lieu, de part ou d'autre, six mois au moins à l'avance.

Art. 97. Les receveurs verseront le montant de leurs recettes, pour le compte de l'octroi, dans la caisse municipale, aux époques déterminées par l'article 67, sous la déduction des frais de perception convenus par le traité, et dont ils compteront comme de leurs autres recettes pour le Trésor.

Art. 98. La remise du service des octrois pour la perception desquels il aura été conclu un traité avec la régie des impositions indirectes, lui sera faite de la manière prescrite par l'article 1er.

TITRE XIII.

DISPOSITIONS GÉNÉRALES.

Art. 99. Les règlements et tarifs d'octroi, en ce qui concerne les boissons, ne pourront contenir aucune disposition contraire à celles prescrites par les lois et ordonnances pour la perception des impositions indirectes.

Art. 100. Les préfets veilleront à ce que les objets portés aux tarifs des octrois de leur département soient, autant que possible, taxés au même droit dans les communes d'une même population.

Art. 101. Tous les tarifs et règlements d'octroi seront successivement revisés et régularisés conformément aux dispositions de la présente ordonnance, et soumis à notre approbation par notre ministre des finances.

Art. 102. Il sera présenté à notre approbation par notre ministre des finances, avant le 1er janvier prochain, un règlement particulier d'organisation pour l'octroi et l'entrepôt de Paris.

Art. 103. Les approvisionnements en vivres, destinés pour le service de la marine, ne seront soumis dans les ports à aucun droit d'octroi. Ces approvisionnements seront introduits dans les magasins de la marine de la manière prescrite pour les objets admis en entrepôt : le compte en sera suivi par les employés d'octroi, et les droits exigés sur les quantités qui seraient enlevées pour l'intérieur du lieu sujet et à toute autre destination que les bâtiments de l'État.

Art. 104. Les matières servant à la confection des poudres ne seront également frappées d'aucun droit d'octroi.

Art. 105. Nulle personne, quels que soient ses fonctions, ses dignités ou son emploi, ne pourra prétendre, sous aucun prétexte, à la franchise des droits d'octroi.

Art. 106. Nos ministres de l'intérieur et des finances sont chargés, chacun en ce qui le concerne, de l'exécution de la présente ordonnance, qui sera insérée au *Bulletin des lois*.

Donné au château des Tuileries, le 9 décembre, l'an de grâce 1814.

Signé LOUIS.

Par le Roi :

Le Ministre Secrétaire d'État des finances,
Signé Le Baron Louis.

Loi sur les finances. (*Extrait.*)

Du 28 avril 1816.

. . . .

Contributions indirectes.

. . . .

TITRE II.

DES OCTROIS.

Art. 147. Lorsque les revenus d'une commune seront insuffisants pour ses dépenses, il pourra y être établi, sur la demande du conseil municipal, un droit d'octroi sur les consommations. La désignation des objets imposés, le tarif, le mode et les limites de la perception, seront délibérés par le conseil municipal et réglés de la même manière que les dépenses et les revenus communaux. Le conseil municipal décidera si le mode de perception sera la régie simple, la régie intéressée, le bail à ferme ou l'abonnement avec la régie des contributions indirectes : dans tous les cas, la perception du droit se fera sous la surveillance du maire, du sous-préfet et du préfet.

Art. 148. Les droits d'octroi continueront à n'être imposés que sur les objets destinés à la consommation locale. Il ne pourra être fait d'exceptions à cette règle que dans les cas extraordinaires et en vertu d'une loi spéciale.

Art. 149. Les droits d'octroi qui seront établis à l'avenir sur les boissons ne pourront excéder ceux qui seront perçus aux entrées des villes au profit du Trésor. Si une exception à cette règle devenait nécessaire, elle ne pourrait avoir lieu qu'en vertu d'une ordonnance spéciale du roi.

Art. 150. Les règlements d'octrois ne pourront contenir aucune disposition contraire à celles des lois et règlements relatifs aux différents droits imposés au profit du Trésor.

Art. 151. En cas de quelque infraction de la part des conseils municipaux aux règles posées par les articles précédents, le ministre des finances, sur le rapport du directeur général des contributions indirectes, en référera au conseil du roi, lequel statuera ce qu'il appartiendra.

Art. 152. Des perceptions pourront être établies dans les banlieues autour des grandes villes, afin de restreindre la fraude ; mais les recettes faites dans ces banlieues appartiendront toujours aux communes dont elles seront composées.

Art. 153. Le produit net des octrois, dans toutes les communes où il en est perçu, sera soumis, au profit du Trésor, à un prélèvement de dix pour cent, à titre de subvention, pendant la durée de la présente loi.

Il sera fait déduction, sur les produits passibles de cette retenue, du montant de la contribution mobilière, dans les villes où elle est remplacée par une addition à l'octroi.

Il en sera de même du montant de l'abonnement que la régie pourrait consentir avec les villes, en remplacement du droit de détail, en exécution de l'article 73 de la présente loi.

A compter du 1er juillet 1816, il ne pourra être fait aucun autre prélèvement, soit sur le produit net des octrois, soit sur les autres revenus des communes, sous quelque prétexte que ce soit, et en vertu de quelques lois et ordonnances que ce puisse être. Elles sont expressément rapportées en ce qu'elles pourraient avoir de contraire à la présente loi.

Art. 154. Les préposés des octrois seront tenus, sous peine de destitution, d'opérer la perception des droits établis aux entrées des villes au profit du Trésor lorsque la régie le jugera convenable ; elle fera exercer, relativement à ces perceptions, tel genre de contrôle ou de surveillance qu'elle croira nécessaire d'établir.

Lorsque la régie chargera de la perception des droits d'entrée des préposés commissionnés par elle, les communes seront tenues de les placer avec leurs propres receveurs dans les bureaux établis aux portes des villes.

Art. 155. Dans toutes les communes où les produits annuels du droit d'octroi s'élèveront à vingt mille francs et au-dessus, il pourra être établi un préposé en chef de l'octroi. Ce préposé sera nommé par le ministre des finances, sur la présentation du maire, approuvée par le préfet, et sur le rapport du directeur général des contributions indirectes.

Le traitement du préposé surveillant sera fixé par le ministre des finances sur la proposition du conseil municipal, et fera partie des frais de perception de l'octroi.

Les dispositions de cet article ne sont point applicables à l'octroi de Paris, dont l'administration reste soumise à des règlements particuliers.

Art. 156. Les préposés de tout grade des octrois seront

nommés par les préfets sur la proposition des maires. Le directeur général des contributions indirectes pourra, dans l'intérêt du Trésor, faire révoquer ceux de ces préposés qui ne rempliraient pas convenablement leurs fonctions.

Art. 157. Les dix pour cent du produit net des octrois seront versés dans les caisses de la régie, aux époques qu'elle aura déterminées; le montant de ce prélèvement sera arrêté, tous les mois, par des bordereaux de recettes et dépenses visés et vérifiés par le préposé surveillant de l'octroi; le recouvrement s'en poursuivra par la saisie des deniers de l'octroi, et même par voie de contrainte à l'égard du receveur municipal.

Art. 158. La régie des contributions indirectes sera autorisée à traiter de gré à gré avec les communes pour la perception de leurs octrois; les traités ne seront définitifs qu'après avoir été approuvés par le ministre des finances.

Art. 159. Tous les préposés comptables des octrois sont tenus de fournir un cautionnement en numéraire, qui sera fixé par le ministre secrétaire d'État des finances, à raison du vingt-cinquième brut de la recette présumée.

Le *minimum* ne pourra être au-dessous de deux cents francs.

Pour les octrois des grandes villes, il sera présenté des fixations particulières.

Ces cautionnements seront versés au Trésor, qui en payera l'intérêt au taux fixé pour ceux des employés des contributions indirectes.

. . . .

Ordonnance du Roi portant établissement de droits d'octroi dans la banlieue de Paris.

Du 11 juin 1817.

LOUIS, par la grâce de Dieu, Roi DE FRANCE ET DE NAVARRE,

Vu l'article 152 de la loi de finances du 28 avril 1816;

Vu la délibération prise, le 20 septembre 1816, par le conseil général du département de la Seine, faisant fonctions de conseil municipal à Paris; ensemble les observations et l'arrêté de notre conseiller d'État préfet dudit département, en date du 30 du même mois;

Vu aussi les observations de notre conseiller d'État directeur général de l'administration des contributions indirectes, et celles de notre ministre secrétaire d'État au département de l'intérieur;

Sur le rapport de notre ministre secrétaire d'État des finances;

Notre Conseil d'État entendu,

NOUS AVONS ORDONNÉ et ORDONNONS ce qui suit:

TITRE PREMIER.

DE L'ÉTABLISSEMENT D'UNE PERCEPTION DE BANLIEUE AUX ENVIRONS DE LA VILLE DE PARIS.

Art. 1er. Il sera établi, autour de notre bonne ville de Paris, une perception de banlieue sur les eaux-de-vie, esprits et liqueurs.

Elle s'étendra à toutes les communes des arrondissements de Sceaux et de Saint-Denis.

Art. 2. Dans le rayon assigné à la perception de banlieue, les eaux-de-vie, esprits et liqueurs seront soumis aux droits de consommation réglés par le tarif ci-après, et aux autres dispositions de la présente ordonnance.

TARIF.

DÉSIGNATION des EAUX-DE-VIE, ESPRITS ET LIQUEURS	MONTANT DU DROIT par hectolit.	OBSERVATIONS
Eaux-de-vie en cercles au-dessous de 22 degrés . . .	15f	Il sera perçu à la distillation des eaux-de-vie de grains, mélasse, vins, marcs, cidres ou autres substances, un droit égal à celui imposé à l'entrée de la banlieue. Les eaux-de-vie ou esprits altérés par quelque mélange que ce soit, sont assujettis aux mêmes droits que les eaux-de-vie ou esprits purs.
Eaux-de-vie en cercles de 22 degrés jusqu'à 28 exclusivement	20	
Eaux-de-vie rectifiées à 28 degrés et au-dessus, esprits, eau-de-vie de toute espèce en bouteilles. — Eaux de senteur et liqueurs composées d'eau-de-vie et d'esprit, tant en cercles qu'en bouteilles.	30	

Art. 3. La direction de l'octroi de Paris sera chargée de la recette et des autres mesures d'exécution, avec le concours et sous la surveillance des maires, des sous-préfets, et sous l'autorité de notre préfet du département de la Seine et de notre directeur général des contributions indirectes, chacun dans l'ordre de ses attributions.

Art. 4. Ladite perception de banlieue ayant pour but de prévenir la fraude aux entrées de Paris, et de procurer aux communes rurales du département de la Seine, des revenus dont elles ont besoin, les frais de perception seront supportés par lesdites communes et par l'octroi de Paris.

Le prélèvement sur les recettes à la charge des communes rurales ne pourra excéder dix pour cent des produits bruts. La quotité de ce prélèvement sera réglée par notre préfet du département de la Seine, et soumise par notre directeur général des contributions indirectes à l'approbation de notre ministre des finances.

Art. 5. La moitié des produits de la perception sera répartie, à la fin de chaque mois, entre les communes situées dans la banlieue, en proportion de leur population respective.

Il sera fait de l'autre moitié un fonds de réserve et de prévoyance, tant pour subvenir au payement des parts et portions qui, à raison de leur intérêt à des dépenses reconnues communes à plusieurs municipalités, pourront leur être assignées par la répartition à faire de ces dépenses dans les formes prescrites par l'article 46 de la loi du 25 mars dernier, que pour accorder des secours à celles qui éprouveraient des besoins impérieux et auraient à pourvoir à des dépenses extraordinaires.

Art. 6. Le fonds de réserve sera versé chaque mois à la caisse des dépôts volontaires, et il ne pourra en être fait emploi que d'après les règles prescrites par notre ordonnance du 7 mars dernier.

Art. 7. Le produit net de la perception sera passible du prélèvement des dix pour cent ordonnés au profit du Trésor par l'article 153 de la loi du 28 août 1816.

Art. 8. Le directeur de l'octroi de Paris fera verser dans les caisses des contributions indirectes le montant des dix pour cent revenant au Trésor, et dans celles du receveur général du département le surplus du produit net.

Ce receveur versera sans retard et en proportion de ses rentrées, dans les caisses des communes, les sommes qui leur seront allouées, soit comme fonds ordinaire, soit comme fonds de supplément.

Art. 9. A l'expiration de chaque exercice, le directeur et les régisseurs de l'octroi de Paris présenteront le compte général de la perception de banlieue au préfet de la Seine, qui le transmettra avec ses observations au conseil général du département, pour être examiné, discuté et arrêté.

Les doubles de ce compte seront adressés aux sous-préfets des arrondissements de Saint-Denis et de Sceaux, et à notre directeur général des contributions indirectes.

Les sommes allouées aux communes en vertu des articles précédents feront partie de leur comptabilité, qui continuera à être réglée dans la forme ordinaire.

TITRE II.

DE LA PERCEPTION DES DROITS.

Art. 10. Les limites de la perception objet de la présente ordonnance seront déterminées par des poteaux portant ces mots : *Perception de la banlieue de Paris sur les eaux-de-vie, esprits et liqueurs.*

Le placement des bureaux sera déterminé par un arrêté du préfet de la Seine.

Art. 11. Tout porteur ou conducteur de boissons spécifiées en l'article 2 sera tenu, avant d'entrer dans la banlieue, de les déclarer à l'un des bureaux qui seront établis à cet effet sur les limites, et d'exhiber aux préposés les lettres de voiture, passavants, congés, acquits-à-caution ou toutes autres expéditions délivrées pour lesdites boissons par la régie des contributions indirectes.

Art. 12. Lorsque les boissons seront destinées pour la banlieue, le porteur ou conducteur sera tenu d'acquitter le droit au moment même de la déclaration et avant l'introduction, à moins qu'étant porteur d'un acquit-à-caution, il ne déclare vouloir l'acquitter au moment de la décharge de cette expédition.

Art. 13. Les porteurs ou conducteurs de boissons arrivant en destination de Paris ou de l'entrepôt général de cette ville, seront tenus de se munir d'acquits-à-caution au bureau d'entrée de la banlieue, si déjà ces boissons ne sont accompagnées d'une semblable expédition délivrée par l'administration des contributions indirectes.

Il en sera de même à l'égard des eaux-de-vie, esprits et liqueurs qui, ayant pour destination un lieu situé hors de la banlieue, en traverseront le territoire pour y arriver.

Art. 14. Les eaux-de-vie, esprits et liqueurs qui sortiront de l'entrepôt général, ne pourront être enlevés qu'avec un acquit-à-caution.

Art. 15. Les acquits-à-caution délivrés en exécution des articles précédents, seront déchargés par les employés de l'octroi de Paris ou des contributions indirectes, soit après l'acquittement des droits aux entrées de Paris, soit après la prise en charge à l'entrepôt général, soit enfin après la vérification, au bureau de sortie de la banlieue, des eaux-de-vie, esprits et liqueurs qui seront expédiés pour le dehors.

Art. 16. Il ne pourra être établi de distilleries dans la banlieue qu'en vertu d'une autorisation donnée par le préfet de la Seine.

Art. 17. Il sera fait mention sur les congés ou acquits-à-caution délivrés par les préposés des contributions indirectes, pour les eaux-de-vie, esprits ou liqueurs qui seront enlevés de l'intérieur de la banlieue, que l'expéditeur a justifié de l'acquittement du droit de banlieue.

Art. 18. Les eaux-de-vie, esprits et liqueurs circulant dans la banlieue sans acquits-à-caution de l'octroi, ou sans quittance du droit de banlieue, ou sans que les expéditions dont ils seront accompagnés pour les contributions indirectes, présentent la mention voulue par l'article précédent, seront saisis par les préposés de l'octroi ou des contributions indirectes.

Art. 19. Conformément à l'article 53 de la loi du 28 avril

1816, les débitants de boissons seront tenus de représenter aux employés des contributions indirectes les quittances du droit de banlieue pour les eaux-de-vie, esprits et liqueurs qu'ils auront introduits dans leur débit : celles de ces boissons pour lesquelles ils ne pourront justifier de l'acquit de ce droit, seront saisies et confisquées.

TITRE III.

DISPOSITIONS TRANSITOIRES.

Art. 20. Les eaux-de-vie, esprits et liqueurs qui existeraient en charge, lors de la promulgation de la présente ordonnance, dans les comptes ouverts par les préposés des contributions indirectes aux marchands en gros, commissionnaires, facteurs, dépositaires, courtiers, bouilleurs, distillateurs, débitants et autres faisant un commerce quelconque de ces boissons dans le rayon assigné à ladite perception, seront soumis aux droits de banlieue, si, dans le délai de dix jours, ces boissons ne sont expédiées, soit à l'entrepôt général, soit à l'extérieur.

TITRE IV.

DISPOSITIONS GÉNÉRALES.

Art. 21. Les eaux-de-vie, esprits et liqueurs ne pourront être entreposés dans la banlieue ; celles desdites boissons qui auront été déclarées lors de l'introduction comme ayant une destination extérieure, et dont le transport serait interrompu par une cause quelconque, devront être conduites à l'entrepôt général de la ville de Paris.

Art. 22. Toute contravention aux dispositions de la présente ordonnance sera punie de la confiscation des objets saisis, conformément aux lois en matière d'octroi.

Art. 23. Le produit de ces confiscations sera réparti

conformément aux règles prescrites pour l'octroi de Paris.

Art. 24. Dans tous les cas non prévus par les dispositions qui précèdent, on se conformera, en tout ce qui n'est pas abrogé par les lois en vigueur, aux dispositions de nos ordonnances des 9 et 23 décembre 1814, portant règlement d'octroi.

Art. 25. Nos ministres secrétaires d'État des finances et de l'intérieur sont chargés, chacun en ce qui le concerne, de l'exécution de la présente ordonnance, qui sera insérée au *Bulletin des lois.*

Donné à Paris, en notre château des Tuileries, le 11 juin de l'an de grâce 1817, et de notre règne le vingt-troisième.

Signé LOUIS.

Par le Roi :

Le Ministre Secrétaire d'État des finances,

Signé Le Comte Corvetto.

Ordonnance du Roi pour l'organisation et la comptabilité de la régie de l'octroi à Paris.

Du 22 juillet 1831.

Louis-Philippe, Roi des Français,

Considérant que depuis l'ordonnance royale du 23 décembre 1814 portant règlement particulier d'organisation pour l'octroi de Paris, la législation relative à la perception des octrois et droits d'entrée, ainsi qu'à la comptabilité des communes dont les dépenses sont soumises au jugement de la cour des comptes, a éprouvé des changements notables ; qu'il devient dès lors nécessaire de modifier cette ordonnance pour la mettre en harmonie avec la législation nouvelle, et notamment avec la loi du 28 avril 1816 et les ordonnances royales des 14 septembre 1822, 23 avril 1823 et 23 juillet 1826;

Vu, 1° les lois des 18 octobre 1798 et 18 décembre 1799;

2° L'article 102 de l'ordonnance du 9 décembre 1814;

3° Vu l'article 155 de la loi du 28 avril 1816, portant que l'administration de l'octroi de Paris reste soumise à des règlements particuliers;

4° Le décret du 30 mars 1808, constitutif de l'entrepôt général des boissons;

Vu aussi les observations de notre ministre du commerce et des travaux publics;

Sur le rapport de notre ministre secrétaire d'État des finances,

Nous avons ordonné et ordonnons ce qui suit :

Art. 1ᵉʳ. L'octroi de Paris, ainsi que les entrepôts et établissements qui en dépendent, continueront d'être régis et administrés suivant les règlements particuliers actuellement en vigueur, sous l'autorité immédiate du préfet de la Seine et sous la surveillance générale de notre directeur de l'administration des contributions indirectes, par un directeur et trois régisseurs, formant un conseil d'administration présidé par le directeur. Le dernier sera en même temps directeur des droits d'entrée perçus au profit du Trésor public.

Art. 2. Les directeur et régisseurs seront nommés, savoir : le directeur par nous, sur la proposition du ministre des finances; et les régisseurs par le ministre du commerce et des travaux publics, sur la proposition du préfet de la Seine.

Tous les autres préposés seront nommés par le préfet de la Seine, et par avancement, dans l'ordre des grades, sur une liste de sujets propres aux emplois vacants, qui sera présentée par le conseil d'administration. Néanmoins le préfet pourra nommer sans présentation au quart des emplois de receveurs qui viendront à vaquer. Un règlement délibéré par le conseil d'administration, et soumis par le préfet à l'approbation de notre ministre du commerce et des travaux publics, déterminera les conditions d'admission au surnumérariat.

Les préposés de l'octroi seront révocables dans les cas prévus par l'article 156 de la loi du 28 avril 1816, sur la demande de notre directeur de l'administration des contributions indirectes.

Art. 3. Le directeur de l'octroi, en sa qualité de président du conseil d'administration, recevra la correspondance, et donnera les ordres d'urgence.

Art. 4. Chacun des régisseurs de l'octroi sera chargé d'une partie de l'administration, qui sera déterminée par le préfet.

Art. 5. Toutes les mesures concernant l'administration, le personnel, la perception, la comptabilité et les instances à suivre devant les tribunaux, seront délibérées en conseil d'administration et soumises au préfet de la Seine, sauf les exceptions pour objets à traiter d'urgence, lesquels seront déterminés par un règlement particulier concerté entre nos ministres des finances, du commerce et des travaux publics.

Art. 6. Tous les ans, le budget des frais de perception de l'octroi sera préparé par le conseil d'administration et présenté au préfet, qui le soumettra, avec les modifications qu'il aura jugées convenables, à la délibération du conseil municipal. Après cette délibération, le budget sera envoyé au ministre des finances pour être approuvé par lui, sur le rapport du directeur de l'administration des contributions indirectes.

Les frais extraordinaires d'établissement jugés nécessaires dans le courant de l'année seront préparés, délibérés et approuvés de la même manière.

Art. 7. L'époque et le mode des versements des produits de l'octroi dans la caisse municipale seront déterminés par le préfet de la Seine : ceux des versements des produits des droits du Trésor seront déterminés par l'administration des contributions indirectes.

A l'expiration de chaque mois, le conseil d'administration de l'octroi établira un décompte provisoire des dix pour cent du produit net revenant au Trésor, dont le montant sera immédiatement versé par le receveur municipal dans les caisses de la régie des contributions indirectes. Le règlement définitif de ce prélèvement aura lieu à la fin de chaque exercice.

Art. 8. Les dépenses de l'octroi et de l'entrepôt de Paris seront, conformément aux ordonnances royales des 23 avril 1823 et 23 juillet 1826, acquittées, comme toutes les autres dépenses communales, par le receveur municipal, sur les mandats du préfet de la Seine, après avoir été certifiées par le conseil d'administration de l'octroi.

Néanmoins les appointements, remises, frais de bureau et autres sommes dus aux employés en vertu des règlements et décisions, seront payés par les receveurs que l'administration de l'octroi désignera, et sous leur responsabilité, sur des états émargés par les parties prenantes, lesquels seront, après le payement, immédiatement transmis par le conseil d'administration au préfet de la Seine, qui en ordonnancera le montant sur le trésorier municipal à la décharge des comptables en ayant fait l'avance.

Tous autres frais ordinaires de perception qui n'excéderont pas trois cents francs, seront payés et ordonnancés de la même manière.

Le conseil d'administration de l'octroi ne pourra, sous

sa responsabilité, dépasser les limites fixées par chaque article du budget, en suivant les imputations déterminées, auxquelles il ne pourra faire aucun changement qu'en vertu d'une autorisation du préfet de la Seine, approuvée par le ministre des finances.

Art. 9. La perception des droits établis aux entrées de Paris pour le compte du Trésor public continuera d'être faite par les préposés de l'octroi, qui se conformeront, à cet effet, à tous les règlements, ordres et instructions de l'administration des contributions indirectes.

Art. 10. L'administration des contributions indirectes pourra faire exercer une surveillance immédiate sur les receveurs et autres préposés de l'octroi : elle pourra faire vérifier les caisses, arrêter les registres et faire verser immédiatement les fonds dans les caisses auxquelles ils sont destinés.

Art. 11. L'administration des contributions indirectes pourra placer dans les entrepôts et autres établissements de l'octroi le nombre d'employés qu'elle jugera nécessaire pour son service.

Art. 12. Les droits d'octroi à la fabrication des bières continueront d'être constatés chez les brasseurs par les employés des contributions indirectes, qui pourront en outre, s'il y a lieu, et sur la demande de l'administration municipale, être chargés de constater les autres droits d'octroi dans l'intérieur de Paris.

Art. 13. L'état de répartition des sommes portées, chaque année, par le budget du ministère des finances, à titre d'indemnités allouées aux préposés de l'octroi, pour la perception des droits d'entrée, sera dressé conformément aux instructions qui seront données par l'administration des contributions indirectes, et communiqué au préfet de la Seine.

Le budget de la ville de Paris comprendra en recette

le produit des saisies et amendes pour contravention en matière d'octroi. L'emploi du produit de ces amendes et confiscations, dans le cas de contraventions en matière d'octroi, ou de contraventions communes aux deux services, sera fait d'après les règles qui seront propres à chaque administration.

Art. 14. Les fraudes et contraventions qui ne concernent que l'octroi seront poursuivies par le directeur, au nom du préfet de la Seine. Les transactions que le directeur pourra consentir ne seront définitives qu'après avoir été approuvées par le préfet, sur l'avis émis par le conseil d'administration.

A l'égard des fraudes et contraventions communes à l'octroi et aux droits d'entrée perçus au profit du Trésor, et de celles qui pourraient être particulières à ces derniers droits, le directeur pourra seul suivre l'effet des procès-verbaux devant les tribunaux, ou consentir des transactions d'après les règles propres à l'administration des contributions indirectes.

Celles de ces transactions applicables à des saisies communes qui devront être soumises à l'approbation du directeur de l'administration des contributions indirectes, ou à celle de notre ministre des finances, suivant les peines encourues, seront communiquées au préfet de la Seine, qui pourra donner son avis.

Les décharges ou restitutions de droit d'octroi seront autorisées par le préfet de la Seine, sur la proposition du conseil d'administration.

Art. 15. Le préfet pourra, toutes les fois qu'il le jugera convenable, former et réunir une commission consultative de l'octroi, qu'il composera de quatre membres du conseil municipal, du directeur des contributions indirectes dans le département de la Seine, du directeur et des trois régisseurs de l'octroi.

Le préfet présidera ladite commission, et, en son absence, il sera suppléé par le secrétaire général.

Art. 16. Les délibérations de la commission instituée par l'article précédent auront uniquement pour objet les mesures à prendre pour améliorer le service de l'octroi.

Art. 17. Le conseil d'administration de l'octroi fournira au préfet de la Seine et à l'administration des contributions indirectes tous les états quotidiens des produits de l'octroi, bordereaux de mois, comptes moraux trimestriels et autres renseignements relatifs à la perception et au personnel du service, qui seront jugés nécessaires.

Art. 18. Les dispositions de l'ordonnance du 9 décembre 1814 continueront d'être observées pour l'octroi de Paris en ce qui n'est pas contraire à la présente.

L'ordonnance du 23 décembre 1814 est rapportée.

Art. 19. Nos ministres secrétaires d'État des finances et des travaux publics sont chargés de l'exécution de la présente ordonnance, qui sera insérée au *Bulletin des lois*.

Signé LOUIS-PHILIPPE.

Par le Roi :

Le Ministre Secrétaire d'État des finances,

Signé LOUIS.

Loi sur l'extension des limites de Paris.

Du 16 juin 1859.

Art. 1ᵉʳ. Les limites de Paris sont portées jusqu'au pied du glacis de l'enceinte fortifiée.

En conséquence, les communes de Passy, Auteuil, Batignolles-Monceaux, Montmartre, la Chapelle, la Villette,

Belleville, Charonne, Bercy, Vaugirard et Grenelle, sont supprimées.

Sont annexés à Paris les territoires ou portions de territoire de ces communes et des communes de Neuilly, Clichy, Saint-Ouen, Aubervilliers, Pantin, Prés-Saint-Gervais, Saint-Mandé, Bagnolet, Ivry, Gentilly, Montrouge, Vanves et Issy, compris dans les limites fixées par le paragraphe 1er.

Les portions des territoires d'Auteuil, Passy, Batignolles-Monceaux, Montmartre, la Chapelle, Charonne et Bercy, qui restent au delà de ces limites, sont réunies, savoir :

Celles provenant d'Auteuil et de Passy, à la commune de Boulogne ;

Celle provenant des Batignolles-Monceaux, à la commune de Clichy ;

Celle provenant de Montmartre, à la commune de Saint-Ouen ;

Celle provenant de la Chapelle, partie à la commune de Saint-Ouen, partie à la commune de Saint-Denis, et partie à la commune d'Aubervilliers;

Celle provenant de Charonne, partie à la commune de Montreuil, partie à la commune de Bagnolet ;

Celle provenant de Bercy, à la commune de Charenton ;

Le tout conformément au plan A annexé à la présente loi.

Art. 2. La nouvelle commune de Paris est divisée en vingt arrondissements municipaux formant autant de cantons de justice de paix, suivant les lignes tracées sur le plan B annexé à la présente loi.

Art. 3. Le conseil municipal de Paris se composera désormais de soixante membres, qui seront nommés par l'Empereur, conformément à la loi du 5 mai 1855.

Deux membres, au moins, seront pris dans chacun des

arrondissements; ils devront y être domiciliés ou y posséder un établissement.

Chaque arrondissement municipal aura un maire et deux adjoints.

Art. 4. A partir du 1ᵉʳ janvier 1860, le régime de l'octroi de Paris sera étendu jusqu'aux nouvelles limites de cette ville.

Art. 5. Les magasins en gros pour les matières et les denrées soumises dans Paris aux droits d'octroi, dont l'existence aura été constatée au 1ᵉʳ janvier 1859 sur les territoires annexés à Paris, jouiront, sur la demande des intéressés, pour dix années, à partir du 1ᵉʳ janvier 1860, de la faculté d'entrepôt à domicile, conformément aux dispositions de l'article 41 de l'ordonnance royale du 9 décembre 1814, et de l'article 39 de la loi du 28 avril 1816, et ce, nonobstant, en ce qui concerne les boissons, les dispositions de l'article 9 de la loi du 28 juin 1833.

La même faculté d'entrepôt s'applique aux dépôts de combustibles et de matières premières annexés, pour leur approvisionnement, aux usines en activité au 1ᵉʳ janvier 1859.

A l'expiration de dix années, la faculté d'entrepôt pourra, après avis du conseil municipal, être prorogée, et, dans ce cas, elle devra être étendue à toute la ville de Paris.

Cette mesure, en ce qui concerne les boissons, ne pourra être prise qu'en vertu d'une loi.

Art. 6. Ceux des établissements mentionnés ci-dessus qui ne réclameraient pas le bénéfice de l'entrepôt à domicile pourront être admis à jouir, pour l'acquittement des droits d'octroi constatés à leur charge, des facilités de crédit analogues à celles qui sont maintenant accordées dans Paris au commerce des bois et au commerce des huiles.

Cette disposition n'est pas applicable aux objets qui sont à la fois passibles de droits d'entrée au profit du Trésor et de droits d'octroi.

Art. 7. Les usines en activité à la date du 1er janvier 1859, dans le périmètre du territoire réuni à Paris, ne pourront être, pendant le délai de sept ans, assujetties, pour la fabrication de leurs produits non soumis aux droits d'octroi ou de ceux qui devront être expédiés hors du territoire de Paris, à des droits supérieurs à ceux qu'elles payent actuellement dans les communes où elles sont situées, pour les combustibles employés à la fabrication et pour les matières premières dont on peut suivre et constater la transformation.

Toutefois, les usines à gaz pourront être astreintes au payement de la totalité du droit auquel la houille est soumise à l'entrée de Paris, à moins qu'elles ne préfèrent continuer de payer la redevance de deux centimes par mètre cube, perçue sur le gaz consommé dans Paris en vertu du traité passé le 23 juillet 1855 entre la ville de Paris et la compagnie parisienne d'éclairage et de chauffage par le gaz.

Art. 8. Les contributions directes dont le taux est déterminé à raison de la population continueront, pendant cinq ans, à partir du 1er juillet 1860, à être établies d'après les tarifs actuels dans les communes ou portions de communes annexées à Paris.

Après ce délai, ainsi que l'article 5 de la loi du 25 avril 1844 l'a réglé pour les communes passant d'une catégorie dans une autre, l'augmentation que devront subir les droits fixes de patentes pour être portés au niveau de ceux de Paris n'aura lieu que pour moitié, et ne sera complétée qu'après une seconde période de cinq années.

Art. 9. Les dettes des communes supprimées qui ne seraient pas couvertes par l'actif de ces communes au moment de leur suppression seront acquittées par la ville de Paris.

A l'égard des communes dont une partie seulement est annexée à Paris, un décret rendu en Conseil d'Etat réglera le partage de leur dette et de leur actif mobilier et immobilier.

Toutefois, la propriété des édifices et autres immeubles servant à usage public suivra de plein droit l'attribution des territoires sur lesquels ils sont situés.

Art. 10. Les dispositions des lois et décrets qui interdisent les inhumations dans l'enceinte des villes ne deviendront pas, par le seul fait de la présente loi, applicables aux cimetières actuellement existants dans l'intérieur de l'enceinte nouvelle de Paris.

Art. 11. Un règlement d'administration publique déterminera les mesures à prendre pour l'application des articles 4, 5, 6 et 7 de la présente loi.

Décret impérial portant règlement d'administration publique, pour l'exécution de la loi du 16 juin 1859, en ce qui concerne l'extension du régime de l'octroi de Paris jusqu'aux nouvelles limites de cette ville.

Du 19 décembre 1859.

NAPOLÉON, par la grâce de Dieu et la volonté nationale, EMPEREUR DES FRANÇAIS, à tous présents et à venir, SALUT.

Sur le rapport de notre ministre secrétaire d'Etat au département des finances ;

Vu les articles 4, 5, 6, 7 et 11 de la loi du 16 juin 1859 sur l'extension des limites de Paris ;

Vu l'ordonnance du 9 décembre 1814 et les dispositions des lois des 28 avril 1816 et 24 juin 1824 relatives aux octrois ;

Vu la loi du 12 décembre 1830 et le tarif y annexé pour la perception du droit d'entrée sur les boissons ;

Vu la loi du 24 mai 1834 ;

Vu la loi du 11 juin 1842 ;

Vu la loi du 10 mai 1846 ;

Vu le décret du 17 mars 1852 ;

Vu l'article 18 de la loi de finances du 22 juin 1854 ;

Vu les délibérations des conseils municipaux des communes de Neuilly et de Boulogne ;

Vu la délibération du conseil municipal de la ville de Paris, en date du 30 septembre 1859, tendant à,

1° La réunion à l'octroi de Paris des octrois établis dans les communes de Passy, Auteuil, Batignolles-Monceaux, Montmartre, la Chapelle, la Villette, Belleville, Charonne, Bercy, Vaugirard et Grenelle ;

2° L'extension, aux parties de ces anciennes communes comprises dans l'enceinte fortifiée de Paris, du tarif en vigueur dans ladite ville ;

3° L'approbation d'un règlement pour la perception dudit octroi ;

Vu l'avis du préfet du département de la Seine, en date du 5 octobre suivant ;

Vu les observations de notre ministre secrétaire d'État au département de l'intérieur ;

Notre conseil d'État entendu,

Avons décrété et décrétons ce qui suit :

Art. 1ᵉʳ. A partir du 1ᵉʳ janvier 1860, la législation, les règlements et les tarifs de l'octroi de Paris actuellement en vigueur seront appliqués aux territoires réunis à cette ville par l'article 1ᵉʳ de la loi du 16 juin 1859, sous les exceptions portées par la loi et par le présent règlement.

Art. 2. Pour faciliter la circulation entre Paris et le bois de Boulogne, il ne sera établi, aux barrières de l'enceinte fortifiée donnant sur le bois, qu'un simple service de surveillance ; mais, pour garantir complétement les intérêts de la perception, le territoire de cette promenade, avec son saut de loup, ses grilles et ses pavillons d'entrée, ses boulevards et chemins extérieurs, et le rivage de la Seine qui la limite à l'ouest, seront, à la même époque du 1ᵉʳ janvier 1860, et par application des articles 9 et 10 du décret du 17 mai 1809, et de l'article 152 de la loi du 28 avril 1816, soumis au régime de l'octroi de Paris.

Toutefois aucune introduction d'objets assujettis aux droits autre que celle pour l'approvisionnement de ses habitants, ne pourra s'effectuer par le bois de Boulogne. Il n'y aura, aux grilles extérieures de cette annexe et sur les limites, qu'un service de vérification, et toute introduction ou tentative d'introduction constituera une contravention qui sera poursuivie conformément aux lois des 29 mars 1832 et 24 mai 1834.

Art. 3. Il sera établi tel nombre de bureaux de déclaration, de recette, de vérification et de surveillance qui sera jugé nécessaire, tant aux portes autres que celles donnant sur le bois de Boulogne qui sont ménagées dans le mur des fortifications, qu'aux nouvelles entrées par eau, sur les ports de déchargement, dans les gares et sur les lignes de chemin de fer, depuis le point où la voie franchit l'enceinte de Paris, jusqu'à son extrémité à l'intérieur.

Des bureaux et services seront également organisés à l'intérieur des nouveaux territoires réunis à la ville de Paris pour assurer la perception dans les abattoirs, marchés, et établissements publics, dans les entrepôts à domicile autorisés par l'article 5 de la loi précitée, dans les usines appelées à jouir du bénéfice de l'article 7, ainsi que dans les fabriques et autres lieux de production d'objets assujettis aux droits d'octroi.

Art. 4. Des arrêtés du préfet de la Seine, le conseil municipal consulté, continueront à déterminer, suivant les localités et les besoins de la perception, la nature du service auquel chacun des bureaux établis en vertu de l'article précédent devra être affecté, les heures d'ouverture et de fermeture desdits bureaux.

Ces arrêtés seront publiés et affichés dans l'intérieur et à l'extérieur des bureaux.

OBJETS EXISTANT DANS LE COMMERCE AU 1er JANVIER 1860 SUR LE TERRITOIRE ANNEXÉ.

Art. 5. Tous les objets compris au tarif des droits d'octroi de Paris existant dans le commerce au 1er janvier 1860, sur le territoire annexé à l'ancien rayon, seront frappés desdits droits, sous la déduction des taxes qu'ils auront acquittés à l'octroi de la commune dont dépendait l'établissement dans lequel ces objets seraient reconnus, sauf l'admission en entrepôts fictifs, s'il y a lieu.

Art. 6. Tout commerçant en gros ou en détail, tout fabricant, tout possesseur ou chef d'usine, et tout détenteur ou dépositaire de marchandises assujetties à l'octroi et destinées à être revendues, sera tenu, dans les dix premiers jours du mois de janvier 1860, de déclarer au bureau de l'octroi désigné à cet effet, ou aux employés qui se présenteraient pour recevoir lesdites déclarations, tous les objets compris au tarif qu'il avait en sa possession au 1er dudit mois de janvier, soit dans ses magasins, caves, celliers ou ateliers, soit dans tout autre lieu.

Lesdites déclarations devront énoncer exactement la nature, la quantité desdits objets, et les lieux où ils sont placés. Elles pourront être vérifiées par les employés de l'octroi.

A défaut de déclaration, ou en cas de déclaration fausse ou inexacte, les contrevenants seront poursuivis en vertu de l'article 8 de la loi du 29 mars 1832.

Art. 7. Le droit d'octroi à percevoir en exécution de

l'article 5 ci-dessus sera exigible immédiatement après la remise au redevable du décompte des sommes dues d'après les quantités constatées, comme il est dit dans l'article 6, à moins que lesdits objets ne soient admis à l'entrepôt fictif autorisé, par l'article 5 de la loi sur l'annexion, en faveur des magasins en gros et des usines dont l'existence aura été constatée au 1er janvier 1859.

Des facilités de payement pourront être accordées par l'administration, eu égard à l'importance des sommes dues sur les marchandises non entreposées et aux garanties offertes par les contribuables.

Art. 8. Les marchands en gros de boissons qui auraient établi des magasins postérieurement au 1er janvier 1859, ne pouvant prétendre à l'entrepôt à domicile concédé par l'article 5 de la loi du 16 juin 1859, et les débitants cessant également à la même époque d'être exercés, seront tenus, les uns et les autres, d'acquitter les droits d'octroi de Paris sur toutes les boissons restant en leur possession au 31 décembre 1859. Le recouvrement de ces droits s'effectuera en même temps que celui de la taxe unique attribuée au trésor public, conformément à l'article 42 de la loi du 21 avril 1832.

Art. 9. L'exercice des contributions indirectes dans les magasins en gros de boissons existant au 1er janvier 1859 qui conserveront l'entrepôt à domicile aura lieu dans l'intérêt commun de l'État et de la ville, ainsi que le prescrit l'article 91 de l'ordonnance du 9 décembre 1814.

Les boissons que ces entrepôts livreront à la consommation de Paris acquitteront les droits d'octroi avant l'enlèvement, d'après les règles suivies par la régie des contributions indirectes pour ses propres perceptions, et conformément aux prescriptions des articles 18 et 19 du présent règlement, en tout ce qui peut concerner l'octroi de Paris.

Art. 10. Toute personne qui, après la mise à exécution

de la loi d'annexion, livrerait, soit aux commerçants, soit aux consommateurs, des objets soumis aux droits d'octroi, qu'elle aurait accumulés et recélés, soit pour son compte, soit pour le compte d'autrui, et pour lesquels elle n'aurait pas fait la déclaration prescrite par l'article 6 du présent règlement, sera poursuivie en vertu de l'article 8 de la loi du 29 mars 1832. Les objets transportés, ainsi que ceux qui existeront dans le dépôt non déclaré, seront saisis.

La présente disposition ne pourra s'étendre aux particuliers transportant leurs approvisionnements ordinaires dans un autre domicile, ou qui céderaient tout ou partie de ces approvisionnements à d'autres personnes.

DES ENTREPÔTS A DOMICILE.

Art. 11. Les magasins en gros d'objets soumis aux droits d'octroi, pouvant prétendre à l'entrepôt à domicile concédé pour dix années par l'article 5 de la loi du 16 juin 1859, seront admis au bénéfice de cette disposition, sur une demande des intéressés présentée à l'administration de l'octroi, indiquant la situation des magasins, la description des lieux, la nature du commerce, et appuyée des titres, pièces et documents divers constatant l'existence de ces établissements comme magasins en gros, au 1er janvier 1859, sur les territoires annexés à la ville de Paris, ainsi que les droits des demandeurs.

Toutes les questions qui s'élèveraient relativement à l'admission au bénéfice de l'entrepôt, en ce qui concerne les objets assujettis exclusivement à l'octroi, seront portées devant le préfet de la Seine, qui prononcera.

Art. 12. La concession de l'entrepôt à domicile n'étant prononcée qu'en faveur du commerce en gros, tout commerce en détail dans lesdits magasins exclut la faculté d'y recevoir des marchandises en entrepôt; mais l'entrepositaire peut effectuer la vente en détail dans tout local distinct qui n'a aucune communication avec les magasins réservés à la vente en gros.

Ces derniers magasins ne devront communiquer avec la voie publique que par le nombre d'issues indispensables pour l'exploitation de l'établissement, et de telle sorte qu'aucun objet enlevé desdits locaux ne puisse être soustrait à la surveillance extérieure des employés.

La situation de ces ouvertures sera désignée et décrite dans la demande d'entrepôt présentée par les intéressés conformément à l'article précédent. Aucun changement ne pourra y être apporté qu'après déclaration acceptée par l'administration de l'octroi.

Toute sortie des entrepôts, opérée par d'autres ouvertures que celles qui auraient été ainsi désignées, et dont le service aurait reconnu l'utilité, sera considérée comme introduction furtive dans la ville, lors même qu'il serait représenté des bulletins d'enlèvement ou quittances des droits ; la saisie des objets transportés sera déclarée, et les peines édictées par la loi du 29 mars 1832 seront invoquées contre les délinquants.

Art. 13. Tout magasin admis à l'entrepôt sera enregistré à l'administration de l'octroi, et donnera lieu à la délivrance d'un permis d'entrepôt. Les cessions d'établissements faites dans le cours des dix années accordées par l'article 5 de la loi d'annexion seront déclarées à l'octroi de la manière prescrite par l'article 4 ci-dessus, et les nouveaux possesseurs ne pourront exercer la qualité d'entrepositaires qu'après avoir obtenu un nouveau permis.

Art. 14. Dans le cas de décès, de faillite ou de disparition d'un entrepositaire, les droits sur les manquants et les restes en magasin devront être immédiatement acquittés par ses héritiers ou ayants cause, à moins que ceux-ci ne soient reconnus fondés à réclamer la continuation de la faculté d'entrepôt pour les mêmes magasins.

Art. 15. Les entrepositaires d'objets soumis aux droits d'octroi devront, comme les entrepositaires de boissons auxquels l'article 38 de la loi du 21 avril 1832 en impose l'obligation, présenter une caution solvable, domiciliée dans Paris, qui s'engagera, conjointement et solidairement avec eux, au payement des droits sur les quantités manquantes pour lesquelles il ne serait justifié ni de l'acquittement des droits, ni de la sortie du rayon.

L'administration pourra exiger une nouvelle caution lorsqu'elle le jugera nécessaire. Faute de satisfaire à cette demande, l'entrepositaire et la caution pourront être contraints au payement des droits sur la totalité des objets en magasin.

Art. 16. Sont désignés dans le tableau ci-après les objets admis à l'entrepôt à domicile, ainsi que les quantités au-dessous desquelles la faculté de l'entrepôt ne pourra être accordée et le certificat de sortie délivré.

S'il est reconnu nécessaire d'étendre la faculté de l'entrepôt à d'autres objets que ceux qui sont énoncés audit tableau, le préfet de la Seine, le conseil municipal entendu, prononcera.

Tableau des objets soumis aux droits d'octroi de Paris admis aux entrepôts à domicile concédés par la loi du 16 juin 1859, relative à l'extension des limites de Paris, et des quantités au-dessous desquelles la faculté de l'entrepôt ne pourra être accordée et le certificat de sortie délivré.

DÉSIGNATION DES OBJETS	MINIMUM DES QUANTITÉS	
	pouvant être admises à l'entrepôt	pouvant être reconnues à la sortie
Boissons	Pour les boissons, on suit les règles établies par la législation des contributions indirectes.	

DÉSIGNATION DES OBJETS		MINIMUM DES QUANTITÉS	
		pouvant être admises à l'entrepôt	pouvant être reconnues à la sortie
Liquides...	Vinaigres..........	1 hectol.	1 hectol.
	Bière............	5 id.	75 litres.
	Huile. { d'olive......	1 id.	50 id.
	{ de toute autre espèce.....	1 id.	1 hectol.
	Vernis...........	1 id.	50 litres.
	Essence	1 id.	1 hectol.
Comestibles.	Viandes salées	500 kilog.	50 kilog.
	Beurres salés.......	500 id.	100 id.
Combustibles	Bois à brûler.......	4 stères.	2 stères.
	Charbon de bois.....	30 hectol.	2 hectol.
	Charbon de terre.....	1,200 kilog.	1,000 kilog.
Matériaux...	Ciments	2,500 id.	1,000 id.
	Fers et fonte.......	1,000 id.	500 id.
	Ardoises (en nombre)...	5,000	3,000
	Briques (en nombre)...	1,500	1,000
	Tuiles (en nombre)....	1,000	500
	Carreaux (en nombre)...	1,500	1,000
	Poteries	1,000 kilog.	500 kilog.
Construction.	Bois à ouvrer.......	3 stères.	2 stères.
	Lattes	500 bottes.	100 bottes.
Fourrages...	Foin............	200 id.	200 id.
	Paille	200 id.	200 id.
	Avoine...........	2,000 kilog.	500 kilog.
	Orge............	2,000 id.	500 id.
Objets divers	Fromages	200 id.	100 id.
	Sels............	1,000 id.	100 id.
	Cires............	50 id.	25 id.
	Bougies et stéarines ...	500 id.	100 id.
	Suifs............	1,000 id.	500 id.

Art. 17. Tout marchand en gros jouissant de la faculté de l'entrepôt qui voudra faire conduire dans les magasins, caves ou celliers où il est autorisé à exercer cette faculté, des marchandises soumises aux droits, sera tenu, sous

les peines portées par la loi du 29 mars 1832, d'en faire la déclaration préalable aux bureaux d'octroi affectés à ces introductions, de s'engager à acquitter les droits sur les quantités qu'il ne justifierait pas avoir fait sortir de la commune, et de se munir d'un bulletin d'entrepôt, le tout suivant les prescriptions de l'article 42 de l'ordonnance du 9 décembre 1814.

Art. 18. Aucun objet admis en entrepôt ne pourra être enlevé du lieu où il a été déposé qu'après déclaration préalable faite aux bureaux de l'octroi désignés à cet effet, et qu'autant qu'il serait accompagné d'un bulletin d'enlèvement ou d'une quittance des droits portés au tarif.

La déclaration devra être faite une heure au moins avant la sortie de l'entrepôt; elle indiquera la nature, la quantité et la destination des objets, ainsi que l'heure de la mise en cours de transport.

Si l'enlèvement a lieu pour l'extérieur de Paris, les objets seront représentés aux employés des barrières ou ports, qui, après vérification des quantités et espèces, constateront la sortie.

Si l'enlèvement a lieu à destination d'un autre entrepôt, le bulletin contiendra toutes les indications nécessaires pour assurer la régularité du transport et la prise en charge dans ce dernier établissement.

Si, enfin, les objets sortant des entrepôts sont destinés à la consommation locale, les droits en seront acquittés au moment même de la déclaration d'enlèvement.

Art. 19. Les bulletins d'enlèvement ou les quittances des droits seront représentés à toute réquisition des employés chargés de la surveillance extérieure des entrepôts.

Faute de représentation desdits bulletins ou quittances, en cas de double emploi, de défaut d'identité dans la nature des objets, ou d'excédants reconnus sur les chargements, ou d'enlèvements hors de l'heure déterminée, les objets transportés seront saisis, et les peines prononcées par la loi du 29 mars 1832 pour les contraventions aux entrées de Paris seront invoquées contre les délinquants.

La même pénalité sera encourue, à la sortie de Paris, en cas de représentation de quantités inférieures à celles qui auront été portées au bulletin d'enlèvement pour l'extérieur, ou de substitution d'objets taxés à des droits moins élevés que ceux qui frappent les marchandises énoncées audit bulletin.

Art. 20. Les employés de l'octroi tiendront un compte d'entrée et de sortie des marchandises entreposées ; à cet effet, ils pourront, en tous temps, faire à domicile, dans les magasins, chantiers, caves ou celliers des entrepositaires, toutes les vérifications nécessaires pour reconnaître les objets entreposés, constater les quantités restantes et établir le décompte des droits dus sur celles pour lesquelles il ne sera pas représenté de certificat de sortie ou de quittances de droits acquittés sur les livraisons faites à l'intérieur.

Les sommes dues par suite de l'établissement de ce décompte seront acquittées immédiatement par les entrepositaires, et, à défaut, il sera décerné contre eux des contraintes qui seront exécutoires, nonobstant opposition et sans y préjudicier.

La quotité des déductions à accorder sur les marchandises dont le poids ou la quantité est susceptible de diminuer sera déterminée par des arrêtés préfectoraux.

Art. 21. Les entrepositaires ne pourront avoir, dans les magasins qui leur serviront d'entrepôt, aucune marchandise ayant acquitté les droits, de la nature de celles qui y seront entreposées.

Toute substitution ou altération dans la nature ou l'espèce des objets entreposés ayant pour but de dissimuler des manquants et d'éluder le payement des droits donnera lieu à l'application des peines portées par la loi du 29 mars 1832.

Art. 22. Les entrepositaires seront tenus de disposer les marchandises de telle sorte qu'elles puissent être vérifiées sans déplacement, de fournir aux employés de l'octroi et de mettre à leur disposition les hommes et les ustensiles nécessaires pour faciliter la reconnaissance, le pesage ou le mesurage des objets existant dans les entrepôts. Le non accomplissement de ces obligations constituera un cas d'opposition aux visites et exercices des employés, et fera encourir aux contrevenants la peine de cinquante francs d'amende, prononcée par l'article 12 de la loi du 27 vendémiaire an VII. Il sera procédé d'office auxdites vérifications, et les frais en seront supportés par les entrepositaires.

Art. 23. Tout refus de subir les visites, vérifications et exercices des employés de l'octroi sera constaté par procès-verbal. Les prétextes d'absence seront réputés refus formel. Les employés, après un refus de visite, pourront requérir l'assistance d'un officier de police, faire ouvrir en sa présence les caves, chantiers, celliers ou magasins, et procéder aux vérifications prescrites par l'article 20.

FACILITÉS DE CRÉDIT ACCORDÉES POUR L'ACQUITTEMENT DES DROITS D'OCTROI.

Art. 24. Le minimum des droits d'octroi pouvant motiver la concession des facilités de crédit mentionnées en l'article 6 de la loi du 16 juin 1859 est fixé à deux cents francs.

Pour les soumissions annuelles, la présentation des cautions et avals, l'admission des valeurs offertes en dépôt à défaut de caution, l'établissement des décomptes, la forme et l'échéance des billets et engagements, les bureaux où ils devront être souscrits, et autres obligations à remplir par les intéressés, il sera procédé, généralement, suivant les règles appliquées au commerce de bois dans Paris.

Des arrêtés préfectoraux pourvoiront aux modifications que comporterait la nature du commerce et des opérations des magasins en gros auxquels la loi a entendu accorder ces facilités.

USINES APPELÉES A PROFITER, PENDANT SEPT ANS,
DE MODÉRATIONS ET DE FRANCHISES DE DROITS.

Art. 25. Les usines qui étaient en activité au 1er janvier 1859, sur les territoires réunis à la ville de Paris, jouiront, à partir du 1er janvier 1860, de la faculté qui leur est concédée par le second paragraphe de l'article 5 de la loi du 16 juin 1859, relatif aux magasins en gros, de recevoir en entrepôt, à domicile, les combustibles et matières premières comprises au tarif de l'octroi, nécessaires pour la fabrication de leurs produits, si la consommation annuelle de ces combustibles et matières premières est assez importante pour que l'approvisionnement en soit assimilable à un commerce en gros.

Art. 26. L'admission en entrepôt à domicile des combustibles et matières premières a seulement pour effet d'affranchir les usines de l'obligation de consigner les droits jusqu'au moment de l'emploi de ces éléments de fabrication, et ces approvisionnements ne peuvent devenir l'objet d'aucun commerce dans les usines. Toutefois, l'administration pourra, exceptionnellement, autoriser des cessions de ces marchandises, et en régler les conditions relativement à l'octroi; mais toute sortie de ces établissements, sans ladite autorisation, d'une partie quelconque des combustibles et matières premières tenus en entrepôt, constituera une introduction frauduleuse dans l'intérieur de la ville; les quantités transportées seront saisies, et l'amende ainsi que la confiscation seront encourues.

Art. 27. A dater de la même époque, ces usines seront

mises, de la manière suivante, en possession des franchises et modérations de taxes prononcées par l'article 7 de ladite loi.

§ 1ᵉʳ. — *Combustibles.*

Les combustibles employés exclusivement à la fabrication de produits non compris au tarif de l'octroi de Paris ou qui, s'y trouvant compris, sont destinés à être expédiés à l'extérieur, seront affranchis des droits portés audit tarif; mais ces combustibles sont assujettis à des droits égaux à ceux qu'ils payent actuellement dans les communes où les usines sont situées.

§ 2. — *Matières premières comprises au tarif de l'octroi.*

Les matières premières comprises au tarif de l'octroi qui seront entrées dans la fabrication de produits non imposés et dont les employés de l'octroi auront constaté la complète transformation sans retour possible à l'état primitif, et celles de ces matières qui entreront dans la formation de produits imposés, mais destinés à être expédiés au dehors, seront affranchies des droits d'octroi de Paris; mais elles seront assujetties à des droits égaux à ceux qu'elles payent actuellement, comme il est dit au paragraphe 1ᵉʳ ci-dessus pour les combustibles.

§ 3. — *Disposition commune.*

Les combustibles et matières premières employés dans la fabrication des produits imposés, destinés à être livrés à la consommation de Paris, jouiront de la même franchise, mais sous la même réserve.

Art. 28. L'emploi des combustibles et matières premières sera suivi par les employés de l'octroi, au moyen d'un compte d'entrée et d'emploi de ces marchandises. Les charges résulteront des arrivages provenant, soit de l'extérieur, soit des entrepôts de l'intérieur de Paris. La décharge sera tirée de la constatation, par les mêmes employés, de la mise en consommation ou de la transformation desdits approvisionnements.

A cet effet, les chefs des usines ou les agents désignés pour les remplacer, devront faire, au bureau de l'octroi qui leur sera assigné, toutes les déclarations qui seront reconnues nécessaires pour que les employés chargés de suivre les mouvements de ladite consommation puissent assister aux opérations, faire toutes vérifications et passer les écritures qui devront amener la décharge du compte d'entrepôt. Ces formalités, et généralement la marche à suivre pour l'application des articles 5 et 7 de la loi, dans les relations à établir entre le service de l'octroi et les diverses usines, selon les besoins et la nature des travaux de chaque industrie, seront réglés par le préfet de la Seine.

Lorsque les recensements des combustibles et matières premières auront fait ressortir des manquants, ceux-ci seront frappés des droits d'octroi de Paris, sous la déduction des décharges qui auraient été constatées, et le payement devra en être effectué immédiatement.

Art. 29. Les objets compris au tarif de l'octroi fabriqués dans les usines formeront la matière d'un second compte d'entrepôt, qui présentera : en charge, les produits de la fabrication au moment où elle sera constatée ; en décharge, les quantités livrées à la consommation intérieure qui auront acquitté les droits et celles dont la sortie de Paris sera justifiée. Sous ces divers rapports, les usines seront traitées en tout point comme les magasins en gros, et seront soumises aux mêmes obligations pendant le délai de sept années qui leur est concédé.

Art. 30. Les combustibles dont l'existence au 1er janvier 1860 aura été déclarée ou reconnue, conformément à l'article 6 du présent règlement, dans les usines admises au bénéfice de l'entrepôt, seront pris en charge.

Les matières premières soumises audit octroi seront inventoriées à la même époque, et mises également en entrepôt comme éléments de fabrication.

Art. 31. Sur la demande des intéressés, formée et examinée conformément à l'article 11 du présent règlement concernant les magasins en gros, les usines seront admises au bénéfice résultant des articles 5 et 7 de la loi du 16 juin 1859.

Outre les indications, titres et documents à fournir conformément audit article 11, la demande devra énoncer d'une manière précise la nature des combustibles et matières premières pour lesquels l'entrepôt est demandé, l'évaluation des quantités nécessaires pour une année, la nature des produits fabriqués et la proportion dans laquelle ont lieu les expéditions à l'extérieur.

Art. 32. Les magasins, ateliers et locaux divers où seront déposés les combustibles et matières premières tenus en compte d'entrepôt, ainsi que les produits fabriqués soumis aux droits d'octroi de Paris, ne devront, comme les magasins en gros, communiquer avec la voie publique que par les issues indispensables pour l'exploitation.

Sous ce rapport l'article 12 du présent règlement s'appliquera aux usines exercées par les employés de l'octroi comme auxdits magasins. Il en sera de même des articles 13 et 14, en cas de transmission ou de cession d'exploitation, de décès, faillite ou disparition.

Enfin les dispositions des articles 15 à 23 seront également applicables à tous les cas prévus ou analogues, qui se produiraient dans lesdites usines.

USINES A GAZ.

Art. 33. Les usines à gaz qui payeront, conformément au paragraphe 2 de l'article 7 de la loi, la totalité du droit auquel la houille est soumise à l'entrée dans Paris, seront affranchies de tout droit sur le gaz et sur le coke par elles produits et livrés à la consommation intérieure ; dans le cas où elles préféreraient continuer à payer la redevance de deux centimes par mètre cube, perçue aujourd'hui sur le gaz consommé dans la ville, elles seront assujetties au payement des droits d'octroi pour les quantités de coke par elles introduites.

Toutefois, les usines pourront demander l'entrepôt à domicile pour la houille de leur consommation et pour leurs produits, en se soumettant à l'exercice des employés de l'octroi. Les quantités expédiées hors Paris seront portées en décharge au compte de cette fabrication, sur la représentation du certificat de sortie délivré aux barrières.

Les droits seront perçus au fur et à mesure des livraisons faites à l'intérieur de Paris ainsi que sur les manquants aux charges qui seront constatés.

CHEMINS DE FER.

Art. 34. A partir du 1er janvier 1860, le régime de l'octroi de Paris suivi dans les gares de chemins de fer situées à l'intérieur s'étendra jusqu'au point où la voie franchit les fortifications.

Les employés de l'octroi auront accès sur toute la ligne ainsi que dans les gares ou établissements existant sur ce parcours où ils auront à assurer la perception des droits du trésor public et des droits d'octroi sur tous les objets soumis à ces taxes.

Art. 35. Les droits dus seront exigibles au moment de

l'arrivée, comme aux autres entrées dans Paris, sur les objets destinés à la consommation locale.

Toutefois, en raison de la nature des transports exécutés par les chemins de fer, ainsi que des destinations diverses que reçoivent les chargements, et conformément aux dispositions de l'article 39 de l'ordonnance du 9 décembre 1814, les gares seront considérées comme lieu de transit, sous la condition d'un classement distinct des marchandises assujetties qui les tienne entièrement séparées des ateliers, magasins et approvisionnements de toute sorte affectés aux travaux de l'exploitation étrangers au mouvement des marchandises.

Bien que soumis, dès leur arrivée, à la surveillance générale du service de l'octroi, les objets imposables n'acquitteront les droits que lors de la sortie des gares.

Il en sera de même pour les formalités relatives aux expéditions vers les entrepôts de l'intérieur ou en passe-debout.

Aucune déclaration ne sera exigée pour les marchandises imposables réexpédiées des gares, soit directement par la voie d'arrivée, soit d'une gare à l'autre par le chemin de ceinture, à moins que, par suite d'opérations particulières, il n'y ait prise en charge et compte tenu par les employés de l'octroi nécessitant la reconnaissance à la sortie des marchandises.

Art. 36. Les compagnies des chemins de fer fourniront, tant dans les gares que sur la voie, à partir des fortifications et jusqu'au point extrême à l'intérieur, les bureaux, locaux et emplacements qui seront réclamés par le service des perceptions et de surveillance de l'octroi.

Les ouvertures donnant entrée dans Paris seront réparties sur l'enceinte des gares, et le nombre en sera limité, de façon à concentrer l'action des employés et à prévenir les introductions abusives, tout en donnant au mouvement des chemins de fer les facilités indispensables à leur exploitation.

L'article 3 du présent règlement mettant les ouvertures des gares sur Paris au rang des portes pratiquées dans les fortifications pour les besoins généraux de la circulation, et l'article 4 attribuant au préfet de la Seine les décisions à prendre pour le placement des postes et bureaux sur tous les points donnant accès dans Paris, les questions qui pourraient s'élever en ce qui touche les portes de gares seront soumises à la décision de l'autorité préfectorale.

En cas de réclamations des compagnies de chemins de fer contre l'exécution du présent article, il sera statué par le ministre des travaux publics, de concert avec le ministre de l'intérieur.

BESTIAUX ARRIVANT A DESTINATION DES ABATTOIRS OU DES MARCHÉS PUBLICS.

Art. 37. Le règlement du 23 décembre 1846 relatif à la perception du droit d'octroi sur la viande de boucherie et la viande de charcuterie à Paris, devenant applicable aux territoires annexés à la ville de Paris, toutes ses dispositions y seront obligatoires à partir du 1er janvier 1860.

En conséquence, les obligations imposées par l'article 2 seront remplies aux nouveaux bureaux de l'octroi. La consignation du droit fixé par tête sera exigée pour les bestiaux destinés aux abattoirs publics, à moins que les bouchers et charcutiers ne se reconnaissent responsables des agents chargés d'effectuer la déclaration et la conduite de ces animaux. Des soumissions dans ce sens seront fournies à l'administration par les bouchers occupant des places dans les abattoirs, qui recevront des bestiaux sous leur nom.

Les personnes autres que les bouchers admis au crédit autorisé par l'article 9 du règlement pour l'acquittement du droit sur les viandes, qui feraient conduire des bestiaux dans les abattoirs, ne pourront être dispensées de la consignation du droit fixe qu'en vertu d'autorisations données par l'administration de l'octroi, d'après les garanties offertes par les intéressés.

Art. 38. La consignation devra toujours être effectuée sur les bestiaux arrivant à destination des marchés publics de l'intérieur de Paris (article 2 du règlement précité), ainsi que pour ceux qui seraient conduits à domicile pour y être entretenus jusqu'à leur entrée aux abattoirs, ou à leur réexpédition hors de la ville. Des bulletins de consignation seront délivrés par chaque tête de bétail, ainsi que cela se pratique pour l'ancien territoire, et les sommes déposées seront remboursées sur la justification de l'entrée des animaux dans les abattoirs ou de leur sortie de Paris.

BESTIAUX ENTRETENUS A DOMICILE.

Art. 39. Les propriétaires de bestiaux entretenus dans les territoires annexés à la ville de Paris devront, au 1er janvier 1860, faire la déclaration, aux bureaux de l'octroi désignés, de tous ceux qu'ils auront à ce moment en leur possession.

Les employés vérifieront ces déclarations et feront les recherches nécessaires pour découvrir les bestiaux qui n'auraient pas été déclarés. Ces derniers seront saisis, et les peines prononcées par la loi du 29 mars 1832 seront appliquées, s'il y a lieu.

Les bestiaux reconnus, au 1er janvier 1860, sur le territoire réuni, deviendront immédiatement passibles de la consignation du droit fixe par tête, comme le sont ceux qui sont entretenus dans l'étendue de l'ancien périmètre. Toutefois des délais pourront être accordés, pour le versement desdites consignations, aux propriétaires qui donneraient des garanties suffisantes.

Art. 40. Jusqu'à ce que la consignation du droit fixe ait été complétement réalisée pour les bestiaux inventoriés au 1er janvier 1860, les employés de l'octroi en tiendront un compte d'entrepôt, et y porteront en décharge ceux dont l'envoi aux abattoirs ou hors de Paris sera justifié, ou pour lesquels les consignations ajournées auraient été versées. Ils feront des visites et recensements pour s'assurer du nombre de bestiaux existant encore dans les étables, et feront acquitter immédiatement le droit fixe pour ceux qui ne seraient pas représentés. Après cet apurement, le compte d'entrepôt ouvert transitoirement sera clos.

Art. 41. Les bestiaux nés dans l'intérieur du rayon de l'octroi seront également passibles des droits ; déclaration en sera faite à l'octroi, trois jours après la naissance, et le droit fixe par tête devra être consigné dès que l'octroi en réclamera le dépôt. Les employés tiendront les animaux en compte et en suivront la destination jusqu'à leur entrée dans les abattoirs, ou leur envoi hors de Paris.

Art. 42. Toute personne qui entretiendra des bestiaux à domicile sera tenue de subir les visites et exercices des employés de l'octroi. En cas de refus ou opposition, procès-verbal sera rapporté, et le contrevenant encourra l'amende de cinquante francs prononcée par la loi.

OBJETS TRAVERSANT PARIS EN PASSE-DEBOUT OU DESTINÉS AUX HALLES, MARCHÉS ET ENTREPÔTS RÉELS.

Art. 43. Les chargements d'objets soumis à l'octroi traversant Paris avec escorte, à destination des halles, marchés ou entrepôts réels, devront se rendre du bureau d'entrée au bureau de sortie assigné à l'expédition, ou à leur destination à l'intérieur, sans s'arrêter pendant le trajet, et en suivant les itinéraires qui auront été réglés par l'autorité municipale.

Le délai fixé par le décret du 29 nivôse an VII pour le

transport s'exécutant par terre sera prolongé en raison des distances à parcourir après l'agrandissement de Paris.

Toute substitution et toute altération faite dans la nature ou l'espèce des objets en passe-debout, pendant la durée du parcours, fera encourir au contrevenant une amende de cent francs à deux cents francs et entraînera, en outre, la confiscation des objets représentés et le payement d'une somme égale à la différence de leur valeur avec celle des objets reconnus à l'entrée, laquelle sera déterminée d'après le prix moyen dans le lieu sujet.

Sauf le cas de force majeure ou de circonstances imprévues justifiées, les peines ci-dessus seront également applicables hors du parcours à tout fait de déchargement ou de livraison en ville qui n'aurait pas été immédiatement déclaré au plus prochain bureau d'octroi.

Les dispositions ci-dessus seront communes aux chargements d'objets soumis aux droits, conduits hors de Paris et sortant des entrepôts réels.

Art. 44. Lorsqu'il sera possible de faire escorter les chargements, le conducteur sera dispensé de consigner ou de faire cautionner les droits.

Les frais de l'escorte, en cas de passe-debout ou de transports exécutés hors des heures fixées pour les convois gratuits se rendant aux halles et marchés, aux entrepôts réels, ou sortant de ces établissements pour l'extérieur, seront, comme aujourd'ui, payés à l'octroi par les conducteurs.

A partir du 1er janvier 1860, l'indemnité due pour ce service sera de deux francs par voiture pour les transports par terre, et de quatre francs par bateau ou train flottant.

DROIT D'ABATTOIR.

Art. 45. L'article 13 du règlement du 23 décembre 1846 sera appliqué dans les abattoirs publics existant ou à établir sur le territoire annexé à la ville de Paris au 1ᵉʳ janvier 1860.

DISPOSITIONS GÉNÉRALES.

Art. 46. Les dispositions de l'ordonnance du 9 décembre 1814 rendues applicables à l'octroi de Paris par l'article 18 de l'ordonnance du 22 juillet 1831 continueront d'être observées en ce qui n'est pas contraire au présent règlement.

Art. 47. Notre ministre secrétaire d'État au département des finances est chargé de l'exécution du présent décret, qui sera inséré au *Bulletin des lois.*

Fait au palais des Tuileries, le 19 décembre 1859.

Signé NAPOLÉON.

Par l'Empereur :

Le Ministre Secrétaire d'État au département des finances,

Signé P. Magne.

ENSEIGNEMENT PRIMAIRE

Loi relative aux instituteurs communaux.

Du 11 janvier 1850.

Art. 1ᵉʳ. L'instruction primaire, dans chaque département, est spécialement placée sous la surveillance des préfets.

Art. 2. Les instituteurs communaux seront nommés par le comité d'arrondissement et choisis par lui, soit parmi les instituteurs laïques, soit parmi les instituteurs membres d'associations religieuses vouées à l'enseignement et reconnues par l'État, ou, pour les écoles appartenant aux cultes non catholiques reconnus, sur des listes de candidats présentés par les consistoires protestants ou israélites, en se conformant, relativement à cette option, au vœu exprimé par le conseil municipal de la commune. En exprimant ce vœu, ce conseil peut indiquer des candidats; néanmoins le comité peut choisir en dehors de la liste qui lui serait présentée à cet effet.

Art. 3. Dans les cas prévus par l'article 23 de la loi du 28 juin 1833, le préfet réprimande et suspend les instituteurs. Il peut, après avoir pris l'avis du comité d'arrondissement, les révoquer, sauf, en cas de révocation, le pourvoi de l'instituteur révoqué devant le ministre de l'instruction publique en conseil de l'Université.

Si, invité à donner son avis, le comité d'arrondissement ne l'a pas fourni dans les dix jours, le préfet peut passer outre.

Art. 4. L'instituteur révoqué ne peut continuer d'exercer ses fonctions pendant l'instruction et le jugement de son pourvoi.

La suspension est prononcée par le préfet, avec ou sans privation de traitement.

La durée de la suspension ne peut excéder six mois.

Art. 5. L'instituteur suspendu ou révoqué ne peut ouvrir une école privée dans la commune où il exerçait les fonctions qui lui ont été retirées, ni dans les communes limithrophes.

Il ne peut, sans l'autorisation spéciale du préfet, être nommé instituteur communal dans le même département.

Art. 6. Les comités d'arrondissement restent investis du droit de suspendre les instituteurs, soit d'office, soit sur la plainte du comité local, et conformément à l'article 23 de la loi du 28 juin 1833.

Art. 7. Les dispositions de la loi du 28 juin 1833 restent en vigueur en tout ce qui n'est pas contraire à la présente loi.

Art. 8. La présente loi cessera d'avoir son effet de plein droit six mois après sa promulgation.

Loi sur l'enseignement.

Du 15 mars 1850.

TITRE PREMIER.

Des autorités préposées à l'enseignement.

CHAPITRE PREMIER.

DU CONSEIL SUPÉRIEUR DE L'INSTRUCTION PUBLIQUE.

Art. 1ᵉʳ. Le conseil supérieur de l'instruction publique est composé comme il suit :
Le ministre, président ;
Quatre archevêques ou évêques, élus par leurs collègues ;
Un ministre de l'église réformée, élu par les consistoires ;
Un ministre de l'église de la confession d'Augsbourg, élu par les consistoires ;
Un membre du consistoire central israélite, élu par ses collègues ;
Trois conseillers d'État, élus par leurs collègues ;
Trois membres de la cour de cassation, élus par leurs collègues ;
Trois membres de l'Institut, élus en assemblée générale de l'Institut ;
Huit membres nommés par le Président de la Républi-

que, en conseil des ministres, et choisis parmi les anciens membres du conseil de l'Université, les inspecteurs généraux ou supérieurs, les recteurs et les professeurs des facultés : ces huit membres forment une section permanente ;

Trois membre de l'enseignement libre nommés par le Président de la République, sur la proposition du ministre de l'instruction publique.

Art. 2. Les membres de la section permanente sont nommés à vie.

Ils ne peuvent être révoqués que par le Président de la République, en conseil des ministres, sur la proposition du ministre de l'instruction publique.

Ils reçoivent seuls un traitement.

Art. 3. Les autres membres du conseil sont nommés pour six ans.

Ils sont indéfiniment rééligibles.

Art. 4. Le conseil supérieur tient au moins quatre sessions par an.

Le ministre peut le convoquer en session extraordinaire toutes les fois qu'il le juge convenable.

Art. 5. Le conseil supérieur peut être appelé à donner son avis sur les projets de lois, de règlements et de décrets relatifs à l'enseignement, et, en général, sur toutes les questions qui lui seront soumises par le ministre.

Il est nécessairement appelé à donner son avis :

Sur les règlements relatifs aux examens, aux concours et aux programmes d'études dans les écoles publiques, à la surveillance des écoles libres, et, en général, sur tous les arrêtés portant règlement pour les établissements d'instruction publique ;

Sur la création des facultés, lycées et colléges ;

Sur les secours et encouragements à accorder aux établissements libres d'instruction secondaire ;

Sur les livres qui peuvent être introduits dans les écoles publiques, et sur ceux qui doivent être défendus dans les écoles libres, comme contraires à la morale, à la Constitution et aux lois.

Il prononce en dernier ressort sur les jugements rendus par les conseils académiques dans les cas déterminés par l'article 14.

Le conseil présente, chaque année, au ministre un rapport sur l'état général de l'enseignement, sur les abus qui pourraient s'introduire dans les établissements d'instruction, et sur les moyens d'y remédier.

Art. 6. La section permanente est chargée de l'examen préparatoire des questions qui se rapportent à la police, à la comptabilité et à l'administration des écoles publiques.

Elle donne son avis, toutes les fois qu'il lui est demandé par le ministre, sur les questions relatives aux droits et à l'avancement des membres du corps enseignant.

Elle présente annuellement au conseil un rapport sur l'état de l'enseignement dans les écoles publiques.

CHAPITRE II.

DES CONSEILS ACADÉMIQUES.

Art. 7. Il sera établi une académie dans chaque département.

Art. 8. Chaque académie est administrée par un recteur, assisté, si le ministre le juge nécessaire, d'un ou de plusieurs inspecteurs, et par un conseil académique.

Art. 9. Les recteurs ne sont pas choisis exclusivement parmi les membres de l'enseignement public.

Ils doivent avoir le grade de licencié, ou dix années d'exercice comme inspecteurs d'académie, proviseurs, censeurs, chefs ou professeurs des classes supérieures dans un établissement public ou libre.

Art. 10. Le conseil académique est composé ainsi qu'il suit :

Le recteur, président ;

Un inspecteur d'académie, un fonctionnaire de l'enseignement ou un inspecteur des écoles primaires, désigné par le ministre ;

Le préfet ou son délégué ;

L'évêque ou son délégué ;

Un ecclésiastique désigné par l'évêque ;

Un ministre de l'une des deux églises protestantes, désigné par le ministre de l'instruction publique, dans les départements où il existe une église légalement établie ;

Un délégué du consistoire israélite dans chacun des départements où il existe un consistoire légalement établi ;

Le procureur général près la cour d'appel, dans les villes où siége une cour d'appel, et, dans les autres, le procureur de la République près le tribunal de première instance ;

Un membre de la cour d'appel, élu par elle, ou, à défaut de cour d'appel, un membre du tribunal de première instance, élu par le tribunal ;

Quatre membres élus par le conseil général, dont deux au moins pris dans son sein.

Les doyens des facultés seront, en outre, appelés dans le conseil académique, avec voix délibérative, pour les affaires intéressant leurs facultés respectives.

La présence de la moitié plus un des membres est nécessaire pour la validité des délibérations du conseil académique.

Art. 11. Pour le département de la Seine, le conseil académique est composé comme il suit :

Le recteur, président ;

Le préfet ;

L'archevêque de Paris ou son délégué ;
Trois ecclésiastiques désignés par l'archevêque ;
Un ministre de l'église réformée, élu par le consistoire ;
Un ministre de l'église de la confession d'Augsbourg, élu par le consistoire ;
Un membre du consistoire israélite, élu par le consistoire ;
Trois inspecteurs d'académie, désignés par le ministre ;
Un inspecteur des écoles primaires, désigné par le ministre ;
Le procureur général près la cour d'appel, ou un membre du parquet désigné par lui ;
Un membre de la cour d'appel, élu par la cour ;
Un membre du tribunal de première instance, élu par le tribunal ;
Quatre membres du conseil municipal de Paris, et deux membres du conseil général de la Seine, pris parmi ceux des arrondissements de Sceaux et de Saint-Denis, tous élus par le conseil général ;
Le secrétaire général de la préfecture du département de la Seine.

Les doyens des facultés seront, en outre, appelés dans le conseil académique, avec voix délibérative, pour les affaires intéressant leurs facultés respectives.

Art. 12. Les membres des conseils académiques dont la nomination est faite par élection sont élus pour trois ans, et indéfiniment rééligibles.

Art. 13. Les départements fourniront un local pour le service de l'administration académique.

Art. 14. Le conseil académique donne son avis :
Sur l'état des différentes écoles établies dans le département ;
Sur les réformes à introduire dans l'enseignement, la discipline et l'administration des écoles publiques ;

Sur les budgets et les comptes administratifs des lycées, colléges et écoles normales primaires;

Sur les secours et encouragements à accorder aux écoles primaires.

Il instruit les affaires disciplinaires relatives aux membres de l'enseignement public secondaire ou supérieur qui lui sont renvoyées par le ministre ou le recteur.

Il prononce, sauf recours au conseil supérieur, sur les affaires contentieuses relatives à l'obtention des grades, aux concours devant les facultés, à l'ouverture des écoles libres, aux droits des maîtres particuliers, et à l'exercice du droit d'enseigner; sur les poursuites dirigées contre les membres de l'instruction secondaire publique et tendant à la révocation, avec interdiction d'exercer la profession d'instituteur libre, de chef ou professeur d'établissement libre, et dans les cas déterminés par la présente loi, sur les affaires disciplinaires relatives aux instituteurs primaires, publics ou libres.

Art. 15. Le conseil académique est nécessairement consulté sur les règlements relatifs au régime intérieur des lycées, colléges et écoles normales primaires, et sur les règlements relatifs aux écoles publiques primaires.

Il fixe le taux de la rétribution scolaire, sur l'avis des conseils municipaux et des délégués cantonaux.

Il détermine les cas où les communes peuvent, à raison des circonstances, et provisoirement, établir ou conserver des écoles primaires dans lesquelles seront admis des enfants de l'un et l'autre sexe, ou des enfants appartenant aux différents cultes reconnus.

Il donne son avis au recteur, sur les récompenses à accorder aux instituteurs primaires.

Le recteur fait les propositions au ministre, et distribue les récompenses accordées.

Art. 16. Le conseil académique présente, chaque année,

au ministre et au conseil général un exposé de la situation de l'enseignement dans le département.

Les rapports du conseil académique sont envoyés par le recteur au ministre, qui les communique au conseil supérieur.

CHAPITRE III.

DES ÉCOLES ET DE L'INSPECTION.

SECTION 1re. — *Des écoles.*

Art. 17. La loi reconnaît deux espèces d'écoles primaires ou secondaires :

1° Les écoles fondées ou entretenues par les communes, les départements ou l'État, et qui prennent le nom d'*écoles publiques;*

2° Les écoles fondées et entretenues par des particuliers ou des associations, et qui prennent le nom d'*écoles libres.*

SECTION II. — *De l'inspection.*

Art. 18. L'inspection des établissements d'instruction publique ou libre est exercée :

1° Par les inspecteurs généraux et supérieurs;
2° Par les recteurs et les inspecteurs d'académie;
3° Par les inspecteurs de l'enseignement primaire;
4° Par les délégués cantonaux, le maire et le curé, le pasteur ou le délégué du consistoire israélite, en ce qui concerne l'enseignement primaire.

Les ministres des différents cultes n'inspecteront que les écoles spéciales à leur culte, ou les écoles mixtes pour leurs coreligionnaires seulement.

Le recteur pourra, en cas d'empêchement, déléguer temporairement l'inspection à un membre du conseil académique.

Art. 19. Les inspecteurs d'académie sont choisis par le ministre parmi les anciens inspecteurs, les professeurs des facultés, les proviseurs et censeurs des lycées, les principaux des colléges, les chefs d'établissements secondaires libres, les professeurs des classes supérieures dans ces diverses catégories d'établissements, les agrégés des facultés et lycées, et les inspecteurs des écoles primaires, sous la condition commune à tous du grade de licencié, ou de dix ans d'exercice.

Les inspecteurs généraux et supérieurs sont choisis par le ministre, soit dans les catégories ci-dessus indiquées, soit parmi les anciens inspecteurs généraux ou inspecteurs supérieurs de l'instruction primaire, les recteurs et inspecteurs d'académie, ou parmi les membres de l'Institut.

Le ministre ne fait aucune nomination d'inspecteur général sans avoir pris l'avis du conseil supérieur.

Art. 20. L'inspection de l'enseignement primaire est spécialement confiée à deux inspecteurs supérieurs.

Il y a en outre, dans chaque arrondissement, un inspecteur de l'enseignement primaire choisi par le ministre, après avis du conseil académique.

Néanmoins, sur l'avis du conseil académique, deux arrondissements pourront être réunis pour l'inspection.

Un règlement déterminera le classement, les frais de tournée, l'avancement et les attributions des inspecteurs de l'enseignement primaire.

Art. 21. L'inspection des écoles publiques s'exerce conformément aux règlements délibérés par le conseil supérieur.

Celle des écoles libres porte sur la moralité, l'hygiène et la salubrité.

Elle ne peut porter sur l'enseignement que pour vérifier

s'il n'est pas contraire à la morale, à la Constitution et aux lois.

Art. 22. Tout chef d'établissement primaire ou secondaire qui refusera de se soumettre à la surveillance de l'État, telle qu'elle est prescrite par l'article précédent, sera traduit devant le tribunal correctionnel de l'arrondissement, et condamné à une amende de cent francs à mille francs.

En cas de récidive, l'amende sera de cinq cents francs à trois mille francs. Si le refus de se soumettre à la surveillance de l'État a donné lieu à deux condamnations dans l'année, la fermeture de l'établissement pourra être ordonnée par le jugement qui prononcera la seconde condamnation.

Le procès-verbal des inspecteurs constatant le refus du chef d'établissement fera foi jusqu'à inscription de faux.

TITRE II.

De l'enseignement primaire.

CHAPITRE PREMIER.

DISPOSITIONS GÉNÉRALES.

Art. 23. L'enseignement primaire comprend :
L'instruction morale et religieuse,
La lecture,
L'écriture,
Les éléments de la langue française,
Le calcul et le système légal des poids et mesures.
Il peut comprendre, en outre,
L'arithmétique appliquée aux opérations pratiques;

Les éléments de l'histoire et de la géographie;
Des notions des sciences physiques et de l'histoire naturelle, applicables aux usages de la vie;
Des instructions élémentaires sur l'agriculture, l'industrie et l'hygiène;
L'arpentage, le nivellement, le dessin linéaire;
Le chant et la gymnastique.

Art. 24. L'enseignement primaire est donné gratuitement à tous les enfants dont les familles sont hors d'état de le payer.

CHAPITRE II.

DES INSTITUTEURS.

SECTION Ire. — *Des conditions d'exercice de la profession d'instituteur primaire public ou libre.*

Art. 25. Tout Français âgé de vingt et un ans accomplis peut exercer dans toute la France la profession d'instituteur primaire, public ou libre, s'il est muni d'un brevet de capacité.

Le brevet de capacité peut être suppléé par le certificat de stage dont il est parlé à l'article 47, par le diplôme de bachelier, par un certificat constatant qu'on a été admis dans une des écoles spéciales de l'État, ou par le titre de ministre, non interdit ni révoqué, de l'un des cultes reconnus par l'État.

Art. 26. Sont incapables de tenir une école publique ou libre, ou d'y être employés, les individus qui ont subi une condamnation pour crime, ou pour un délit contraire à la probité ou aux mœurs, les individus privés par jugement de tout ou partie des droits mentionnés en l'article 42 du Code pénal, et ceux qui ont été interdits en vertu des articles 30 et 33 de la présente loi.

SECTION II. — *Des conditions spéciales aux instituteurs libres.*

Art. 27. Tout instituteur qui veut ouvrir une école libre doit préalablement déclarer son intention au maire de la commune où il veut s'établir, lui désigner le local, et lui donner l'indication des lieux où il a résidé et des professions qu'il a exercées pendant les dix années précédentes.

Cette déclaration doit être, en outre, adressée par le postulant au recteur de l'académie, au procureur de la République et au sous-préfet.

Elle demeurera affichée, par les soins du maire, à la porte de la mairie pendant un mois.

Art. 28. Le recteur, soit d'office, soit sur la plainte du procureur de la République ou du sous-préfet, peut former opposition à l'ouverture de l'école, dans l'intérêt des mœurs publiques, dans le mois qui suit la déclaration à lui faite.

Cette opposition est jugée dans un bref délai, contradictoirement et sans recours, par le conseil académique.

Si le maire refuse d'approuver le local, il est statué à cet égard par ce conseil.

A défaut d'opposition, l'école peut être ouverte à l'expiration du mois, sans autre formalité.

Art. 29. Quiconque aura ouvert ou dirigé une école en contravention aux articles 25, 26 et 27, ou avant l'expiration du délai fixé par le dernier paragraphe de l'article 28, sera poursuivi devant le tribunal correctionnel du lieu du délit, et condamné à une amende de cinquante francs à cinq cents francs.

L'école sera fermée.

En cas de récidive, le délinquant sera condamné à un emprisonnement de six jours à un mois, et à une amende de cent francs à mille francs.

La même peine de six jours à un mois d'emprisonnement et de cent francs à mille francs d'amende sera prononcée contre celui qui, dans le cas d'opposition formée à l'ouverture de son école, l'aura néanmoins ouverte avant qu'il ait été statué sur cette opposition, ou bien au mépris de la décision du conseil académique qui aurait accueilli l'opposition.

Ne seront pas considérées comme tenant école, les personnes qui, dans un but purement charitable, et sans exercer la profession d'instituteur, enseigneront à lire et à écrire aux enfants, avec l'autorisation du délégué cantonal.

Néanmoins, cette autorisation pourra être retirée par le conseil académique.

Art. 30. Tout instituteur libre, sur la plainte du recteur ou du procureur de la République, pourra être traduit, pour cause de faute grave dans l'exercice de ses fonctions, d'inconduite ou d'immoralité, devant le conseil académique du département, et être censuré, suspendu pour un temps qui ne pourra excéder six mois, ou interdit de l'exercice de sa profession dans la commune où il exerce.

Le conseil académique peut même le frapper d'une interdiction absolue. Il y aura lieu à appel devant le conseil supérieur de l'instruction publique.

Cet appel devra être interjeté dans le délai de dix jours, à compter de la notification de la décision, et ne sera pas suspensif.

SECTION III. — *Des instituteurs communaux.*

Art. 31. Les instituteurs communaux sont nommés par le conseil municipal de chaque commune, et choisis soit sur une liste d'admissibilité et d'avancement dressée par le conseil académique du département, soit sur la présentation qui est faite par les supérieurs pour les membres des associations religieuses vouées à l'enseignement et autorisées par la loi ou reconnues comme établissements d'utilité publique.

Les consistoires jouissent du droit de présentation pour les instituteurs appartenant aux cultes non catholiques.

Si le conseil municipal avait fait un choix non conforme à la loi, ou n'en avait fait aucun, il sera pourvu à la nomination par le conseil académique, un mois après la mise en demeure adressée au maire par le recteur.

L'institution est donnée par le ministre de l'instruction publique.

Art. 32. Il est interdit aux instituteurs communaux d'exercer aucune fonction administrative sans l'autorisation du conseil académique.

Toute profession commerciale ou industrielle leur est absolument interdite.

Art. 33. Le recteur peut, suivant les cas, réprimander, suspendre, avec ou sans privation totale ou partielle de traitement, pour un temps qui n'excédera pas six mois, ou révoquer l'instituteur communal.

L'instituteur révoqué est incapable d'exercer la profession d'instituteur, soit public, soit libre, dans la même commune.

Le conseil académique peut, après l'avoir entendu ou dûment appelé, frapper l'instituteur communal d'une interdiction absolue, sauf appel devant le conseil supérieur de l'instruction publique dans le délai de dix jours, à partir de la notification de la décision. Cet appel n'est pas suspensif.

En cas d'urgence, le maire peut suspendre provisoirement l'instituteur communal, à charge de rendre compte, dans les deux jours, au recteur.

Art. 34. Le conseil académique détermine les écoles publiques auxquelles, d'après le nombre des élèves, il doit être attaché un instituteur adjoint.

Les instituteurs adjoints peuvent n'être âgés que de

dix-huit ans et ne sont pas assujettis aux conditions de l'article 25.

Ils sont nommés et révocables par l'instituteur, avec l'agrément du recteur de l'académie. Les instituteurs adjoints appartenant aux associations religieuses dont il est parlé dans l'article 31 sont nommés et peuvent être révoqués par les supérieurs de ces associations.

Le conseil municipal fixe le traitement des instituteurs adjoints. Ce traitement est à la charge exclusive de la commune.

Art. 35. Tout département est tenu de pourvoir au recrutement des instituteurs communaux, en entretenant des élèves-maîtres, soit dans les établisssements d'instruction primaire désignés par le conseil académique, soit aussi dans l'école normale établie à cet effet par le département.

Les écoles normales peuvent être supprimées par le conseil général du département; elles peuvent l'être également par le ministre en conseil supérieur, sur le rapport du conseil académique, sauf, dans les deux cas, le droit acquis aux boursiers en jouissance de leur bourse.

Le programme de l'enseignement, les conditions d'entrée et de sortie, celles qui sont relatives à la nomination du personnel, et tout ce qui concerne les écoles normales, sera déterminé par un règlement délibéré en conseil supérieur.

CHAPITRE III.

DES ÉCOLES COMMUNALES.

Art. 36. Toute commune doit entretenir une ou plusieurs écoles primaires.

Le conseil académique du département peut autoriser une commune à se réunir à une ou plusieurs communes voisines pour l'entretien d'une école.

Toute commune a la faculté d'entretenir une ou plusieurs écoles entièrement gratuites, à la condition d'y subvenir sur ses propres ressources.

Le conseil académique peut dispenser une commune d'entretenir une école publique, à condition qu'elle pourvoira à l'enseignement primaire gratuit, dans une école libre, de tous les enfants dont les familles sont hors d'état d'y subvenir. Cette dispense peut toujours être retirée.

Dans les communes où les différents cultes reconnus sont professés publiquement, des écoles séparées seront établies pour les enfants appartenant à chacun de ces cultes, sauf ce qui est dit à l'article 15.

La commune peut, avec l'autorisation du conseil académique, exiger que l'instituteur communal donne, en tout ou en partie, à son enseignement les développements dont il est parlé à l'article 23.

Art. 37. Toute commune doit fournir à l'instituteur un local convenable, tant pour son habitation que pour la tenue de l'école, le mobilier de classe, et un traitement.

Art. 38. A dater du 1er janvier 1851, le traitement des instituteurs communaux se composera,

1° D'un traitement fixe, qui ne peut être inférieur à deux cents francs;

2° Du produit de la rétribution scolaire;

3° D'un supplément accordé à tous ceux dont le traitement, joint au produit de la rétribution scolaire, n'atteint pas six cents francs.

Ce supplément sera calculé d'après le total de la rétribution scolaire pendant l'année précédente.

Art. 39. Une caisse de retraites sera substituée, par un règlement d'administration publique, aux caisses d'épargne des instituteurs.

Art. 40. A défaut de fondations, dons ou legs, le conseil municipal délibère sur les moyens de pourvoir aux dépenses de l'enseignement primaire dans la commune.

En cas d'insuffisance des revenus ordinaires, il est pourvu à ces dépenses au moyen d'une imposition spéciale votée par le conseil municipal, ou, à défaut du vote de ce conseil, établie par un décret du Pouvoir exécutif. Cette imposition, qui devra être autorisée chaque année par la loi de finances, ne pourra excéder trois centimes additionnels au principal des quatre contributions directes.

Lorsque des communes, soit par elles-mêmes, soit en se réunissant à d'autres communes, n'auront pu subvenir, de la manière qui vient d'être indiquée, aux dépenses de l'école communale, il y sera pourvu sur les ressources ordinaires du département, ou, en cas d'insuffisance, au moyen d'une imposition spéciale votée par le conseil général, ou, à défaut du vote de ce conseil, établie par un décret. Cette imposition, autorisée chaque année par la loi de finances, ne devra pas excéder deux centimes additionnels au principal des quatre contributions directes.

Si les ressources communales et départementales ne suffisent pas, le ministre de l'instruction publique accordera une subvention sur le crédit qui sera porté annuellement pour l'enseignement primaire au budget de l'État.

Chaque année, un rapport annexé au projet de budget fera connaître l'emploi des fonds alloués pour l'année précédente.

Art. 41. La rétribution scolaire est perçue dans la même forme que les contributions publiques directes; elle est exempte des droits de timbre, et donne droit aux mêmes remises que les autres recouvrements.

Néanmoins, sur l'avis conforme du conseil général, l'instituteur communal pourra être autorisé par le conseil académique à percevoir lui-même la rétribution scolaire.

CHAPITRE IV.

DES DÉLÉGUÉS CANTONAUX, ET DES AUTRES AUTORITÉS PRÉPOSÉES A L'ENSEIGNEMENT PRIMAIRE.

Art. 42. Le conseil académique du département désigne un ou plusieurs délégués résidant dans chaque canton, pour surveiller les écoles publiques et libres du canton, et détermine les écoles particulièrement soumises à la surveillance de chacun.

Les délégués sont nommés pour trois ans; ils sont rééligibles et révocables. Chaque délégué correspond, tant avec le conseil académique, auquel il doit adresser ses rapports, qu'avec les autorités locales, pour tout ce qui regarde l'État et les besoins de l'enseignement primaire dans sa circonscription.

Il peut, lorsqu'il n'est pas membre du conseil académique, assister à ses séances, avec voix consultative pour les affaires intéressant les écoles de sa circonscription.

Les délégués se réunissent au moins une fois tous les trois mois au chef-lieu de canton, sous la présidence de celui d'entre eux qu'ils désignent, pour convenir des avis à transmettre au conseil académique.

Art. 43. A Paris, les délégués nommés pour chaque arrondissement par le conseil académique se réunissent au moins une fois tous les mois, avec le maire, un adjoint, le juge de paix, un curé de l'arrondissement et un ecclésiastique, ces deux derniers désignés par l'archevêque, pour s'entendre au sujet de la surveillance locale, et pour convenir des avis à transmettre au conseil académique. Les ministres des cultes non catholiques reconnus, s'il y a dans l'arrondissement des écoles suivies par des enfants appartenant à ces cultes, assistent à ces réunions avec voix délibérative.

La réunion est présidée par le maire.

Art. 44. Les autorités locales préposées à la surveillance et à la direction morale de l'enseignement primaire sont, pour chaque école, le maire, le curé, le pasteur ou le délégué du culte israélite, et, dans les communes de deux mille âmes et au-dessus, un ou plusieurs habitants de la commune, délégués par le conseil académique.

Les ministres des différents cultes sont spécialement chargés de surveiller l'enseignement religieux de l'école.

L'entrée de l'école leur est toujours ouverte.

Dans les communes où il existe des écoles mixtes, un ministre de chaque culte aura toujours l'entrée de l'école pour veiller à l'éducation religieuse des enfants de son culte.

Lorsqu'il y a pour chaque culte des écoles séparées, les enfants d'un culte ne doivent être admis dans l'école d'un autre culte que sur la volonté formellement exprimée par les parents.

Art. 45. Le maire dresse chaque année, de concert avec les ministres des différents cultes, la liste des enfants qui doivent être admis gratuitement dans les écoles publiques. Cette liste est approuvée par le conseil municipal, et définitivement arrêtée par le préfet.

Art. 46. Chaque année le conseil académique nomme une commission d'examen chargée de juger publiquement, et à des époques déterminées par le recteur, l'aptitude des aspirants au brevet de capacité, quel que soit le lieu de leur domicile.

Cette commission se compose de sept membres, et choisit son président.

Un inspecteur d'arrondissement pour l'instruction primaire, un ministre du culte professé par le candidat, et deux membres de l'enseignement public ou libre, en font nécessairement partie.

L'examen ne portera que sur les matières comprises dans la première partie de l'article 23.

Les candidats qui voudront être examinés sur tout ou partie des autres matières spécifiées dans le même article, en feront la demande à la commission. Les brevets délivrés feront mention des matières spéciales sur lesquelles les candidats auront répondu d'une manière satisfaisante.

Art. 47. Le conseil académique délivre, s'il y a lieu, des certificats de stage aux personnes qui justifient avoir enseigné pendant trois ans au moins les matières comprises dans la première partie de l'article 23, dans les écoles publiques ou libres autorisées à recevoir des stagiaires.

Les élèves maîtres sont, pendant la durée de leur stage, spécialement surveillés par les inspecteurs de l'enseignement primaire.

CHAPITRE V.

DES ÉCOLES DE FILLES.

Art. 48. L'enseignement primaire dans les écoles de filles comprend, outre les matières de l'enseignement primaire énoncées dans l'article 23, les travaux à l'aiguille.

Art. 49. Les lettres d'obédience tiendront lieu de brevet de capacité aux institutrices appartenant à des congrégations religieuses vouées à l'enseignement et reconnues par l'État.

L'examen des institutrices n'aura pas lieu publiquement.

Art. 50. Tout ce qui se rapporte à l'examen des institutrices, à la surveillance et à l'inspection des écoles de filles, sera l'objet d'un règlement délibéré en conseil supérieur. Les autres dispositions de la présente loi, relatives aux écoles et aux instituteurs, sont applicables aux écoles de filles et aux institutrices, à l'exception des articles 38, 39, 40 et 41.

Art. 51. Toute commune de huit cents âmes de population et au-dessus est tenue, si ses propres ressources lui en fournissent les moyens, d'avoir au moins une école de filles, sauf ce qui est dit à l'article 15.

Le conseil académique peut, en outre, obliger les communes d'une population inférieure à entretenir, si leurs ressources ordinaires le leur permettent, une école de filles; et, en cas de réunion de plusieurs communes pour l'enseignement primaire, il pourra, selon les circonstances, décider que l'école de garçons et l'école de filles seront dans deux communes différentes. Il prend l'avis du conseil municipal.

Art. 52. Aucune école primaire, publique ou libre, ne peut, sans l'autorisation du conseil académique, recevoir d'enfants des deux sexes, s'il existe dans la commune une école publique ou libre de filles.

CHAPITRE VI.

INSTITUTIONS COMPLÉMENTAIRES.

SECTION 1re. — *Des pensionnats primaires.*

Art. 53. Tout Français âgé de vingt-cinq ans, ayant au moins cinq années d'exercice comme instituteur, ou comme maître dans un pensionnat primaire, et remplissant les conditions énumérées en l'article 25, peut ouvrir un pensionnat primaire, après avoir déclaré son intention au recteur de l'académie et au maire de la commune. Toutefois, les instituteurs communaux ne pourront ouvrir de pensionnat qu'avec l'autorisation du conseil académique sur l'avis du conseil municipal.

section ii. — *Des écoles d'adultes et d'apprentis*

Art. 54. Il peut être créé des écoles primaires communales pour les adultes au-dessus de dix-huit ans, pour les apprentis au-dessus de douze ans.

Le conseil académique désigne les instituteurs chargés de diriger les écoles communales d'adultes et d'apprentis.

Il ne peut être reçu dans ces écoles d'élèves des deux sexes.

Art. 55. Les articles 27, 28, 29 et 30 sont applicables aux instituteurs libres qui veulent ouvrir des écoles d'adultes ou d'apprentis.

Art. 56. Il sera ouvert, chaque année, au budget du ministre de l'instruction publique, un crédit pour encourager les auteurs de livres ou de méthodes utiles à l'instruction primaire, et à la fondation d'institutions, telles que

Les écoles du dimanche,

Les écoles dans les ateliers et les manufactures,

Les classes dans les hôpitaux,

Les cours publics ouverts conformément à l'article 77,

Les bibliothèques de livres utiles,

Et autres institutions dont les statuts auront été soumis à l'examen de l'autorité compétente.

section iii. — *Des salles d'asile.*

Art. 57. Les salles d'asile sont publiques ou libres.

Un décret du Président de la République, rendu sur l'avis du conseil supérieur, déterminera tout ce qui se rapporte à la surveillance et à l'inspection de ces établissements, ainsi qu'aux conditions d'âge, d'aptitude, de moralité, des personnes qui seront chargées de la direction et du service dans les salles d'asile publiques.

Les infractions à ce décret seront punies des peines établies par les articles 29, 30 et 33 de la présente loi.

Ce décret déterminera également le programme de l'enseignement et des exercices dans les salles d'asile publiques, et tout ce qui se rapporte au traitement des personnes qui y seront chargées de la direction ou du service.

Art. 58. Les personnes chargées de la direction des salles d'asile publiques seront nommées par le conseil municipal, sauf l'approbation du conseil académique.

Art. 59. Les salles d'asile libres peuvent recevoir des secours sur les budgets des communes, des départements et de l'Etat.

TITRE III.

De l'enseignement secondaire.

CHAPITRE PREMIER.

DES ÉTABLISSEMENTS PARTICULIERS D'INSTRUCTION SECONDAIRE.

Art. 60. Tout Français âgé de vingt-cinq ans au moins, et n'ayant encouru aucune des incapacités comprises dans l'article 26 de la présente loi, peut former un établissement d'instruction secondaire, sous la condition de faire au recteur de l'académie où il se propose de s'établir les déclarations prescrites par l'article 27, et, en outre, de déposer entre ses mains les pièces suivantes, dont il lui sera donné récépissé :

1° Un certificat de stage constatant qu'il a rempli, pendant cinq ans au moins, les fonctions de professeur ou de surveillant dans un établissement d'instruction secondaire ou libre ;

2° Soit le diplôme de bachelier, soit un brevet de capacité délivré par un jury d'examen dans la forme déterminée par l'article 62 ;

3° Le plan du local, et l'indication de l'objet de l'enseignement.

Le recteur à qui le dépôt des pièces aura été fait en donnera avis au préfet du département et au procureur de la République de l'arrondissement dans lequel l'établissement devra être fondé.

Le ministre, sur la proposition des conseils académiques, et l'avis conforme du conseil supérieur, peut accorder des dispenses de stage.

Art. 61. Les certificats de stage sont délivrés par le conseil académique, sur l'attestation des chefs des établissements où le stage aura été accompli.

Toute attestation fausse sera punie des peines portées en l'article 160 du Code pénal.

Art. 62. Tous les ans, le ministre nomme, sur la présentation du conseil académique, un jury chargé d'examiner les aspirants au brevet de capacité. Ce jury est composé de sept membres, y compris le recteur, qui le préside.

Un ministre du culte professé par le candidat et pris dans le conseil académique, s'il n'y en a déjà un dans le jury, sera appelé avec voix délibérative.

Le ministre, sur l'avis du conseil supérieur de l'instruction publique, instituera des jurys spéciaux pour l'enseignement professionnel.

Les programmes d'examen seront arrêtés par le conseil supérieur.

Nul ne pourra être admis à subir l'examen de capacité avant l'âge de vingt-cinq ans.

Art. 63. Aucun certificat d'études ne sera exigé des aspirants au diplôme de bachelier ou au brevet de capacité.

Le candidat peut choisir la faculté ou le jury académique devant lequel il subira son examen.

Un candidat refusé ne peut se présenter avant trois mois à un nouvel examen, sous peine de nullité du diplôme ou brevet indûment obtenu.

Art. 64. Pendant le mois qui suit le dépôt des pièces requises par l'article 60, le recteur, le préfet et le procureur de la République peuvent se pourvoir devant le conseil académique, et s'opposer à l'ouverture de l'établissement, dans l'intérêt des mœurs publiques ou de la santé des élèves.

Après ce délai, s'il n'est intervenu aucune opposition, l'établissement peut être immédiatement ouvert.

En cas d'opposition, le conseil académique prononce, la partie entendue ou dûment appelée, sauf appel devant le conseil supérieur de l'instruction publique.

Art. 65. Est incapable de tenir un établissement public ou libre d'instruction secondaire, ou d'y être employé, quiconque est atteint de l'une des incapacités déterminées par l'article 26 de la présente loi, ou qui, ayant appartenu à l'enseignement public, a été révoqué avec interdiction, conformément à l'article 14.

Art. 66. Quiconque, sans avoir satisfait aux conditions prescrites par la présente loi, aura ouvert un établissement d'instruction secondaire, sera poursuivi devant le tribunal correctionnel du lieu du délit, et condamné à une amende de cent francs à mille francs. L'établissement sera fermé.

En cas de récidive, ou si l'établissement a été ouvert avant qu'il ait été statué sur l'opposition, ou contrairement à la décision du conseil académique qui l'aurait accueillie, le délinquant sera condamné à un emprisonnement de quinze jours à un mois, et à une amende de mille à trois mille francs.

Les ministres des différents cultes reconnus peuvent

donner l'instruction secondaire à quatre jeunes gens, au plus, destinés aux écoles ecclésiastiques, sans être soumis aux prescriptions de la présente loi, à la condition de faire la déclaration au recteur.

Le conseil académique veille à ce que ce nombre ne soit pas dépassé.

Art. 67. En cas de désordre grave dans le régime intérieur d'un établissement libre d'instruction secondaire, le chef de cet établissement peut être appelé devant le conseil académique, et soumis à la réprimande avec ou sans publicité.

La réprimande ne donne lieu à aucun recours.

Art. 68. Tout chef d'établissement libre d'instruction secondaire, toute personne attachée à l'enseignement ou à la surveillance d'une maison d'éducation, peut, sur la plainte du ministère public ou du recteur, être traduit, pour cause d'inconduite ou d'immoralité, devant le conseil académique, et être interdit de 'sa profession, à temps ou à toujours, sans préjudice des peines encourues pour crimes ou délits prévus par le Code pénal.

Appel de la décision rendue peut toujours avoir lieu, dans les quinze jours de la notification, devant le conseil supérieur.

L'appel ne sera pas suspensif.

Art. 69. Les établissements libres peuvent obtenir des communes, des départements ou de l'Etat, un local et une subvention, sans que cette subvention puisse excéder le dixième des dépenses annuelles de l'établissement.

Les conseils académiques sont appelés à donner leur avis préalable sur l'opportunité de ces subventions.

Sur la demande des communes, les bâtiments compris dans l'attribution générale faite à l'université par le décret du 10 décembre 1808 pourront être affectés à ces établissements par décret du Pouvoir exécutif.

Art. 70. Les écoles secondaires ecclésiastiques actuellement existantes sont maintenues, sous la seule condition de rester soumises à la surveillance de l'Etat.

Il ne pourra en être établi de nouvelles sans l'autorisation du Gouvernement.

CHAPITRE II.

DES ÉTABLISSEMENTS PUBLICS D'INSTRUCTION SECONDAIRE.

Art. 71. Les établissements publics d'instruction secondaire sont les lycées et les colléges communaux.

Il peut y être annexé des pensionnats.

Art. 72. Les lycées sont fondés et entretenus par l'État, avec le concours des départements et des villes.

Les colléges communaux sont fondés et entretenus par les communes.

Ils peuvent être subventionnés par l'État.

Art. 73. Toute ville dont le collége communal sera, sur la demande du conseil municipal, érigé en lycée, devra faire les dépenses de construction et d'appropriation requises à cet effet, fournir le mobilier et les collections nécessaires à l'enseignement, assurer l'entretien et la réparation des bâtiments.

Les villes qui voudront établir un pensionnat près du lycée devront fournir le local et le mobilier nécessaires, et fonder pour dix ans, avec ou sans le concours du département, un nombre de bourses fixé de gré à gré avec le ministre. A l'expiration des dix ans, les villes et départements seront libres de supprimer les bourses, sauf le droit acquis aux boursiers en jouissance de leur bourse.

Dans le cas où l'État voudrait conserver le pensionnat, le local et le mobilier resteront à sa disposition, et ne feront retour à la commune que lors de la suppression de cet établissement.

Art. 74. Pour établir un collége communal, toute ville doit satisfaire aux conditions suivantes : fournir un local approprié à cet usage, et en assurer l'entretien ; placer et entretenir dans ce local le mobilier nécessaire à la tenue des cours, et à celle du pensionnat, si l'établissement doit recevoir des élèves internes ; garantir pour cinq ans au moins le traitement fixe du principal et des professeurs, lequel sera considéré comme dépense obligatoire pour la commune, en cas d'insuffisance des revenus propres du collége, de la rétribution collégiale payée par les externes, et des produits du pensionnat.

Dans le délai de deux ans, les villes qui ont fondé des colléges communaux en dehors de ces conditions devront y avoir satisfait.

Art. 75. L'objet et l'étendue de l'enseignement dans chaque collége communal seront déterminés, eu égard aux besoins de la localité, par le ministre de l'instruction publique, en conseil supérieur, sur la proposition du conseil municipal et l'avis du conseil académique.

Art. 76. Le ministre prononce disciplinairement contre les membres de l'instruction secondaire publique, suivant la gravité des cas :

1º La réprimande devant le conseil académique ;

2º La censure devant le conseil supérieur ;

3º La mutation pour un emploi inférieur ;

4º La suspension des fonctions pour une année au plus avec ou sans privation totale ou partielle du traitement ;

5º Le retrait d'emploi, après avoir pris l'avis du conseil supérieur ou de la section permanente.

Le ministre peut prononcer les mêmes peines, à l'exception de la mutation pour un emploi inférieur, contre les professeurs de l'enseignement supérieur.

Le retrait d'emploi ne peut être prononcé contre eux que sur l'avis conforme du conseil supérieur.

La révocation aura lieu dans les formes prévues par l'article 14.

TITRE IV.

DISPOSITIONS GÉNÉRALES.

Art. 77. Les dispositions de la présente loi concernant les écoles primaires ou secondaires sont applicables aux cours publics sur les matières de l'enseignement primaire ou secondaire.

Les conseils académiques peuvent, selon les degrés de l'enseignement, dispenser ces cours de l'application des dispositions qui précèdent, et spécialement de l'application du dernier paragraphe de l'article 54.

Art. 78. Les étrangers peuvent être autorisés à ouvrir ou diriger des établissements d'instruction primaire ou secondaire, aux conditions déterminées par un règlement délibéré en conseil supérieur.

Art. 79. Les instituteurs adjoints des écoles publiques, les jeunes gens qui se préparent à l'enseignement primaire public dans les écoles désignées à cet effet, les membres ou novices des associations religieuses vouées à l'enseignement et autorisées par la loi, ou reconnues comme établissements d'utilité publique, les élèves de l'école normale supérieure, les maîtres d'études, régents et professeurs des colléges et lycées, sont dispensés du service militaire, s'ils ont, avant l'époque fixée pour le tirage, contracté devant le recteur l'engagement de se vouer pendant dix ans à l'enseignement public, et s'ils réalisent cet engagement.

Art. 80. L'article 463 du Code pénal pourra être appliqué aux délits prévus par la présente loi.

Art. 81. Un règlement d'administration publique déterminera les dispositions de la présente loi qui seront applicables à l'Algérie.

Art. 82. Sont abrogées toutes les dispositions des lois, décrets ou ordonnances contraires à la présente loi.

DISPOSITIONS TRANSITOIRES.

Art. 83. Les chefs ou directeurs d'établissements d'instruction secondaire ou primaire libres, maintenant en exercice, continueront d'exercer leur profession sans être soumis aux prescriptions des articles 53 et 60.

Ceux qui en ont interrompu l'exercice pourront le reprendre sans être soumis à la condition du stage.

Le temps passé par les professeurs et les surveillants dans ces établissements leur sera compté pour l'accomplissement du stage prescrit par ledit article.

Art. 84. La présente loi ne sera exécutoire qu'à dater du 1er septembre 1850.

Les autorités actuelles continueront d'exercer leurs fonctions jusqu'à cette époque.

Néanmoins, le conseil supérieur pourra être constitué et il pourra être convoqué par le ministre avant le 1er septembre 1850; et, dans ce cas, les articles 1, 2, 3, 4, l'article 5, à l'exception de l'avant-dernier paragraphe, les articles 6 et 76 de la présente loi, deviendront immédiatement applicables.

La loi du 11 janvier 1850 est prorogée jusqu'au 1er septembre 1850.

Dans le cas où le conseil supérieur aurait été constitué avant cette époque, l'appel des instituteurs révoqués sera jugé par le ministre de l'instruction publique, en session permanente du conseil supérieur.

Art. 85. Jusqu'à la promulgation de la loi sur l'enseignement supérieur, le conseil supérieur de l'instruction publique et sa section permanente, selon leur compétence respective, exerceront, à l'égard de cet enseignement, les attributions qui appartenaient au conseil de l'Université, et les nouveaux conseils académiques, les attributions qui appartenaient aux anciens.

Règlement d'administration publique pour l'exécution de la loi du 15 mars 1850, sur l'enseignement.

Du 29 juillet 1850.

LE PRÉSIDENT DE LA RÉPUBLIQUE,

Sur le rapport du ministre de l'instruction publique et des cultes ;

Vu le titre Ier, le chapitre IV du titre II, les titres III et IV de la loi du 15 mars 1850 ;

Le Conseil d'État entendu,

DÉCRÈTE :

Des autorités préposées à l'enseignement.

CHAPITRE PREMIER.

DU CONSEIL SUPÉRIEUR DE L'INSTRUCTION PUBLIQUE.

Art. 1er. En l'absence du ministre de l'instruction publique, le conseil supérieur est présidé par un vice-président nommé, chaque année, par le Président de la République, et choisi parmi les membres de ce conseil.

Art. 2. Le Président de la République désigne également, chaque année, un secrétaire choisi parmi les membres du conseil.

Art. 3. Le conseil supérieur tient une session ordinaire par trimestre.

Il est convoqué par arrêté du ministre.

La durée de chacune des sessions, soit ordinaire, soit extraordinaire, est fixée par l'arrêté de convocation. Elle peut être prolongée par un arrêté ultérieur.

Art. 4. Des commissaires peuvent être chargés par le ministre de l'assister dans la discussion des projets de loi, de règlement d'administration publique, de décrets et arrêtés portant règlement permanent, qu'il renvoie à l'examen du conseil supérieur.

Le conseil peut aussi appeler dans son sein les personnes dont l'expérience lui semble devoir être utilement consultée, tant pour la discussion de ces projets que pour ce qui concerne l'état général de l'enseignement.

Il ne peut user de cette faculté, à l'égard des fonctionnaires publics, que de l'agrément du ministre du département auquel ils appartiennent.

Art. 5. La section permanente est présidée par un de ses membres, désigné, chaque année, par le ministre.

Art. 6. Les fonctions de membre de la section permanente sont incompatibles avec toute autre fonction administrative rétribuée.

Art. 7. Dans les affaires soumises au conseil supérieur, le rapporteur est nommé par le ministre, ou, sur sa délégation, par le vice-président du conseil supérieur.

Art. 8. En matière contentieuse ou disciplinaire, les affaires sont inscrites au secrétariat du conseil supérieur, d'après l'ordre de leur arrivée, sur un registre à ce destiné.

Elles sont jugées suivant l'ordre de leur inscription et dans la plus prochaine session.

Les rapports sont faits par écrit; ils sont déposés au secrétariat par les rapporteurs, la veille du jour fixé pour la délibération, avec le projet de décision et le dossier, pour être tenus à la disposition de chacun des membres du conseil.

En matière disciplinaire, le rapporteur est tenu d'entendre l'inculpé dans ses explications, s'il est présent et s'il le demande. L'inculpé a également le droit d'être entendu par le conseil.

Art. 9. La présence de la moitié plus un des membres est nécessaire pour la validité des délibérations du conseil supérieur.

En cas de partage, si la matière n'est ni contentieuse ni disciplinaire, la voix du président est prépondérante ; si la matière est contentieuse, il en sera délibéré de nouveau, et les membres qui n'auraient pas assisté à la délibération seront spécialement convoqués. S'il y a, de nouveau, partage dans la deuxième délibération, il sera vidé par la voix prépondérante du président ; si la matière est disciplinaire, l'avis favorable à l'inculpé prévaut.

Art. 10. Les délibérations du conseil supérieur sont signées par le président et par le secrétaire.

Le secrétaire a seul qualité pour en délivrer des ampliations certifiées conformes aux procès-verbaux.

A moins d'une autorisation du ministre, il ne peut être donné communication des procès-verbaux qu'aux membres du conseil supérieur.

Art. 11. Les décrets ou arrêtés qui interviennent sur l'avis du conseil supérieur portent la mention : *le Conseil supérieur de l'instruction publique entendu.*

Les avis du conseil supérieur ne peuvent être publiés qu'avec l'autorisation du ministre.

Art. 12. En matière contentieuse ou disciplinaire, les décisions du conseil sont notifiées par le ministre.

Les parties ont toujours le droit d'en obtenir expédition.

Art. 13. Un règlement délibéré en conseil supérieur déterminera l'ordre intérieur des travaux du conseil.

Un règlement, préparé par la section permanente et arrêté par le ministre, déterminera l'ordre intérieur des travaux de cette section.

CHAPITRE II.

DE L'ADMINISTRATION ACADÉMIQUE.

§ 1er. — *Du local affecté à l'administration académique.*

Art. 14. Le local que les départements doivent fournir pour le service de l'administration académique, d'après l'article 19 de la loi organique du 15 mars 1850, comprend au moins, avec le mobilier nécessaire au service :

Un cabinet pour le recteur ;
Une salle des délibérations pour le conseil académique et pour les examens des candidats au brevet de capacité ;
Un cabinet pour le secrétaire de l'académie ;
Une pièce pour les commis de l'académie et pour les archives.

§ 2. — *Des recteurs.*

Art. 15. Les fonctions de recteur sont incompatibles avec tout autre emploi public salarié.

Art. 16. Les recteurs sont nommés par le Président de la République.

Ils sont partagés en classes, dont le nombre est déterminé par décret du Président de la République.

Les traitements varient suivant les classes.

La classe est attachée à la personne et non à la résidence.

§ 3. — *Des conseils académiques.*

Art. 17. Sur l'invitation du ministre de l'instruction publique, les cours et tribunaux, les conseils généraux et les consistoires israélites procèdent à la nomination des membres qu'ils sont appelés à élire dans les conseils académiques.

Lorsqu'il y a lieu de pourvoir à des nominations nouvelles, les cours et tribunaux et les consistoires israélites, sur l'avis donné par le recteur, procèdent immédiatement au remplacement des membres pris dans leur sein; les conseils généraux pourvoient, dans leur plus prochaine session, au remplacement des membres dont la nomination leur appartient.

Les élections sont faites au scrutin secret et à la majorité absolue.

Le président de la cour ou du tribunal, celui du consistoire et le préfet, selon les cas, adresse le procès-verbal de chaque élection au recteur, qui le communique au conseil académique, lors de sa première réunion.

Il est transcrit sur le registre des délibérations du conseil.

Art. 18. les membres délégués, en exécution de l'article 10 de la loi organique, ne peuvent exercer leur délégation qu'en vertu d'une décision spéciale.

Le ministre de l'instruction publique et l'évêque adressent au recteur les décisions par lesquelles ils ont fait choix des membres dont la désignation leur appartient.

Ces décisions sont communiquées au conseil académique, et sont transcrites sur le registre des délibérations de ce conseil.

Art. 19. Lorsque deux archevêques ou évêques ont leur siège dans le même département, tous deux font partie du conseil académique. Dans ce cas, il n'y a pas lieu à la désignation prévue par le sixième alinéa de l'article 10 de la loi organique.

Art. 20. En l'absence du recteur, le conseil académique est présidé par le préfet.

Le secrétaire du conseil académique est choisi, chaque année, par le ministre, parmi les membres dudit conseil.

A moins d'une autorisation du recteur, les procès-verbaux du conseil académique ne peuvent être communiqués qu'aux membres du conseil.

Art. 21. Les conseils académiques se réunissent au moins deux fois par mois. Ils peuvent être convoqués extraordinairement. Le jour de la réunion est fixé par le président.

Art. 22. Les conseils académiques ne peuvent délibérer sur les affaires intéressant une faculté, qu'autant que le doyen de cette faculté a été expressément convoqué par le président.

Art. 23. En cas de partage, lorsque la matière n'est ni contentieuse ni disciplinaire, la voix du président est prépondérante.

Dans les matières contentieuses et disciplinaires, il est procédé, par le conseil académique, conformément à l'article 9.

Art. 24. Lorsque l'instruction d'une affaire disciplinaire est renvoyée au conseil académique en vertu du sixième paragraphe de la loi organique, le conseil désigne un rapporteur qui recueille les renseignements et les témoignages, appelle l'inculpé, l'entend s'il se présente, et fait son rapport au jour le plus prochain indiqué par le conseil.

Le conseil peut toujours ordonner un supplément d'instruction.

L'avis du conseil exprime s'il y a lieu de donner suite

à l'affaire, et, en cas d'affirmative, quelle peine doit être prononcée.

Art. 25. En matière contentieuse, les réclamations des parties, avec les pièces et mémoires à l'appui, sont déposées au secrétariat de l'académie ; il en est donné récépissé.

Ces réclamations reçoivent un numéro d'enregistrement et sont examinées dans l'ordre où elles sont parvenues au secrétariat.

Pour chaque affaire, le conseil désigne un rapporteur, qui fait son rapport à la plus prochaine réunion du conseil.

Art. 26. Lorsque le conseil est appelé à prononcer en matière disciplinaire, un membre désigné par lui est chargé de l'instruction ; il recueille les informations et fait son rapport à l'époque fixée par le conseil.

Sur le rapport, le conseil académique déclare d'abord s'il y a lieu à suivre.

En cas d'affirmative, il entend l'inculpé dans ses moyens de défense, et, s'il y a lieu, les témoins.

Art. 27. En matière contentieuse et disciplinaire, la décision du conseil académique est notifiée, dans les huit jours, par les soins du recteur.

Le recteur est tenu d'avertir les parties, s'il y a lieu, qu'elles ont le droit de se pourvoir devant le conseil supérieur dans le délai prescrit par la loi.

Art. 28. Le recours de la partie contre la décision du conseil académique est reçu au secrétariat de l'académie ; il en est donné récépissé.

Le recours du recteur est formé par un arrêté qu'il notifie à la partie intéressée. Ampliation de cet arrêté est adressée, avec les pièces de l'affaire, au ministre de l'instruction publique, qui en saisit le conseil supérieur.

Art. 29. Les conseils académiques peuvent appeler dans

leur sein les membres de l'enseignement et toutes autres personnes dont l'expérience leur paraîtrait devoir être utilement consultée.

Les fonctionnaires de l'instruction publique ne peuvent être appelés que de l'agrément du recteur.

Les personnes ainsi appelées par les conseils académiques n'ont pas voix délibérative.

§ 4. — *Des secrétaires d'académie.*

Art. 30. Les secrétaires d'académie sont partagés en classes, dont le nombre est déterminé par décret du Président de la République.

Les traitements varient suivant les classes.

La classe est attachée à la personne et non à la résidence.

Art. 31. Le fonctionnaire appelé pour la première fois à l'emploi de secrétaire d'académie est nécessairement de la dernière classe.

Nul ne peut être promu à une classe supérieure sans avoir passé deux ans au moins dans la classe immédiatement inférieure.

Les dispositions du présent article ne sont pas applicables à la première organisation de l'administration académique.

Art. 32. Nul ne peut être nommé aux fonctions de secrétaire d'académie, s'il ne justifie du grade de bachelier ou du brevet de capacité pour l'enseignement primaire.

Sont exceptés de cette condition les secrétaires et commis d'académie qui exercent actuellement ou qui ont précédemment exercé ces fonctions.

Art. 33. Dans chaque académie, le secrétaire est chargé de la rédaction des procès-verbaux du conseil académique, sous la direction du secrétaire de ce conseil.

Il est préposé à la garde des archives de l'académie. Il

peut être chargé par les recteurs de délivrer copie des pièces dont il est dépositaire.

Il dirige, sous les ordres du recteur, le travail des bureaux de l'académie.

Il reçoit la consignation des droits perçus au profit du trésor public dans les chefs-lieux académiques où il n'existe pas d'agent comptable préposé à cette perception ; dans ce cas, il est commissionné par le ministre des finances et est tenu de fournir un cautionnement, conformément aux règlements.

CHAPITRE III.

DE L'INSPECTION.

Art. 34. Les inspecteurs généraux et les inspecteurs supérieurs sont choisis sur une liste de candidats formée par le ministre ; le conseil supérieur est appelé à donner son avis sur cette liste avant la nomination.

Art. 35. Pour la nomination des inspecteurs de l'instruction primaire, la liste des candidats, composée par le recteur, est communiquée au conseil académique et transmise ensuite au ministre, avec l'avis de ce conseil.

Art. 36. Les fonctions d'inspecteur d'académie et d'inspecteur de l'enseignement primaire sont incompatibles avec tout autre emploi public rétribué.

Le ministre, sur l'avis du conseil académique, peut toutefois autoriser les inspecteurs de l'instruction primaire à accepter les fonctions d'inspecteur, soit des enfants trouvés et abandonnés, soit des enfants employés dans les manufactures.

Art. 37. Les inspecteurs de l'instruction primaire sont partagés en classes, dont le nombre est déterminé par décret du président de la République.

Les traitements varient suivant les classes.

La classe est attachée à la personne et non à la résidence.

Le fonctionnaire appelé, pour la première fois, à l'emploi d'inspecteur de l'instruction primaire, est nécessairement de la dernière classe.

Nul ne peut être promu à la classe supérieure sans avoir passé un an au moins dans la classe immédiatement inférieure.

Les dispositions du présent article ne sont pas applicables à la première organisation de l'inspection de l'enseignement primaire.

Art. 38. Nul ne peut être appelé aux fonctions d'inspecteur de l'instruction primaire s'il n'a été déclaré apte à ces fonctions, après un examen spécial dont le programme sera déterminé conformément à l'article 5 de la loi organique. Jusqu'à ce que ce programme ait été arrêté, l'examen aura lieu conformément aux règlements en vigueur.

Art. 39. Ne peuvent être admis à l'examen que les candidats qui justifient,

1° De vingt-cinq ans d'âge ;

2° Du diplôme de bachelier ès lettres ou d'un brevet de capacité pour l'enseignement primaire supérieur, si le brevet a été délivré avant la promulgation de la loi organique, et, dans le cas contraire, d'un brevet attestant que l'examen a porté sur toutes les matières d'enseignement comprises dans l'article 23 de la même loi ;

3° De deux ans d'exercice au moins dans l'enseignement ou dans les fonctions de secrétaire d'académie, de membre d'un ancien comité supérieur d'instruction primaire, ou de délégué du conseil académique pour la surveillance des écoles.

La condition exigée par le paragraphe précédent ne

sera point applicable à la première organisation de l'inspection.

Art. 40. Sont dispensés de l'examen exigé par l'article 38 les anciens inspecteurs ou sous-inspecteurs de l'instruction primaire, les directeurs d'écoles normales primaires, les principaux des colléges communaux, les chefs d'établissements particuliers d'instruction secondaire et les licenciés.

Art. 41. Ont seuls droit aux frais de tournée déterminés par les règlements : les membres du conseil supérieur délégués par le ministre pour une mission spéciale ; les inspecteurs généraux ; les inspecteurs supérieurs ; les recteurs ; les membres des conseils académiques, délégués par le recteur en vertu de l'article 18 de la loi organique ; les inspecteurs d'académie et les inspecteurs de l'instruction primaire.

Art. 42. Les personnes chargées de l'inspection, en vertu de l'article 18 de la loi organique, dressent procès-verbal de toutes les contraventions qu'elles reconnaissent.

Si la contravention consiste dans l'emploi d'un livre défendu en vertu de l'article 5 de la même loi, l'ouvrage est saisi et envoyé avec le procès-verbal au recteur de l'académie, qui soumet l'affaire au conseil académique.

Art. 43. Les inspecteurs de l'instruction primaire donnent au recteur leur avis sur les secours et encouragements de tout genre relatifs à l'instruction primaire ; ils s'assurent que les allocations accordées sont employées selon leur destination.

Ils font au recteur des propositions pour la liste d'admissibilité et d'avancement des instituteurs communaux, qui doit être dressée par le conseil académique. Ils donnent au recteur leur avis sur les nominations des instituteurs communaux et sur les demandes d'institution.

Ils assistent, avec voix délibérative, aux réunions des

délégués cantonaux prescrites par le quatrième paragraphe de l'article 42 de la loi organique et à celles dont il est fait mention en l'article 46 du présent règlement.

Ils donnent leur avis au recteur sur les demandes formées par les instituteurs communaux et sur les déclarations faites par les instituteurs libres, à l'effet d'ouvrir un pensionnat primaire.

Ils inspectent les écoles normales primaires et surveillent particulièrement les élèves-maîtres entretenus par le département dans les établissements d'instruction primaire.

Ils surveillent l'instruction donnée aux enfants admis pour le compte des communes dans les écoles libres, en exécution du quatrième paragraphe de l'article 36 de la loi organique.

Ils adressent, tous les trois mois, au recteur de l'Académie, un rapport sur la situation de l'instruction primaire dans les communes qu'ils ont parcourues pendant le trimestre, et des notes détaillées sur le personnel des écoles.

CHAPITRE IV.

DES DÉLÉGUÉS CANTONAUX ET DES AUTORITÉS PRÉPOSÉES A L'ENSEIGNEMENT PRIMAIRE.

Art. 44. Nul chef ou professeur dans un établissement d'instruction primaire, public ou libre, ne peut être nommé délégué du conseil académique.

Art. 45. Les délégués ont entrée dans toutes les écoles libres ou publiques de leur circonscription : ils les visitent au moins une fois par mois.

Ils communiquent aux inspecteurs de l'instruction primaire tous les renseignements utiles qu'ils ont pu recueillir.

Art. 46. Sur la convocation et sous la présidence du

sous-préfet, les délégués des cantons d'un arrondissement peuvent être réunis au chef-lieu de l'arrondissement, pour délibérer sur les objets qui leur sont soumis par le recteur ou par le conseil académique.

Art. 47. A Paris, le conseil académique désigne, dans chaque arrondissement, un délégué au moins par quartier. Il peut désigner, en outre, dans chaque arrondissement, des délégués spéciaux pour les écoles des cultes protestant et israélite.

L'inspecteur de l'instruction primaire assiste aux réunions mensuelles des délégués de l'arrondissement, avec voix consultative.

Art. 48. Lorsqu'il y a dans une commune une école spécialement affectée aux enfants d'un culte et qu'il ne s'y trouve en résidence aucun ministre de ce culte, l'évêque ou le consistoire désigne, pour l'exécution de l'article 44 de la loi organique, le curé, le pasteur ou le délégué d'une commune voisine.

Art. 49. Les autorités préposées par l'article 44 de la loi organique à la surveillance des écoles peuvent se réunir, sous la présidence du maire, pour convenir des avis à transmettre à l'inspecteur de l'instruction primaire et aux délégués cantonaux.

CHAPITRE V.

DES COMMISSIONS D'EXAMEN POUR LA DÉLIVRANCE DES BREVETS DE CAPACITÉ POUR L'ENSEIGNEMENT PRIMAIRE.

Art. 50. Les commissions d'examen pour le brevet de capacité pour l'enseignement primaire tiennent au moins deux sessions par an.

La commission ne peut délibérer régulièrement qu'autant que cinq au moins de ses membres sont présents.

Les délibérations sont prises à la majorité des suffrages.

En cas de partage, la voix du président est prépondérante.

La forme des brevets est réglée par le ministre de l'instruction publique.

Nul ne peut se présenter devant une commission d'examen, s'il n'est âgé de dix-huit ans au moins.

CHAPITRE VI

AUTORITÉS CHARGÉES DE DÉLIVRER LE BREVET DE CAPACITÉ POUR L'ENSEIGNEMENT SECONDAIRE ET LES DIPLÔMES DES DIFFÉRENTS GRADES.

Art. 51. Les jurys chargés d'examiner les aspirants au brevet de capacité pour l'enseignement secondaire tiennent quatre sessions par an, le premier lundi des mois de janvier, d'avril, de juillet et d'octobre.

Les jurys ne peuvent délibérer régulièrement qu'autan que cinq de leurs membres au moins sont présents.

Les délibérations sont prises à la majorité des suffrages.

En cas de partage, la voix du président est prépondérante.

Des registres, destinés à recevoir les inscriptions des aspirants aux brevets, sont ouverts, huit jours avant chaque session, au secrétariat de l'académie et clos la veille de l'ouverture de la session.

Art. 52. Les brevets délivrés par les jurys spéciaux font mention de l'enseignement pour lequel ils ont été obtenus.

Le brevet n'est remis au candidat que dix jours après la décision du jury.

Pendant ce temps, le recteur peut se pourvoir devant le conseil académique pour violation des formes ou de la loi. En cas de pourvoi, le brevet n'est remis qu'après la décision du conseil académique, et, s'il y a recours, du conseil supérieur.

Les brevets sont signés par le recteur, président du jury.

Art. 53. Pour l'examen des candidats au baccalauréat ès lettres, des professeurs ou des agrégés des facultés des sciences, et, à défaut de professeurs ou d'agrégés, des docteurs ès sciences, sont adjoints aux professeurs des facultés des lettres pour la partie scientifique de l'examen.

Art. 54. Les délibérations prises par les diverses facultés pour la collation des grades sont transmises aux recteurs par leurs doyens respectifs.

Le diplôme n'est remis au candidat que dix jours après que la délibération de la faculté est parvenue au recteur.

Dans les dix jours de la réception, le recteur peut se pourvoir, pour violation de formes et de la loi, devant le conseil académique du département où l'examen a été passé.

En cas de pourvoi, le diplôme n'est remis qu'après la décision du conseil académique, et, s'il y a recours, du conseil supérieur.

Art. 55. Le ministre de l'instruction publique et des cultes est chargé de l'exécution du présent règlement, qui sera inséré au *Bulletin des lois*.

Fait à l'Élysée-National, le 29 juillet 1850.

Signé LOUIS-NAPOLÉON BONAPARTE.

Le Ministre de l'instruction publique et des cultes,
Signé E. DE PARIEU.

Décret pour l'exécution de la loi du 15 mars 1850, en ce qui concerne l'enseignement primaire.

Du 7 octobre 1850.

Le Président de la République,

Vu la loi du 15 mars 1850 sur l'enseignement, et spécialement le titre II ;

Sur le rapport du ministre de l'instruction publique et des cultes,

Décrète :

CHAPITRE PREMIER.

DE L'ENSEIGNEMENT LIBRE.

Art. 1er. Il est ouvert, dans chaque mairie, un registre spécial destiné à recevoir les déclarations des instituteurs qui veulent établir des écoles libres, conformément à l'article 27 de la loi organique du 15 mars 1850.

Indépendamment des indications exigées par cet article, chaque déclaration doit être accompagnée,

1° De l'acte de naissance de l'instituteur ;

2° De son brevet de capacité ou du titre reconnu équivalent au brevet de capacité par le deuxième paragraphe de l'article 25 de la loi organique.

Cette déclaration est signée, sur le registre, par l'instituteur et par le maire.

Une copie en est immédiatement affichée à la porte de la mairie et y demeure pendant un mois.

Art. 2. Dans les trois jours qui suivent cette déclaration, le maire adresse au recteur les pièces jointes à ladite déclaration et le certificat d'affiche.

Dans le même délai, le maire, après avoir visité ou fait visiter le local destiné à l'école, est tenu de délivrer gratuitement à l'instituteur, en triple expédition, une copie légalisée de sa déclaration.

S'il refuse d'approuver le local, il doit faire mention de cette opposition et des motifs sur lesquels elle est fondée, au bas des copies légalisées qu'il délivre à l'instituteur.

Une de ces copies est remise par l'instituteur au procureur de la République, et une autre au sous-préfet, lesquels en délivrent récépissé. La troisième copie est remise au recteur de l'Académie par l'instituteur, avec les récépissés du procureur de la République et du sous-préfet.

Art. 3. A l'expiration du délai fixé par le dernier paragraphe de l'article 27 de la loi organique, le maire transmet au recteur les observations auxquelles la déclaration affichée peut avoir donné lieu, ou l'informe qu'il n'en a pas été reçu à la mairie.

Art. 4. Si le recteur croit devoir faire opposition à l'ouverture de l'école, par application de l'article 28 de la loi organique, il signifie son opposition à la partie par un arrêté motivé.

Trois jours au moins avant la séance fixée pour le jugement de l'opposition, la partie est citée à comparaître devant le conseil académique.

Cette opposition est jugée par le conseil académique, suivant les formes prescrites au chapitre II du règlement d'administration publique du 29 juillet 1850.

Copie de la décision du conseil académique est transmise, par le recteur, au maire de la commune, qui fait transcrire cette décision en marge de la déclaration de l'instituteur sur le registre spécial.

Art. 5. Lorsqu'un instituteur libre a été suspendu de l'exercice de ses fonctions, il peut être admis, par le conseil académique, à présenter un suppléant pour la direction de son école.

Art. 6. Lorsque, par application des articles 29, 30 et 53 de la loi organique, un pensionnat primaire se trouve dans le cas d'être fermé, le recteur et le procureur de la République doivent se concerter pour que les parents ou tuteurs des élèves soient avertis, et pour que les élèves pensionnaires, dont les parents ne résident pas dans la localité, soient recueillis dans une maison convenable.

S'il se présente une personne digne de confiance qui offre de se charger des élèves pensionnaires ou externes, le recteur peut l'y autoriser provisoirement.

Cette autorisation n'est valable que pour trois mois au plus.

CHAPITRE II.

DE L'ENSEIGNEMENT PUBLIC.

SECTION 1re. — *Des écoles primaires publiques.*

Art. 7. Le local que la commune est tenue de fournir, en exécution de l'article 37 de la loi organique, doit être visité, avant l'ouverture de l'école, par le délégué cantonal, qui fait connaître au conseil académique si ce local convient pour l'usage auquel il est destiné.

Art. 8. Lorsque les communes demandent à se réunir pour l'entretien d'une école, le local destiné à la tenue de cette école doit être visité par l'inspecteur de l'arrondissement, qui transmet son rapport au conseil académique.

A défaut de conventions contraires, les dépenses auxquelles l'entretien des écoles donne lieu sont réparties entre les communes réunies, proportionnellement au montant des quatre contributions directes. Cette répartition est faite par le préfet.

Art. 9. Lorsqu'il est reconnu que le local fourni par une commune, en exécution de l'article 37 de la loi organique, ne convient pas pour l'usage auquel il est destiné, le préfet, après s'être concerté avec le recteur, et avoir pris l'avis du conseil municipal, décide s'il y a lieu, en raison des circonstances, de faire exécuter des travaux pour approprier le local à sa destination, ou bien d'en prononcer l'interdiction.

S'il s'agit de travaux à exécuter, il met la commune en demeure de pourvoir à la dépense nécessaire pour leur exécution dans un délai déterminé. A défaut d'exécution dans ce délai, il peut y pourvoir d'office.

Si l'interdiction du local a été prononcée, le préfet et le recteur pourvoient à la tenue de l'école soit par la location d'un autre local, soit par les autres moyens prévus par l'article 36 de la loi organique.

Les dépenses occasionnées par cette mesure seront à la charge de la commune, dans les limites déterminées par la loi.

Art. 10. Chaque année, à l'époque fixée par le recteur, la liste des enfants admis gratuitement dans les écoles publiques est dressée conformément à ce qui est prescrit par l'article 45 de la loi organique; les modifications apportées à cette liste dans le cours de l'année sont soumises aux mêmes formalités.

Art. 11. Dans les écoles où les enfants de divers cultes sont réunis, chaque ministre procède séparément à l'examen des élèves de son culte, en ce qui concerne l'enseignement religieux.

Art. 12. Lorsque, dans une école spécialement affectée aux enfants d'un culte, sont admis les enfants d'un autre culte, il est tenu par l'instituteur un registre sur lequel est inscrite la déclaration du père, ou, à son défaut, de la mère ou du tuteur, attestant que leur enfant ou pupille a été admis dans l'école sur leur demande.

Ladite déclaration est signée par les père, mère ou tuteur ; s'ils ne savent signer, l'instituteur fait mention de cette circonstance et certifie leur déclaration.

Ce registre doit être représenté à toute personne préposée à la surveillance de l'école.

SECTION II. — *Des instituteurs publics.*

Art. 13. Tous les ans, à l'époque déterminée par le recteur, le conseil académique, dans chaque département, dresse :

1° Une liste de tous les candidats qui se sont fait inscrire pour être appelés aux fonctions d'instituteur communal, et qu'ils jugent dignes d'être nommés ;

2° La liste des instituteurs communaux du département qui, à raison de leurs services, sont jugés dignes d'avancement.

Cette dernière liste doit faire connaître le traitement dont jouissent les instituteurs qui y sont portés.

Ces deux listes peuvent être modifiées pendant toute l'année.

Elles doivent être insérées au Bulletin des actes administratifs de la préfecture, et communiquées, par le recteur, aux conseils municipaux des communes dans lesquelles il y a lieu de pourvoir à la nomination d'un instituteur communal.

Art. 14. Aussitôt que le conseil municipal a nommé un instituteur, le maire envoie une copie de la nomination au recteur de l'Académie, qui délivre, s'il y a lieu, à l'instituteur, une autorisation provisoire, et qui propose au ministre d'accorder ou de refuser l'institution.

L'institution doit être donnée ou refusée dans le délai de six mois.

Si l'institution est refusée, le recteur met immédiatement le conseil municipal en demeure de pourvoir au choix d'un autre instituteur.

Art. 15. Lorsque les fonctions d'instituteur communal viennent à vaquer par suite de décès, de démission ou autrement, le recteur pourvoit à la direction de l'école, en attendant le remplacement de l'instituteur.

Art. 16. Le recteur pourvoit également à la direction de l'école, lorsque l'instituteur se trouve frappé de suspension par application de l'article 33 de la loi organique, ou lorsque, en attendant une instruction plus complète sur une demande en révocation, l'instituteur a été suspendu provisoirement de ses fonctions.

Dans ce cas, le recteur fixe la portion de traitement qui peut être laissée au titulaire, et celle qui est attribuée à son suppléant; et il décide si le suppléant doit jouir en totalité ou en partie du logement affecté à l'instituteur communal.

Art. 17. Lorsqu'un maire croit devoir suspendre, en cas d'urgence, un instituteur communal, il en informe immédiatement l'inspecteur de l'instruction primaire, sans préjudice du compte qu'il doit rendre, dans les deux jours, au recteur.

Art. 18. Chaque année, trois jours avant la session de février des conseils municipaux, le receveur municipal remet au maire de la commune le rôle de la rétribution scolaire de l'année précédente.

Art. 19. Les conseils municipaux délibèrent, chaque année, dans leur session du mois de février, pour l'année suivante,

Sur le taux de la rétribution scolaire;

Sur le traitement de l'instituteur;

Sur les centimes spéciaux qu'ils doivent voter, à défaut de leurs revenus ordinaires, 1° pour assurer le traitement fixe de l'instituteur au minimum de deux cents francs; 2° pour élever au minimum de six cents francs le revenu de l'instituteur, quand son traitement fixe, joint au produit de la rétribution scolaire, n'atteint pas cette somme.

Les délibérations des conseils municipaux relatives aux écoles sont envoyées, avant le 1er mai, pour l'arrondissement chef-lieu, au préfet, et pour les autres arrondissements, aux sous-préfets, qui les transmettent dans les dix jours au préfet, avec leur propre avis, celui des délégués cantonaux et celui de l'inspecteur primaire.

Art. 20. Le préfet soumet au conseil académique les délibérations des conseils municipaux relatives au taux de la rétribution scolaire dans leur commune.

Le conseil académique fixe définitivement le taux de cette rétribution scolaire, et en informe le préfet, qui présente les résultats de ces diverses délibérations au conseil général, dans sa session ordinaire, à l'appui de la proposition des crédits à allouer pour les dépenses de l'instruction publique primaire dans le budget départemental.

Art. 21. La rétribution scolaire est due par tous les élèves externes et pensionnaires qui suivent les classes de l'école, et qui ne sont pas portés sur la liste dressée en exécution de l'article 45 de la loi organique.

Art. 22. Le rôle de la rétribution scolaire est annuel.

Dans le courant de janvier l'instituteur communal dresse et remet au maire, 1° le rôle des enfants présents dans son école au commencement du mois, avec l'indication du nom des redevables qui doivent acquitter la rétribution, et du montant de la rétribution due par chacun d'eux; 2° des extraits individuels dudit rôle, pour être ultérieurement remis aux redevables à titre d'avertissement.

Il n'est ouvert dans le rôle qu'un seul article au père, à la mère ou au tuteur qui a plusieurs enfants à l'école.

Le maire vise le rôle, après s'être assuré qu'il ne comprend pas d'enfants dispensés du payement de la rétribution; qu'il contient tous ceux qui y sont soumis; en outre, que la cotisation est établie d'après le taux fixé par le conseil académique.

Il l'adresse ensuite au sous-préfet, qui le communique à l'inspecteur, pour qu'il puisse fournir ses observations.

Le préfet, ou le sous-préfet par délégation, rend le rôle exécutoire et le transmet au receveur des finances, qui le fait parvenir au receveur municipal.

Art. 23. La rétribution scolaire est payée par douzièmes.

Art. 24. Un rôle supplémentaire est établi, à la fin de chaque trimestre, pour les enfants admis à l'école dans le courant du trimestre. Dans ce cas, la rétribution est due à partir du premier jour du mois dans lequel l'enfant a été admis.

Art. 25. Lorsque plusieurs communes sont réunies pour l'entretien d'une même école, l'instituteur dresse un rôle spécial pour chaque commune.

Art. 26. Tout enfant qui vient à quitter l'école postérieurement à l'émission du rôle est affranchi de la rétribution à partir du premier jour du mois suivant; avis de son départ est immédiatement donné, par l'instituteur et par les parents, au maire, qui, après avoir vérifié le fait, en informe le receveur municipal.

Art. 27. En fin d'année, il est procédé à un décompte à l'effet de constater si l'instituteur communal a reçu le minimum de traitement qui lui est garanti par l'article 37 de la loi organique.

Ce décompte est établi d'après le nombre des élèves portés, soit au rôle général, soit aux rôles supplémentaires. Sur le montant des rôles, il est fait déduction des non-valeurs résultant soit des sorties d'élèves dans le cours de l'année, soit des dégrèvements prononcés.

Art. 28. Les remises des receveurs municipaux sont

calculées, conformément à l'article 5 de la loi du 20 juillet 1837, sur le total des sommes portées aux rôles généraux et supplémentaires de la rétribution scolaire.

Art. 29. Les remises dues au percepteur et les cotes qui deviendraient irrecouvrables sont déclarées charges communales, et, comme telles, placées au nombre des dépenses obligatoires des communes.

Art. 30. Les réclamations auxquelles la confection des rôles peut donner lieu sont rédigées sur papier libre et déposées au secrétariat de la sous-préfecture.

Lorsqu'il s'agit de décharges ou réductions, il est statué par le conseil de préfecture, sur l'avis du maire, du délégué cantonal et du sous-préfet.

Il est prononcé sur les demandes en remise par le préfet, après avis du conseil municipal et du sous-préfet.

Art. 31. Lorsque le conseil académique autorise un instituteur à percevoir lui-même le montant de la rétribution scolaire, en exécution du deuxième paragraphe de l'article 41 de la loi organique, le recteur en informe immédiatement le receveur particulier de l'arrondissement, qui en donne avis au receveur municipal.

Dans ce cas, le rôle de la rétribution est dressé et arrêté ainsi qu'il a été dit à l'article 22 du présent règlement.

Art. 32. Le ministre de l'instruction publique et des cultes, et le ministre des finances sont chargés, chacun en ce qui le concerne, de l'exécution du présent décret.

Fait à Paris, le 7 octobre 1850.

Signé Louis-Napoléon Bonaparte.

Le Ministre de l'instruction publique et des cultes,

Signé E. de Parieu.

Décret sur l'instruction publique (*Extrait*).

Du 9 mars 1852.

. . . .

Art. 4. Les recteurs, par délégation du ministre, nomment les instituteurs communaux, les conseils municipaux entendus, d'après le mode prescrit par les deux premiers paragraphes de l'article 31 de la loi du 15 mars 1850.

. . . .

Décret impérial concernant les écoles primaires

Du 31 décembre 1853.

NAPOLÉON, par la grâce de Dieu et la volonté nanationale, EMPEREUR DES FRANÇAIS, à tous présents et à venir, SALUT.

Sur le rapport de notre ministre secrétaire d'État au département de l'instruction publique et des cultes;

Vu la loi du 15 mars 1850;

Vu le décret du 7 octobre 1850;

Vu l'article 4 du décret du 9 mars 1852 portant que les recteurs des académies nomment les instituteurs communaux;

Vu l'avis du conseil impérial de l'instruction publique;

Notre conseil d'État entendu,

AVONS DÉCRÉTÉ et DÉCRÉTONS ce qui suit :

TITRE PREMIER.

DES ÉCOLES COMMUNALES ET DES INSTITUTEURS.

Art. 1ᵉʳ. Nul n'est nommé définitivement instituteur communal, s'il n'a dirigé pendant trois ans, au moins, une école, en qualité d'instituteur suppléant, ou s'il n'a exercé pendant trois ans, à partir de sa vingt et unième année, les fonctions d'instituteur adjoint.

Art. 2. Nul ne peut être nommé instituteur suppléant, s'il ne remplit les conditions déterminées par l'article 25 de la loi du 15 mars 1850.

Art. 3. Les instituteurs suppléants peuvent être chargés, par les recteurs des académies, de la direction soit des écoles publiques dans les communes dont la population ne dépasse pas cinq cents âmes, soit des écoles annexes dont l'établissement serait reconnu nécessaire.

Ils remplacent temporairement les instituteurs communaux en cas de congé, de démission ou de révocation, de maladie ou de décès.

Art. 4. Les instituteurs suppléants dirigeant des écoles publiques reçoivent un traitement dont le minimum est fixé ainsi qu'il suit, y compris le produit de la rétribution scolaire :

Instituteur suppléant de première classe.   500 fr.
Idem de deuxième classe.   400

Il est pourvu au traitement et au logement des instituteurs suppléants conformément aux dispositions de la loi du 15 mars 1850.

Le traitement des instituteurs suppléants remplaçant des instituteurs communaux est fixé par le recteur de l'académie ; il peut être prélevé sur le traitement du titulaire.

Le passage d'un instituteur suppléant de la deuxième à la première classe peut avoir lieu sans changement de résidence.

Le nombre des instituteurs suppléants de première classe ne peut excéder, dans chaque département, le tiers du nombre des instituteurs suppléants.

Art. 5. Sur la proposition du recteur de l'académie, une

allocation supplémentaire peut être accordée par le ministre de l'instruction publique aux instituteurs communaux qui l'auront méritée par leurs bons services.

Cette allocation est calculée de manière à élever à sept cents francs après cinq ans, et à huit cents francs après dix ans, le revenu scolaire, dont le minimum est fixé à six cents francs par la loi du 15 mars 1850; elle peut être annuellement renouvelée, si l'instituteur continue à s'en rendre digne.

Dans tous les cas, le nombre des instituteurs communaux qui reçoivent cette allocation ne peut dépasser le dixième du nombre total des instituteurs communaux de la circonscription académique. Ce dixième ne devra être complétement atteint, s'il y a lieu, que dans cinq ans, à partir du 1er janvier 1854.

TITRE II.

DES ÉCOLES DE FILLES.

Art. 6. Les écoles de filles, avec ou sans pensionnat, sont divisées en deux ordres, savoir :

Écoles de premier ordre ;
Écoles de second ordre.

Art. 7. Aucune aspirante au brevet de capacité ne peut être admise à se présenter devant une commission d'examen, si elle n'est âgée, au jour de l'ouverture de la session, de dix-huit ans accomplis.

Le brevet de capacité mentionne l'ordre d'enseignement pour lequel il a été délivré.

Art. 8. Nulle institutrice laïque ne peut diriger une maison d'éducation de premier ordre, si elle n'est pourvue d'un brevet de capacité délivré après un examen portant sur toutes celles des matières d'enseignement, énumérées aux articles 23 et 48 de la loi du 15 mars 1850, qui sont exigées pour l'éducation des femmes.

Art. 9. Des institutrices peuvent être chargées de la direction des écoles publiques communes aux enfants des deux sexes, qui, d'après la moyenne des trois dernières années, ne reçoivent pas annuellement plus de quarante élèves.

Les dispositions de l'article 4 du présent décret relatives au traitement et au logement sont applicables à ces institutrices.

Art. 10. Toutes les écoles communales ou libres de filles, tenues soit par des institutrices laïques, soit par des associations religieuses non cloîtrées ou même cloîtrées, sont soumises, quant à l'inspection et à la surveillance de l'enseignement en ce qui concerne l'externat, aux autorités instituées par les articles 18 et 20 de la loi du 15 mars 1850.

Art. 11. Le recteur de l'académie délègue, lorsqu'il y a lieu, des dames pour inspecter, aux termes des articles 50 et 53 de la loi du 15 mars 1850, l'intérieur des pensionnats tenus par des institutrices laïques.

Art. 12. L'inspection des pensionnats de filles tenus par des associations religieuses cloîtrées ou non cloîtrées est faite, lorsqu'il y a lieu, par des ecclésiastiques nommés par le ministre de l'instruction publique, sur la présentation de l'évêque diocésain.

Les rapports constatant les résultats de cette inspection sont transmis directement au ministre.

TITRE III.

DE LA RÉTRIBUTION SCOLAIRE.

Art. 13. A la fin de chaque année scolaire, le préfet, ou, par délégation, le sous-préfet, fixe, sur la proposition des délégués cantonaux et l'avis de l'inspecteur de l'instruction primaire, le nombre maximum des enfants qui, en vertu des prescriptions de l'article 24 de la loi du 15 mars 1850, pourront être admis gratuitement dans chaque école publique pendant le cours de l'année suivante.

La liste des élèves gratuits, dressée par le maire et les ministres des différents cultes et approuvée par le conseil municipal, conformément à l'article 45 de la loi du 15 mars 1850, ne doit pas dépasser le nombre ainsi fixé.

Lorsque cette liste est arrêtée par le préfet, il en est délivré, par le maire, un extrait, sous forme de billet d'admission, à chaque enfant qui y est porté.

Aucun élève ne peut être reçu gratuitement dans une école communale, s'il ne justifie d'un billet [d'admission délivré par le maire.

Art. 14. A partir de l'exercice 1854, le rôle de la rétribution scolaire prescrit par l'article 22 du décret du 7 octobre 1850 sera dressé à la fin de chaque trimestre. Il comprendra tous les enfants présents à l'école pendant le trimestre écoulé, avec l'indication du nombre de douzièmes dus pour chacun d'eux. Il ne sera tenu compte, dans le rôle trimestriel, d'aucune fraction de douzième, tout mois commencé étant dû en entier.

Art. 15. Notre ministre secrétaire d'État au département de l'instruction publique et des cultes est chargé de l'exécution du présent décret.

Fait au palais des Tuileries, le 31 décembre 1853.

Signé NAPOLÉON.

Par l'Empereur :

Le Ministre secrétaire d'État au département de l'instruction publique et des cultes,

Signé H. FORTOUL.

Loi sur l'instruction publique (*Extrait*).

Du 14 juin 1854.

. . . .

Art. 5. Il y a au chef-lieu de chaque département un conseil départemental de l'instruction publique, composé,

1° Du préfet, président;

2° De l'inspecteur d'académie;

3° D'un inspecteur de l'instruction primaire désigné par le ministre;

4° Des membres que les paragraphes 5, 6, 7, 8, 9, 10 et 11 de l'article 10 de la loi du 15 mars 1850 appelaient à siéger dans les anciens conseils, et dont le mode de désignation demeure réglé conformément à ladite loi et à l'article 3 du décret du 9 mars 1852.

Art. 6. Pour le département de la Seine, le conseil départemental de l'instruction publique se compose,

1° Du préfet, président;

2° Du recteur de l'académie de Paris, vice-président;

3° De deux des inspecteurs d'académie attachés au département de la Seine;

4° De deux inspecteurs de l'instruction primaire dudit département;

5° Des membres que les paragraphes 4, 5, 6, 7, 8, 11, 12, 13, 14 et 15 de l'article 11 de la loi du 15 mars 1850 appelaient à faire partie de l'ancien conseil académique de la Seine, et dont le mode de désignation demeure réglé conformément à ladite loi et à l'article 3 du décret du 9 mars 1852.

Art. 7. Le conseil départemental de l'instruction publique exerce, en ce qui concerne les affaires de l'instruction primaire et les affaires disciplinaires et contentieuses relatives aux établissements particuliers d'instruction secondaire, les attributions déférées au conseil académique par la loi du 15 mars 1850.

Les appels de ses décisions, dans les matières qui intéressent la liberté d'enseignement, sont portés directement devant le conseil impérial de l'instruction publique, en conformité des dispositions de ladite loi.

Art. 8. Le préfet exerce, sous l'autorité du ministre de l'instruction publique, et sur le rapport de l'inspecteur d'académie, les attributions déférées au recteur par la loi du 15 mars 1850 et par le décret organique du 9 mars 1852, en ce qui concerne l'instruction primaire publique ou libre.

Art. 9. Sous l'autorité du préfet, l'inspecteur d'académie instruit les affaires relatives à l'enseignement primaire du département.

Sous l'autorité du recteur, il dirige l'administration des colléges et lycées, et exerce, en ce qui concerne l'enseignement secondaire libre, les attributions déférées au recteur par la loi du 15 mars 1850.

. . . .

Décret impérial concernant les salles d'asile.

Du 21 mars 1855.

NAPOLÉON, par la grâce de Dieu et la volonté nationale, Empereur des Français, à tous présents et à venir, salut.

Sur le rapport de notre ministre secrétaire d'Etat au département de l'instruction publique et des cultes;

En exécution de l'article 57 de la loi du 15 mars 1850;

Vu l'ordonnance du 22 décembre 1837;

Vu le décret du 9 mars 1852;

Vu la loi du 14 juin 1854;

Vu l'avis du comité central de patronage des salles d'asile;

Vu l'avis du conseil impérial de l'instruction publique,

Avons décrété et décrétons ce qui suit :

TITRE PREMIER.

DISPOSITIONS GÉNÉRALES CONCERNANT L'ÉTABLISSEMENT DES SALLES D'ASILE ET LE PROGRAMME DE L'ENSEIGNEMENT.

Art. 1er. Les salles d'asile, publiques ou libres, sont des établissements d'éducation où les enfants des deux sexes, de deux à sept ans, reçoivent les soins que réclame leur développement moral et physique.

Art. 2. L'enseignement, dans les salles d'asile, publiques et libres, comprend :

1° Les premiers principes de l'instruction religieuse, de la lecture, de l'écriture, du calcul verbal et du dessin linéaire;

2° Des connaissances usuelles à la portée des enfants;

3° Des ouvrages manuels appropriés à l'âge des enfants;

4° Des chants religieux, des exercices moraux et des exercices corporels.

Les leçons et les exercices moraux ne durent jamais plus de dix à quinze minutes, et sont toujours entremêlés d'exercices corporels.

Art. 3. L'instruction religieuse est donnée sous l'autorité de l'évêque, dans les salles d'asile catholiques.

Les ministres des cultes non catholiques reconnus présidentà l'instruction religieuse dans les salles d'asile de leur culte.

Art. 4. Les salles d'asile sont situées au rez-de-chaussée; elles sont planchéiées et éclairées, autant que possible, des deux côtés, par des fenêtres fermées avec des châssis mobiles.

Les dimensions des salles d'exercice doivent être calculées de manière qu'il y ait, au moins, deux mètres cubes d'air pour chaque enfant admis.

A côté de la salle d'exercice, il y a un préau destiné aux repas et aux récréations.

Art. 5. Nulle salle d'asile ne peut être ouverte avant que l'inspecteur d'académie n'ait reconnu qu'elle réunit les conditions de salubrité ci-dessus prescrites.

Art. 6. Il y a dans chaque salle d'asile publique du culte catholique :
Un crucifix,
Une image de la sainte Vierge.

Art. 7. Il y a dans toutes les salles d'asile un portrait de l'Impératrice, protectrice de l'institution.

Art. 8. Le titre de *salle d'asile modèle* peut être conféré par le ministre de l'instruction publique, sur la proposition du comité central de patronage, à celles des salles d'asile qui auraient été signalées, par les déléguées spéciales, pour la bonne disposition du local, l'état satisfaisant du mobilier, les soins donnés aux enfants, ainsi que pour l'emploi judicieux et intelligent des meilleurs moyens d'éducation et de premier enseignement.

Il y a, à Paris, un cours pratique avec pensionnat, destiné : 1° à former, pour Paris et les départements, des directrices ou des sous-directrices de salles d'asile; 2° à conserver les principes de la méthode établie; 3° à expérimenter les nouveaux procédés d'éducation et de premier enseignement dont l'essai serait recommandé par le comité central de patronage.

Art. 9. Un règlement arrêté par le ministre de l'instruction publique, sur la proposition du comité central de patronage, déterminera, sous l'approbation de l'Impératrice, tout ce qui se rapporte aux procédés d'éducation et d'enseignement employés [dans les salles d'asile publiques, ainsi qu'aux soins matériels qui doivent y être observés.

TITRE II.

DE L'ADMISSION DES ENFANTS DANS LES SALLES D'ASILE.

Art. 10. Aucun enfant n'est reçu, même provisoirement, par la directrice dans une salle d'asile publique ou libre, s'il n'est pourvu d'un certificat de médecin dûment légalisé, constatant qu'il n'est atteint d'aucune maladie contagieuse, et qu'il a été vacciné.

L'admission des enfants dans les salles d'asile publiques ne devient définitive qu'autant qu'elle a été ratifiée par le maire.

Dans les huit jours qui suivent l'admission provisoire d'un enfant dans une salle d'asile publique, les parents sont tenus de présenter à la directrice un billet d'admission délivré par le maire.

Art. 11. Les salles d'asile publiques sont ouvertes gratuitement à tous les enfants dont les familles sont reconnues hors d'état de payer la rétribution mensuelle.

Art. 12. Le maire, de concert avec les ministres des différents cultes reconnus, dresse la liste des enfants qui doivent être admis gratuitement dans les salles d'asile publiques ; cette liste est définitivement arrêtée par le conseil munipal.

Art. 13. Les billets d'admission délivrés par les maires ne font aucune distinction entre les enfants payants et les enfants admis gratuitement.

TITRE III.

DE LA SURVEILLANCE ET DE L'INSPECTION DES SALLES D'ASILE.

Art. 14. Indépendamment des autorités instituées pour

la surveillance et l'inspection des écoles par les articles 18, 20, 42 et 44, de la loi du 15 mars 1850, il peut être établi dans chaque commune où il existe des salles d'asile, et, à Paris, dans chaque arrondissement, un comité local de patronage nommé par le préfet.

Ce comité local, dont le curé fait partie de droit, et qui est présidé par le maire, est composé de dames qui se partagent la protection des salles d'asile du ressort.

Art. 15. Le comité local de patronage est chargé de recueillir les offrandes de la charité publique en faveur des salles d'asile de son ressort; de veiller au bon emploi des fonds alloués à ces établissements par la commune, le département ou l'État, et au maintien des méthodes adoptées pour les salles d'asile publiques. Il délibère sur tous les objets qu'il juge dignes de fixer l'attention du comité central.

Il se réunit au moins une fois par mois.

Art. 16. Un ou plusieurs médecins, nommés par le maire, visitent au moins une fois par semaine les salles d'asile publiques.

Chaque médecin inscrit ses observations et ses prescriptions sur un registre particulier.

Art. 17. Le ministre de l'instruction publique et des cultes peut, suivant les besoins du service, déléguer pour l'inspection des salles d'asile, dans chaque académie, une dame rétribuée sur les fonds de l'État.

Nulle ne peut être nommée déléguée spéciale si elle n'est pourvue d'un certificat d'aptitude.

Le recteur de l'académie détermine l'ordre des tournées des dames déléguées spéciales et en règle l'itinéraire. Il transmet au ministre, avec son avis, les rapports généraux que les dames lui adressent. Le ministre place ces rapports sous les yeux du comité central de patronage.

Les déléguées spéciales correspondent directement avec

les comités de patronage de leur circonscription, et envoient à chaque inspecteur d'académie un rapport spécial sur les salles d'asile du département.

Art. 18. Il y a près du comité central de patronage des salles d'asile deux déléguées générales rétribuées sur les fonds de l'État et nommées par le ministre de l'instruction publique.

Les déléguées générales sont envoyées par le ministre de l'instruction publique partout où leur présence est jugée nécessaire; elles s'entendent avec les déléguées spéciales et provoquent, s'il y a lieu, les réunions des comités locaux de patronage; elles rendent compte au ministre et au comité central, et ne décident rien par elles-mêmes.

TITRE IV.

DES CONDITIONS D'AGE, DE MORALITÉ ET D'APTITUDE DES DIRECTRICES DE SALLES D'ASILE.

Art. 19. Les salles d'asile publiques et libres seront à l'avenir exclusivement dirigées par des femmes.

Art. 20. Nulle ne peut diriger une salle d'asile publique ou libre avant l'âge de vingt-quatre ans accomplis, et si elle ne justifie d'un certificat d'aptitude.

Les lettres d'obédience délivrées par les supérieures des communautés religieuses régulièrement reconnues, et attestant que les postulantes ont été particulièrement exercées à la direction d'une salle d'asile, leur tiennent lieu de certificat d'aptitude.

Peuvent toutefois être admises à diriger provisoirement, dès l'âge de vingt et un ans, une salle d'asile publique ou libre qui ne reçoit pas plus de trente à quarante enfants, les sous-directrices pourvues du certificat mentionné en l'article 31 du présent décret, et les membres de communautés religieuses pourvues d'une lettre d'obédience.

Art. 21. Sont incapables de tenir une salle d'asile publique ou libre les personnes qui se trouvent dans les cas prévus par l'article 26 de la loi du 15 mars 1850.

Art. 22. Quiconque veut diriger une salle d'asile libre doit se conformer préalablement aux dispositions prescrites par les articles 25 et 27 de la loi du 15 mars 1850, et 1, 2 et 3 du décret du 7 octobre 1850.

L'inspecteur d'académie peut faire opposition à l'ouverture de la salle dans les cas prévus par l'article 28 de la loi du 15 mars 1850, et par l'article 5 du présent décret. L'opposition est jugée par le conseil départemental, contradictoirement et sans recours.

A défaut d'opposition, la salle d'asile peut être ouverte à l'expiration du mois.

Art. 23. Les directrices des salles d'asile publiques sont nommées et révoquées par les préfets, sur la proposition de l'inspecteur d'académie; elles sont choisies, après avis du comité local de patronage, soit parmi les membres des congrégations religieuses, soit parmi les laïques, et, dans ce dernier cas, autant que possible, parmi les sous-directrices.

Art. 24. Le conseil départemental peut, dans les formes prescrites par les articles 30 et 33 de la loi du 15 mars 1850, interdire de l'exercice de sa profession, dans la commune où elle réside, une directrice de salle d'asile libre.

Il peut frapper d'interdiction absolue une directrice de salle d'asile libre ou publique, sauf appel devant le conseil impérial de l'instruction publique.

Art. 25. Dans toute salle d'asile publique qui reçoit plus de quatre-vingts enfants, la directrice est aidée par une sous-directrice.

Art. 26. Nulle ne peut être nommée sous-directrice dans une salle d'asile publique avant l'âge de vingt ans, et si elle n'est pourvue d'un certificat de stage délivré ainsi qu'il est dit à l'article 31 du présent décret.

Les sous-directrices dans les salles d'asile publiques sont nommées et révoquées par les maires, sur la proposition du comité de patronage.

Art. 27. Il y a, dans chaque département, une commission d'examen chargée de constater l'aptitude des personnes qui aspirent à diriger les salles d'asile.

La commission tient une ou deux sessions par an.

Les membres de la commission d'examen sont nommés pour trois ans par le préfet, sur la proposition du conseil départemental de l'instruction publique.

La commission d'examen se compose,

De l'inspecteur d'académie, président ;

D'un ministre du culte professé par la postulante ;

D'un membre de l'enseignement public ou libre ;

De deux dames patronnesses des asiles ;

D'un inspecteur de l'instruction primaire faisant fonctions de secrétaire.

A Paris, la commission est nommée, sur la proposition du préfet, par le ministre de l'instruction publique, qui fixe le nombre des membres dont elle doit être composée.

Art. 28. Les certificats d'aptitude sont délivrés, au nom du recteur, par l'inspecteur d'académie dans les départements, et à Paris par le vice-recteur.

Art. 29. Nulle n'est admise devant une commission d'examen avant l'âge de vingt et un ans, et si elle n'a déposé entre les mains de l'inspecteur d'académie, un mois avant l'ouverture de la session,

1° Son acte de naissance ;

2° Des certificats attestant sa moralité et indiquant les lieux où elle a résidé et les occupations auxquelles elle s'est livrée depuis cinq ans au moins.

La veille de la session, l'inspecteur d'académie arrête,

sur la proposition de la commission d'examen, la liste des postulantes qui seront admises à subir l'examen.

Art. 30. L'examen se compose de deux parties distinctes :
1° Un examen d'instruction ;
2° Un examen pratique.

L'examen d'instruction comprend l'histoire sainte, le catéchisme, la lecture, l'écriture, l'orthographe, les notions les plus usuelles du calcul et du système métrique, le dessin au trait, les premiers éléments de géographie, le chant, le travail manuel.

L'examen pratique a lieu dans une salle d'asile. Les postulantes sont tenues de diriger les exercices de cette salle pendant une partie de la journée.

Art. 31. Sur la déclaration de la directrice d'une salle d'asile modèle, visée par le comité de patronage, l'inspecteur d'académie délivre aux postulantes qui ont suivi les exercices de cette salle d'asile pendant deux mois au moins, le certificat de stage mentionné en l'article 26 du présent décret.

A Paris, le certificat de stage est délivré par le vice-recteur de l'académie, soit sur l'attestation de la directrice d'une salle d'asile modèle, comme il est dit ci-dessus, soit sur l'attestation de la directrice du cours pratique certifiée par la commission de surveillance de cet établissement.

TITRE V.

DU TRAITEMENT DES DIRECTRICES ET SOUS-DIRECTRICES DES SALLES D'ASILE PUBLIQUES.

Art. 32. Les directrices des salles d'asile publiques reçoivent sur les fonds communaux un traitement fixe, qui ne peut être moindre de deux cent cinquante francs, et les sous-directrices un traitement dont le minimum est fixé à cent cinquante francs.

Les unes et les autres jouissent, en outre, du logement gratuit.

Les dispositions du décret du 9 juin 1853 sur les pensions civiles leur sont applicables.

Art. 33. Une rétribution mensuelle peut être exigée de toutes les familles dont les enfants sont admis dans les salles d'asile publiques, et qui sont en état de payer le service qu'elles réclament.

Le taux de cette rétribution est fixé par le préfet en conseil départemental, sur l'avis des conseils municipaux et des délégués cantonaux.

Art. 34. La rétribution mensuelle est perçue pour le compte de la commune par le receveur municipal, et spécialement affectée aux dépenses de la salle d'asile.

En cas d'insuffisance du produit de la rétribution mensuelle et à défaut de fondation, dons ou legs, il est pourvu aux dépenses des salles d'asile publiques, 1° sur les revenus ordinaires des communes; 2° sur l'excédant des trois centimes spéciaux affectés à l'instruction primaire, ou, à défaut, au moyen d'une imposition spécialement autorisée à cet effet.

Une subvention peut être accordée par les départements aux communes qui ne peuvent suffire aux dépenses ordinaires des salles d'asile qu'au moyen d'une imposition spéciale. Cette subvention est prélevée, soit sur le restant disponible des deux centimes affectés à l'instruction primaire, soit sur des fonds spécialement votés à cet effet.

Art. 35. Notre ministre secrétaire d'État au département de l'instruction publique et des cultes est chargé de l'exécution du présent décret.

Fait au palais des Tuileries, le 21 mars 1855.

Signé : NAPOLÉON.

Par l'Empereur :

Le Ministre secrétaire d'État au département de l'instruction publique et des cultes,

Signé : H. FORTOUL.

Décret impérial qui, 1° affecte à l'achat du mobilier personnel des instituteurs et institutrices publics une somme de cent mille francs, prélevée annuellement sur les fonds à donner en secours aux communes pour les maisons d'école ; 2° augmente les traitements des directeurs d'écoles normales et des maîtres adjoints.

Du 4 septembre 1863.

NAPOLÉON, par la grâce de Dieu et la volonté nationale, Empereur des Français, à tous présents et à venir, salut.

Sur le rapport de notre ministre secrétaire d'État au département de l'instruction publique ;

Vu l'article 37 de la loi du 15 mars 1850 ;

Vu l'article 1er du règlement de comptabilité en date du 26 décembre 1855,

Avons décrété et décrétons ce qui suit :

Art. 1er. Une somme de cent mille francs, prélevée annuellement sur les fonds à donner en secours aux communes pour acquisition, construction et réparation de maisons d'école, sera appliquée à l'achat du mobilier personnel des instituteurs et institutrices publics, sous la condition, par la commune, de supporter la moitié de la dépense.

Le mobilier ainsi acheté restera la propriété de la commune.

Art. 2. Le minimum des traitements des directeurs d'écoles normales, fixé à deux mille deux cents francs par le paragraphe 2 de l'article 1er du règlement, en date du 26 décembre 1855, est porté à deux mille quatre cents francs, et le maximum, fixé par le même décret à trois mille francs, est élevé à trois mille six cents francs.

Le taux des traitements des maîtres adjoints est, à l'avenir, déterminé de la manière suivante :

    1re classe, de . . . . . . 1,800 à 2,000 francs ;
    2e classe, de . . . . . . 1,500 à 1,700 francs ;
    3e classe, de . . . . . . 1,200 à 1,400 francs.

Art. 3. Notre ministre secrétaire d'État au département de l'instruction publique est chargé de l'exécution du présent décret.

Fait au palais de Saint-Cloud, le 4 septembre 1863.

Signé : NAPOLÉON.

Par l'Empereur :

Le Ministre secrétaire d'État au département de l'instruction publique,

Signé : V. Duruy.

Décret impérial qui modifie l'article 13 du décret du 31 décembre 1853, concernant les écoles primaires.

Du 28 mars 1866.

NAPOLÉON, par la grâce de Dieu et la volonté nationale, Empereur des Français, à tous présents et venir, salut.

Sur le rapport de notre ministre secrétaire d'État au département de l'instruction publique ;

Vu la loi du 15 mars 1850 et le décret du 7 octobre suivant ;

Vu notre décret du 31 décembre 1853 ;

Notre Conseil d'État entendu,

Avons décrété et décrétons ce qui suit :

Art. 1er. L'article 13 du décret du 31 décembre 1853 est remplacé par la disposition suivante :

« Lorsque la liste des élèves gratuits, dressée en exé-
« cution des articles 24 et 45 de la loi du 15 mars 1850
« et de l'article 10 du décret du 7 octobre 1850, par le
« maire et les ministres des différents cultes et approuvée
« par le conseil municipal, a été arrêtée par le préfet, il
« en est délivré par le maire un extrait, sous forme de
« billet d'admission, à chaque enfant qui y est porté.

« Aucun élève ne peut être reçu gratuitement dans une
« école communale, s'il ne justifie d'un billet d'admission
« délivré par le maire. »

Art. 2. Notre ministre secrétaire d'État au département de l'instruction publique est chargé de l'exécution du présent décret, qui sera inséré au *Bulletin des lois.*

Fait au palais des Tuileries, le 28 mars 1866.

Signé : NAPOLÉON.

Par l'Empereur :

*Le Ministre secrétaire d'État au département
de l'instruction publique,*

Signé : V. Duruy.

Loi sur l'enseignement primaire.

Du 10 avril 1867.

Art. 1ᵉʳ. Toute commune de cinq cents habitants et au-dessus est tenue d'avoir au moins une école publique de filles, si elle n'en est pas dispensée par le conseil départemental, en vertu de l'article 15 de la loi du 15 mars 1850.

Dans toute école mixte tenue par un instituteur, une femme nommée par le préfet, sur la proposition du maire, est chargée de diriger les travaux à l'aiguille des filles.

Son traitement est fixé par le préfet après l'avis du conseil municipal.

Art. 2. Le nombre des écoles publiques de garçons ou de filles à établir dans chaque commune est fixé par le conseil départemental, sur l'avis du conseil municipal.

Le conseil départemental détermine les écoles publiques de filles auxquelles, d'après le nombre des élèves, il doit être attaché une institutrice adjointe.

Les paragraphes 2 et 3 de l'article 34 de la loi du 15 mars 1850 sont applicables aux institutrices adjointes.

Ce conseil détermine, en outre, sur l'avis du conseil municipal, les cas où, à raison des circonstances, il peut être établi une ou plusieurs écoles de hameau dirigées par des adjoints ou des adjointes.

Les décisions prises par le conseil départemental, en vertu des paragraphes 1, 2 et 4 du présent article, sont soumises à l'approbation du ministre de l'instruction publique.

Art. 3. Toute commune doit fournir à l'institutrice, ainsi qu'à l'instituteur adjoint et à l'institutrice adjointe dirigeant une école de hameau, un local convenable, tant pour leur habitation que pour la tenue de l'école, le mobilier de classe et un traitement.

Elle doit fournir à l'adjoint et à l'adjointe un traitement et un logement.

Art. 4. Les institutrices communales sont divisées en deux classes.

Le traitement de la première classe ne peut être inférieur à cinq cents francs, et celui de la seconde à quatre cents francs.

Art. 5. Les instituteurs adjoints sont divisés en deux classes.

Le traitement de la première classe ne peut être inférieur à cinq cents francs, et celui de la seconde à quatre cents francs.

Le traitement des institutrices adjointes est fixé à trois cent cinquante francs.

Le traitement des adjoints et adjointes tenant une école de hameau est déterminé par le préfet, sur l'avis du conseil municipal et du conseil départemental.

Art. 6. Dans le cas où un ou plusieurs adjoints ou adjointes sont attachés à une école, le conseil départemental peut décider, sur la proposition du conseil municipal, qu'une partie du produit de la rétribution scolaire servira à former leur traitement.

Art. 7. Une indemnité, fixée par le ministre de l'instruction publique, après avis du conseil municipal et sur la proposition du préfet, peut être accordée annuellement aux instituteurs et institutrices dirigeant une classe communale d'adultes, payante ou gratuite, établie en conformité du paragraphe 1er de l'article 2 de la présente loi.

Art. 8. Toute commune qui veut user de la faculté accordée par le paragraphe 3 de l'article 36 de la loi du 15 mars 1850 d'entretenir une ou plusieurs écoles entièrement gratuites peut, en sus de ses ressources propres et des centimes spéciaux autorisés par la même loi, affecter à cet entretien le produit d'une imposition extraordinaire qui n'excédera pas quatre centimes additionnels au principal des quatre contributions directes.

En cas d'insuffisance des ressources indiquées au paragraphe qui précède, et sur l'avis du conseil départemental, une subvention peut être accordée à la commune sur les fonds du département, et, à leur défaut, sur les fonds de l'État, dans les limites du crédit spécial porté annuellement, à cet effet, au budget du ministère de l'instruction publique.

Art. 9. Dans les communes où la gratuité est établie en vertu de la présente loi, le traitement des instituteurs et des institutrices publics se compose :

1° D'un traitement fixe de deux cents francs ;

2° D'un traitement éventuel calculé à raison du nombre d'élèves présents, d'après un taux de rétribution déterminé, chaque année, par le préfet, sur l'avis du conseil municipal et du conseil départemental ;

3° D'un supplément accordé à tous les instituteurs et institutrices dont le traitement fixe, joint au produit de l'éventuel, n'atteint pas, pour les instituteurs, les *minima* déterminés par l'article 38 de la loi du 15 mars 1850 et par le décret du 19 avril 1862, et, pour les institutrices, les *minima* déterminés par l'article 4 ci-dessus.

Art. 10. Dans les autres communes, le traitement des instituteurs et des institutrices publics se compose :

1° D'un traitement fixe de deux cents francs ;

2° Du produit de la rétribution scolaire ;

3° D'un traitement éventuel calculé à raison du nombre d'élèves gratuits présents à l'école, d'après un taux déterminé, chaque année, par le préfet, sur l'avis du conseil municipal et du conseil départemental ;

4° D'un supplément accordé à tous les instituteurs et institutrices dont le traitement fixe, joint au produit de la rétribution scolaire et du traitement éventuel, n'atteint pas, pour les instituteurs, les *minima* déterminés par l'article 38 de la loi du 15 mars 1850 et par le décret du 19 avril 1862, et, pour les institutrices, les *minima* déterminés par l'article 4 ci-dessus.

Art. 11. Le traitement déterminé, conformément aux deux articles précédents, pour les instituteurs et institutrices en exercice au moment de la promulgation de la présente loi, ne peut être inférieur à la moyenne de leurs émoluments pendant les trois dernières années.

Art. 12. Le préfet du département et le maire de la commune peuvent se pourvoir devant le ministre de l'instruction publique contre les délibérations du conseil départemental prises, en vertu du deuxième paragraphe de l'article 15 de la loi de 1850, pour la fixation du taux de la rétribution scolaire.

Art. 13. Dans les communes qui n'ont point à réclamer le concours du département ni de l'Etat pour former le traitement des instituteurs et institutrices, tel qu'il est déterminé par les articles 9 et 10, ce traitement peut, sur la demande du conseil municipal, être remplacé par un traitement fixe, avec l'approbation du préfet, sur l'avis du conseil départemental.

Art. 14. Il est pourvu aux dépenses résultant des articles 1, 2, 3, 4, 5 et 7 ci-dessus comme à celles résultant de la loi de 1850, au moyen des ressources énumérées dans l'article 40 de ladite loi, augmentées d'un troisième centime départemental additionnel au principal des quatre contributions directes.

Art. 15. Une délibération du conseil municipal, approuvée par le préfet, peut créer, dans toute commune, une caisse des écoles destinée à encourager et à faciliter la fréquentation de l'école par des récompenses aux élèves assidus et par des secours aux élèves indigents.

Le revenu de la caisse se compose de cotisations volontaires et de subventions de la commune, du département ou de l'Etat. Elle peut recevoir, avec l'autorisation des préfets, des dons et des legs.

Plusieurs communes peuvent être autorisées à se réunir pour la formation et l'entretien de cette caisse.

Le service de la caisse des écoles est fait gratuitement par le percepteur.

Art. 16. Les éléments de l'histoire et de la géographie

de la France sont ajoutés aux matières obligatoires de l'enseignement primaire.

Art. 17. Sont soumises à l'inspection, comme les écoles publiques, les écoles libres qui tiennent lieu d'écoles publiques, aux termes du quatrième paragraphe de l'article 36 de la loi de 1850, ou qui reçoivent une subvention de la commune, du département ou de l'Etat.

Art. 18. L'engagement de se vouer pendant dix ans à l'enseignement public, prévu par l'article 79 de la même loi, peut être réalisé, tant par les instituteurs que par leurs adjoints, dans celles des écoles mentionnées à l'article précédent qui sont désignées à cet effet par le ministre de l'instruction publique, après avis du conseil départemental.

L'engagement décennal peut être contracté, avant le tirage, par les instituteurs adjoints des écoles désignées ainsi qu'il vient d'être dit.

Sont applicables à ces mêmes écoles les dispositions de l'article 34 de la loi de 1850 concernant la fixation du nombre des adjoints, ainsi que le mode de leur nomination et de leur révocation.

Art. 19. Les décisions du conseil départemental, rendues dans les cas prévus par l'article 28 de la loi de 1850, peuvent être déférées, par voie d'appel, au conseil impérial de l'instruction publique.

Cet appel doit être interjeté dans le délai de dix jours, à compter de la notification de la décision.

Art. 20. Tout instituteur ou toute institutrice libre qui, sans en avoir obtenu l'autorisation du conseil départemental, reçoit dans son école des enfants d'un sexe différent du sien, est passible des peines portées à l'article 29 de la loi de 1850.

Art. 21. Aucune école primaire, publique ou libre, ne

peut, sans l'autorisation du conseil départemental, recevoir d'enfants au-dessous de six ans, s'il existe dans la commune une salle d'asile publique ou libre.

Art. 22. Sont abrogées les dispositions des lois antérieures en ce qu'elles ont de contraire à la présente loi.

Décret impérial relatif au traitement minimum des instituteurs et institutrices primaires.

Du 26 juillet 1870.

NAPOLÉON, par la grâce de Dieu et la volonté nationale, EMPEREUR DES FRANÇAIS, à tous présents et à venir, SALUT.

Sur le rapport de notre ministre secrétaire d'Etat au département de l'instruction publique;

Vu le décret du 19 avril 1862 ;

Vu la loi du 10 avril 1867 ;

Vu la loi de finances pour l'exercice 1871,

AVONS DÉCRÉTÉ ET DÉCRÉTONS ce qui suit :

Art. 1er. A partir du 1er janvier 1871, le traitement minimum des instituteurs primaires publics comptant moins de cinq années de services est fixé à sept cents francs.

Art. 2. A partir de la même époque, le traitement minimum des instituteurs primaires publics comptant cinq années de services est fixé à huit cents francs.

Art. 3. A partir de la même date, un traitement supplémentaire, calculé de manière à élever, après dix ans de services, le revenu scolaire du vingtième des instituteurs au minimun de neuf cents francs, et après quinze ans de services le revenu scolaire du vingtième des instituteurs **au minimun de mille francs, pourra être accordé par notre** ministre de l'instruction publique à ceux de ces maîtres qui se distingueront par leurs bons services.

Art. 4. A partir du 1er janvier 1871, le traitement des institutrices primaires publiques de la première classe ne pourra être inférieur à six cents francs, et celui des institutrices de la seconde à cinq cents francs.

Art. 5. Il sera pourvu aux dépenses résultant des articles 1er, 2, 3 et 4 ci-dessus, conformément aux dispositions de l'article 14 de la loi du 10 avril 1867 et de celles de la loi de finances pour l'exercice 1871.

Art. 6. A partir du 1er janvier 1871, chacune des classes d'institutrices titulaires et d'instituteurs adjoints déterminées par les article 4 et 5 de la loi du 10 avril 1867 comprendra le même nombre de fonctionnaires.

Nul ne pourra être élevé à la première classe, s'il ne compte au moins trois années de services dans la seconde classe.

Art. 7. Notre ministre secrétaire d'Etat au département de l'instruction publique est chargé de l'exécution du présent décret.

Fait au palais des Tuileries, le 26 juillet 1870.

Signé : NAPOLÉON.

Par l'Empereur :

Le Ministre secrétaire d'Etat au département de l'instruction publique,

Signé : Mège.

Loi relative au traitement des instituteurs et institutrices primaires.

Du 19 juillet 1875.

Art. 1er. Les traitements minima des instituteurs et institutrices publics sont fixés de la manière suivante :
Instituteurs titulaires divisés en quatre classes :

4e classe.	900 fr.
3e classe.	1,000
2e classe.	1,100
1re classe.	1,200

Institutrices titulaires divisées en trois classes :

3e classe.	700
2e classe.	800
1re classe.	900
Instituteurs adjoints chargés d'une école de hameau (classe unique).	800
Instituteurs adjoints attachés à l'école principale (classe unique).	700
Institutrices adjointes chargées d'une école de hameau (classe unique).	650
Institutrices adjointes attachées à l'école principale (classe unique).	600

Art. 2. L'instituteur ou l'institutrice qui débute comme titulaire appartient à la dernière classe.

La promotion à une classe supérieure est de droit après cinq ans passés dans la classe immédiatement inférieure, et ne peut avoir lieu avant l'expiration de cette période.

Art. 3. L'obtention du brevet complet élève de cent francs (100 fr.), pour les instituteurs et institutrices de tout ordre, les traitements minima auxquels ils ont droit d'après leur classe.

Le même avantage est accordé, mais seulement pour l'année courante, aux instituteurs et institutrices non pourvus du brevet complet, placés dans le premier huitième de la liste de mérite qui sera dressée, chaque année, par le conseil départemental.

L'allocation annuelle sera réduite à cinquante francs (50 fr.) pour ceux qui figureront dans le second huitième.

Art. 4. Les instituteurs et institutrices qui auront obtenu la médaille d'argent dans les conditions fixées par l'arrêté du 21 août 1858 auront droit à une allocation supplémentaire et annuelle de cent francs (100 fr.) tant qu'ils seront en activité.

Art. 5. Une indemnité annuelle, variant de cinquante francs à cent cinquante francs (50 fr. à 150 fr.), pourra être attachée à la résidence des instituteurs et institutrices de tout ordre dans les circonscriptions scolaires où des circonstances exceptionnelles la rendraient nécessaire.

Des tableaux sont à cet effet dressés tous les cinq ans par le conseil départemental, et arrêtés, après avis du conseil général et du recteur de l'académie, par décrets en la forme des règlements d'administration publique.

Art. 6. Les associations religieuses, vouées à l'enseignement et reconnues par l'État, continueront à être admises à fournir, à des conditions convenues, des maîtres aux communes où elles seront appelées.

A défaut de conventions particulières, toutes les dispositions des articles précédents sont applicables aux instituteurs et institutrices communaux appartenant auxdites associations.

Art. 7. Il est pourvu au surcroît de dépenses résultant de la présente loi au moyen des ressources énumérées dans les articles 40 de la loi du 15 mars 1850 et 14 de la loi du 10 avril 1867, augmentées d'un quatrième centime communal et d'un quatrième centime départemental, additionnels aux principal des quatre contributions directes.

Art. 8. Les ressources d'origines diverses affectées au

service de l'instruction primaire continueront à être inscrites au budget communal.

Les traitements seront mandatés par le préfet et acquittés suivant le mode établi en matière de cotisations municipales.

Ils seront payés mensuellement et par douzièmes, sur le vu d'un état dressé par l'inspecteur d'académie.

DISPOSITION TRANSITOIRE.

Art. 9. Les instituteurs et institutrices de tous ordres parviendront par augmentations successives, aux traitements ci-dessus fixés, dans un délai qui n'excédera pas quatre années.

Les instituteurs, institutrices titulaires et instituteurs adjoints dont les traitements minima actuels sont de cinq cents, six cents, sept cents et huit cents francs, recevront, la première année, une allocation complémentaire qui élèvera de cent francs (100 fr.) ces traitements minima.

Le traitement minimum des institutrices adjointes sera porté, la première année, de quatre cent cinquante francs à cinq cents francs (450 fr. à 500 fr).

Pour chacune des trois années suivantes, un décret déterminera les diverses catégories d'instituteurs et d'institutrices de tout ordre qui, dans les limites fixées par la présente loi, devront obtenir une nouvelle augmentation de traitement. Il fixera en outre le chiffre de cette augmentation.

TABLE CHRONOLOGIQUE

DES MATIÈRES

DATES		PAGES
27 vend. an VII.	Loi portant création d'un octroi municipal et de bienfaisance, à Paris.	180
8 therm. an XIII.	Décret créant le Mont-de-Piété de Paris.	153
9 déc. 1814.	Ordonnance royale portant règlement sur les octrois.	184
28 avril 1816.	Loi sur les boissons.	209
11 juin 1817.	Ordonnance royale concernant l'octroi de banlieue.	213
22 juillet 1831.	Ordonnance royale concernant l'octroi de Paris.	219
22 juin 1833.	Loi sur l'organisation des conseils généraux de département et des conseils d'arrondissement.	17
20 avril 1834.	Loi sur l'organisation des conseils d'arrondissements de la Seine.	89
18 juillet 1837.	Loi sur l'administration municipale.	91
10 mai 1838.	Loi sur les attributions des conseils généraux et des conseils d'arrondissement.	29
3 juillet 1848.	Décret relatif au renouvellement des conseils municipaux, des conseils d'arrondissement et de département.	42
10 janvier 1849.	Loi portant organisation de l'administration de l'assistance publique, à Paris.	144
24 avril 1849.	Arrêté présidentiel pour l'exécution de la loi du 10 janvier 1849.	146
11 janvier 1850.	Loi relative à la nomination des instituteurs communaux.	251

DATES		PAGES
15 mars 1850.	Loi sur l'enseignement.	253
29 juillet 1850.	Règlement d'administration publique pour l'exécution de la loi du 15 mars 1850.	282
7 octobre 1850.	Décret pour l'exécution de la loi du 15 mars 1850	297
24 juin 1851.	Loi sur les Monts-de-Piété.	174
9 mars 1852.	Décret sur l'enseignement public.	306
24 mars 1852.	Décret concernant l'organisation du Mont-de-Piété de Paris.	177
7 juillet 1852.	Loi relative au renouvellement des conseils généraux, des conseils d'arrondissement et des conseils municipaux, et à la nomination des maires et adjoints.	46
31 déc. 1853.	Décret relatif à la nomination et au traitement des instituteurs, aux écoles de filles et à la rétribution scolaire.	306
14 juin 1854.	Loi sur l'organisation de l'instruction publique.	311
21 mars 1855.	Décret relatif à l'établissement des salles d'asile	312
5 mai 1855.	Loi sur l'organisation municipale.	114
16 juin 1859.	Loi relative à l'extension des limites de Paris.	225
19 déc. 1859.	Décret portant règlement d'administration publique pour l'exécution de la loi du 16 juin 1859	229
4 sept. 1863.	Décret relatif au mobilier personnel des instituteurs	322
28 mars 1866.	Décret modifiant l'article 13 du décret du 31 décembre 1853 sur les écoles primaires. . . .	323
18 juillet 1866.	Loi sur les conseils généraux.	48
10 avril 1867.	Loi sur l'enseignement primaire.	324
24 juillet 1867.	Loi sur les conseils municipaux	128
26 juillet 1870.	Décret relatif au traitement des instituteurs et des institutrices.	330
29 sept. 1870.	Décret réorganisant l'assistance publique, à Paris et dans le département de la Seine. . . .	149
14 avril 1871.	Loi relative aux élections municipales.	136
25 juin 1871.	Arrêté du chef du pouvoir exécutif relatif à l'organisation de l'administration générale de l'assistance publique	151

DATES		PAGES
10 août 1871.	Loi sur les conseils généraux.	55
16 sept. 1871.	Loi concernant l'organisation provisoire du conseil général de la Seine.	83
15 février 1872.	Loi relative au rôle éventuel des conseils généraux dans certaines circonstances exceptionnelles.	83
21 mai 1873.	Loi relative aux commissions administratives des établissements de bienfaisance.	153
7 juin 1873.	Loi relative aux membres des conseils généraux, des conseils d'arrondissement et des conseils municipaux qui se refusent à remplir certaines de leurs fonctions.	85
20 nov. 1873.	Loi qui confie le pouvoir exécutif pour sept ans au maréchal de Mac-Mahon, duc de Magenta.	1
7 juillet 1874.	Loi sur l'électorat municipal.	140
24 février 1875.	Loi relative à l'organisation du Sénat.	4
25 février 1875.	Loi relative à l'organisation des pouvoirs publics.	1
19 mars 1875.	Loi tendant à proroger la loi du 16 septembre 1871 sur le conseil général de la Seine.	86
16 juillet 1875.	Loi sur les rapports des pouvoirs publics.	6
19 juillet 1875.	Loi relative au traitement des instituteurs et institutrices primaires.	332
31 juillet 1875.	Loi relative à la vérification des pouvoirs des conseils généraux.	86
2 août 1875.	Loi organique sur l'élection des sénateurs.	9

Paris-Imp. PAUL DUPONT, 41 rue Jean-Jacques-Rousseau. 17.5.76

www.ingramcontent.com/pod-product-compliance
Lightning Source LLC
Chambersburg PA
CBHW060338170426
43202CB00014B/2807